저보다 많이 벌게 해드리겠습니다!

ㅡ아하부장ㅡ

창업후에 메인 꼭 주세요
부장이 응원하러 직접 갑니다!
PS. 이름과 연락처를 꼭 남겨주세요

class101aha@gmail.com

아하부장의
창업 클라쓰

아하부장의 창 업 클라쓰

실패 확률 99% 줄여주는 식당 창업 노하우

아하부장 지음

프롬비

당신은 1%의 운만 가지고 따라오세요
아하부장이 열심히 돕겠습니다

저는 현직 요리사이자 구독자가 60만 명인 유튜브 크리에이터입니다. 대형 프랜차이즈와 외식 기업에서 브랜드를 기획하고 이끄는 일도 했습니다. 유튜브를 운영하면서 식당을 창업하려는 분들, 이미 가게를 열었지만 마음먹은 대로 되지 않아 고민하는 분들, 아무것도 모르고 시작했다가 좌절하는 분들을 정말 많이 만났습니다. TV를 켜면 등장하는 누군가의 성공 신화, '우리가 다 해줄 테니 팔기만 하세요' 하는 프랜차이즈의 달콤한 속삭임, '네 음식이 정말 맛있으니 식당 한번 차려봐'라는 주변 사람들의 무책임한 말 한마디에 덜컥 식당을 창업하는 것을 보면, 음식 장사를 너무 만만하게 보는 건 아닌가 싶습니다. 하지만 현실은 냉정합니다. 그동안 그 누구도 요식업 안에서 겪으면서 바라본 진짜 요식업 이야기를 하지 않았기 때문에 저는 현실을 실전으로 보여드리기 위해 실험용 가게 '윤달식당'을 운영하며 100% 직접 몸으로 부딪혔습니다. 윤달식당 프로젝트를 통해 '꼭 해야 할 것'과 '하지 말아야 할 것'을 보여드리고, 장사라는 게 돈을 벌기 위해 하는 거니까 어떻게 하면 돈을 벌 수 있는지, 이렇게 하면 돈을 벌 수 없다는 것을 비롯해 돈에 관해서도 모든 것을 말할 것입니다.

많은 분들이 코로나19부터 이어진 여파로 인해 경제도 너무 안 좋고 고물가, 고환율 때문에 장사가 힘들다고 말합니다. 하지만 25년, 15년, 10년 전에도 우리는 이런 하소연을 하고 들었습니다. 하물며 5년 전에도 지금과 똑같은 이야기를 했으며, 앞으로 5년, 10년 후에도 같은 이야기를 할 것입니다. 힘든 사람은 계속 힘들고, 남 탓을 하는 사람은 계속 남 탓을 하기 마련입니다. 그래서 시대의 흐름은 읽되, 시대를 탓하며 포기하는 사람이 되지는 않았으면 합니다. 어떤 시대에도 희망과 기회는 분명 공존했기 때문입니다.

제가 처음 요식업에 뛰어들었던 17년 전과 지금은 세상이 완전히 달라졌습니다. 1,000만 원만 가지고도 1,000만 원을 벌 수 있는 시대입니다. 요즘은 배달 시장을 빼고는 요식업을 논할 수 없습니다. 매장 수익이 매출의 대부분을 차지하던 시대는 가고, 배달 시장이 확대되고 배달을 전문으로 하는 가게도 점점 늘고 있습니다. 내 가게를 확장하는 것도 스마트폰 배달 앱 하나로 가능한 세상입니다. 드론이 음식을 배달하고, 로봇이 서빙하는 세상이 이미 우리 곁에

다가왔습니다. 패스트푸드점이나 카페에 가도 비대면으로 주문할 수 있는 키오스크가 구비되어 있고, 직원이 상주하지 않고 물건을 판매하는 무인점포도 자리를 잡아가고 있습니다. 코로나19로 인해 요식업의 환경은 전보다 어려워졌지만, 반대로 배달과 포장 문화는 진화를 거듭하며 자리를 잡았습니다. 중요한 건 트렌드를 읽고 흐름을 타는 것입니다.

여러분에게 질문 하나만 하겠습니다. 제가 유튜브 구독자를 60만 명 가까이 모을 수 있었던 이유는 뭘까요? 요리 실력 덕분이 아니냐고요? 세상에는 저보다 요리를 잘하는 사람이 아주 많습니다. 그럼 영상 촬영과 편집을 잘해서일까요? 그 또한 저보다 잘하는 사람이 무수히 많습니다. 대단한 게 하나도 없는 제가 많은 이들의 사랑을 받고 있다는 그 자체가 행운입니다. 저는 결국 운으로 여기까지 왔다고 생각합니다. 장사도 마찬가지입니다. 장사도 결국 운에 따라 결정됩니다. 그래서 우리는 그 운을 만들어야 하는 겁니다.

여러분은 한 달에 얼마를 벌고 싶으세요? 여러분이 투자할 수 있는 자본은 얼마나 되나요? 제가 경험한 바로는 2,000만 원을 투자해서도 2,000만 원을 벌 수 있습니다. 물론 그에 따른 조건이 있습니다. 이러한 조건 또한 저와 윤달식당 프로젝트를 통해 확인할 수 있습니다. 성공의 비결은 음식에만 있지 않습니다. 그보다 더 중요한 것을 모르고 시작하면 80%는 결국 장사를 접습니다. 프랜차이즈의 도움 없이도, 요리사가 아니어도 충분히 식당을 차릴 수 있습니다. 당신은 1%의 운만 가지고 따라오세요. 우리는 꿈과 희망을 바라보며 앞으로 나아가는 사람들입니다. 꿈을 꿀 줄 알고, 희망을 품을 수 있는 분이라면 아하부장이 옆에서 열심히 돕겠습니다.

2022년 가을,

아하부장

Contents

아하부장이 실험용 가게
'윤달식당'을 통해 검증한
20가지 조건

지금부터 제가 하는 말이 여러분에게 조금 아니 상당히 충격적일 수도 있을 것 같습니다. 저는 여러분이 요식업에 처음 뛰어들고자 하거나 현재 식당을 운영하며 고민하는 것에 대한 실행의 결과를 말이 아닌 행동으로 직접 보여주고 싶었습니다. 아주 사실적으로 현실 그대로 말입니다. 그래서 '윤달식당'이라는 실험용 가게를 1년 6개월간 운영했습니다. 이 가게는 여러분이 현재 겪고 있거나 혹은 앞으로 겪을 수 있는 나쁜 조건에 모두 해당됩니다.

윤달식당을 운영하기 위해 저는 유튜브를 운영하면서 번 수익의 대부분을 투자했습니다. 그게 제가 해야 할 일이라고 생각했기 때문입니다. 솔직히 지금은 왜 그렇게까지 했는지 조금 후회가 되기도 하지만, 그만큼 여러분에게 실질적인 도움을 주고 싶었습니다. 윤달식당에서는 시스템, 즉 운영 방식에 대한 실험조건 10가지와 메뉴에 관한 실험조건 10가지, 총 20가지 전제조건을 걸었습니다. 먼저 20가지의 전제조건에 대해 설명하겠습니다.

시스템에 관한 실험조건 10가지

1. 식당을 홍보하지 않는다

저는 윤달식당을 홍보하지 않았습니다. 홍보하지 않았다고 하면 아하부장의 유튜브에서 윤달식당에 대한 이야기를 하지 않았냐고 하는 분도 있겠지만, 여러분에게 이야기하지 않았던 유튜브를 하기 전 시절부터 지금까지의 상황입니다. 그때부터 지금까지 있었던 일을 숨김없이 모두 보여드리는 거니 오해하지 마세요. 다만, 식당을 운영할 때 홍보와 관련한 몇 가지 솔깃한 제안이 들어올 텐데, 저 역시 그 결과를 검증하기 위해 그 제안을 덥석 물고 실험하기도 했습니다. 이 부분은 56쪽에서 따로 설명하겠습니다.

2. 유동인구가 거의 없는 곳에서 오픈한다

식당 자리를 찾는 분들이 이곳저곳 둘러보다 '이쪽이 임대료도 싸고 나는 어차피 조그맣게, 소소하게 할 거니까 괜찮지 않을까?' 하는 생각으로 선택할 만한 장소에 윤달식당을 냈습니다. 윤달식당은 유동인구가 거의 없는 곳에 위치했어요. 과연 이 선택이 어떤 결과를 낳을지 확인해보겠습니다.

3. 오래 비워둔 망한 자리에 들어간다

이 조건 역시 두 번째와 마찬가지로 여러분이 선택할 수 있는 최악의 입지 조건을 보여드리기 위한 것입니다. 식당 자리를 볼 때 오래 비워두었으나 기본적인 시설이 잘 갖춰진 곳을 만날 수도 있을 겁니다. 그럴 경우 '여기는 식당이 있었던 자리네? 기본적인 시설도 되어 있으니 시설비를 아낄 수 있겠네? 식당이 있었다는 건 그전에 손님들도 있었다는 말이잖아? 그러니 사람들이 어느 정도 오지 않을까?' 하는 착각을 할 수 있어요. 윤달식당을 연 장소 역시 오랫동안 비워둔 식당 자리였습니다. 과연 이 결정이 어떤 결과를 불러왔을까요?

4. 총인구가 1만 명이 넘지 않는 곳을 선택한다

제가 가게를 연 곳은 천안시 신방 통정지구라는 곳이고, 이 지역의 총인구 수는 8,000명이 채 되지 않습니다. 인구 8,000명만 가지고도 열심히만 한다면 단골도 만들고 만족할 만한 수익을 낼 수 있을까요? 이 조건에 관해서도 검증해보겠습니다. 또한 윤달식당과 같은 지역에 위치한 다른 식당의 성공 사례(337쪽 참고)도 함께 보여드리겠습니다.

5. 인테리어는 셀프로 한다

이건 청년들이 선택하기 쉬운 조건입니다. 난 열정과 감각이 있으니까 인테리어도 내 취향대로 직접 하겠다는 분들입니다. 부동산에 가서 임대가 잘 나가지 않는 외진 장소를 계약하며, "인테리어 공사 좀 하게 잔금 기간을 넉넉히 두세 달쯤 주세요."라고 말합니다. 그러고는 셀프 인테리어를 시작합니다. 과연 이것이 옳은 선택인지, 제가 직접 해봤습니다.

6. 인테리어 느낌과 이질적인 메뉴를 짠다

요즘 감성의 인테리어로 꾸민 식당에서 흔한 한식 메뉴를 판다면 어떨까요? 제 대표 메뉴는 '깍두기짜글이'라는 제가 직접 개발한, 세상 어디에도 없는 음식이에요. 인테리어는 요즘 사람들이 좋아하는 인스타그램 감성으로 꾸몄는데, 메뉴는 투박한 한식으로 구성한다면 결과는 어떻게 될까요?

7. 메뉴를 매우 다양하게 구성한다

메뉴를 전문점처럼 한두 가지만 하는 게 아니라 굉장히 복잡하게 짰습니다. 이런 선택을 한 이유는 우리나라에서 유독 인기 있는 전문점의 이미지와 전문점이라는 단어가 주는 허상을 짚어보기 위해서입니다. 윤달식당의 메뉴는 50가지 정도로 구성했어요. 이걸 저는 혼자서 모두 했습니다. 재료 준비부터 조리까지 전부 했지만, 사실 어려울 건 없어요. 이걸 다 할 수 있게끔 세팅을 맞추면 되니까요. 그게 한식의 특징입니다. 외국에 있는 한식당처럼 세트 메뉴부터 시작해서 별걸 다 메뉴로 구성한다면 어떨까요? 제 경험을 통해 메뉴 선택은 어떻게 해야 할지 확인할 수 있습니다.

8. 직원들에게 최대한의 권한을 준다

굉장히 중요한 내용입니다. 초보 직원들만 고용해서 그들에게 최대한의 권한을 줘도 식당이 잘 굴러갈까요? 저는 윤달식당을 운영할 때 직원들이 무엇이든 알아서 할 수 있게끔 했습니다. 왜냐하면 여러분이 지금도 겪고 있고, 앞으로도 겪을 수 있는 직원 고용 문제, 직원 리스크가 너무나 중요하다는 점을 강조하기 위해서입니다. 식당이 잘될 수도 있고 망할 수도 있는 결정적인 원인은 바로 직원에서부터 시작됩니다.

9. 손님 관리를 직접 하지 않는다

제가 직접 손님 관리를 하지 않고 홀에 나가지도 않았습니다. 대신 직원들에게 모두 맡겨두었습니다. 직원들에게 윤달식당을 자신의 가게처럼 생각하고, 사장 마인드로 일하라고 권한을 최대한 준 것입니다. 결과는 어떨까요? 지금 장사를 하고 있거나, 앞으로 할 분들이 모두 외향적인 성격이라 손님들에게 친근하게 다가가거나 말을 걸 수 있는 것은 아닙니다. 손님을 직접 관리할 수 없는 사장님들의 경우, 가게 운영에 어떤 영향을 미치는지도 보여드리겠습니다.

10. 수익은 모두 재투자한다

여러분은 실제로 이런 선택을 하지 않겠지만, 저는 윤달식당을 운영하면서 얻은 수익을 모두 식당에 재투자했습니다. 예를 들어, 식당을 재정비하거나 직원들 보너스로 지급하는 것 등입니다. 이게 저의 열 번째 조건이었습니다. 이 조건이 과연 좋은 선택이었는지도 살펴보겠습니다.

메뉴에 대한 실험조건 10가지

1. 모든 요리와 반찬을 직접 만든다

오랜 경력의 요리사가 차린 식당답게 모든 요리와 반찬을 직접 만들었습니다. 식자재 마트에 가면 식당에서 바로 반찬으로 내도 될 만한 다양한 기본 반찬을 판매합니다. 어떤 식당에서는 이걸 그대로 사서 쓰기도 하고, 어떤 식당은 여기에 몇 가지 양념이나 재료를 추가해서 변형하기도 합니다. 효율성 면에서는 이렇게 하는 것이 나을까요? 아니면 저처럼 모두 처음부터 끝까지 직접 만드는 게 나을까요? 윤달식당을 통해 검증해보겠습니다.

2. 매달 특선 메뉴를 낸다

한 달에 한 번씩 특선 메뉴를 구성했습니다. 현재 식당을 운영하는 분 중 손님을 좀 더 끌어올 수 있는 방법으로 특선 메뉴를 고민하는 분도 많을 겁니다. 이 선택이 식당 운영에 얼마나 도움이 될까요?

3. 반찬을 계속 바꾼다

'식당 반찬이 너무 똑같아서 사람들이 지겨워하지 않을까?'라는 생각으로 손님들의 방문 빈도를 늘리기 위해 반찬을 주기적으로 계속 바꾸면 어떨까요? 실제로 이 선택이 손님을 유입하는 데 도움이 될까요?

4. 무조건 양을 많이 준다

저는 '우리 식당에 온 손님들이 배가 터지지 않고는 나갈 수 없게 하겠다'는 생각으로 음식의 양을 무조건 푸짐하게 잡았습니다. 저처럼 음식을 무조건 많이 주는 게 좋을까요? 이것이 매출에 도움이 될까요?

5. 메뉴는 반전 구성을 한다

메인 메뉴가 투박한 한식이라면, 반찬은 조금 색다른 느낌으로 구성했습니다. 예를 들어, 새우 마늘 파스타나 타다키 같은 서양식, 일본식 요리를 조금씩 반찬으로 제공하는 겁니다. 이 실험은 어떤 결과를 불러왔을까요?

6. 음식 맛은 절대 바꾸지 않는다

손님이 음식에 대해 짜다, 맵다, 달다, 시다는 의견을 말할 때가 있습니다. 손님들의 의견에 맞춰 음식의 맛을 수정하는 것이 맞을까요? 저는 음식 맛을 제가 처음 세팅한 그대로 유지하고 절대 바꾸지 않았습니다. 이것은 좋은 결정일까요, 나쁜 결정일까요?

7. 배달 음식은 가격을 내리고 양을 늘린다

배달이나 포장으로 음식이 나갈 때 매장과 동일한 양, 동일한 가격을 유지하는 게 맞을까요? 아니면 매장보다 가격을 내리고 양을 늘려서 배달 시장의 경쟁력을 높이는 것이 좋을까요? 이 점도 검증해보겠습니다.

8. 웰컴 디시를 제공한다

우리 가게만의 개성을 살리기 위해 임팩트가 강한 특선 요리를 웰컴 디시처럼 제공하는 것은 어떨까요? 이 방법이 매출이나 가게 이미지에 도움이 될까요? 아니면 괜히 힘만 들고 효과는 없을까요?

9. 인기 없는 메뉴는 버린다

내가 아무리 자신 있고, 애정이 가는 메뉴라도 손님들한테서 반응이 없다면 과감히 버리는 것이 좋을까요? 만약 인기 없는 메뉴를 버린다면, 그 자리를 비워두지 않고 새로운 메뉴를 개발해서 채우는 게 좋을까요?

10. 메뉴의 통일성보다 다양성을 강조한다

외국에 있는 한식당처럼 메뉴의 통일성보다 다양성을 강조하면 어떨까요? 이건 특정 요리를 다루는 전문점이란 이미지를 버리는 겁니다. 저는 개인적으로 외국의 한식당을 좋아하는데, 그 이유는 이곳에 가면 내가 먹고 싶은 거의 모든 요리를 먹을 수 있기 때문입니다. 심지어 맛도 평타는 치는 수준입니다. 이걸 우리나라에서 적용해봤을 때 결과는 어떨까요?

이 모든 조건이 필요한 이유는 여러분이 장사를 고려 중이거나, 장사를 할 때 누구나 똑같이 하는 고민이기 때문입니다. 하지만 누구도 그 답을 알려주는 사람은 없었습니다. 윤달식당에서 이렇게 20가지 조건을 실행한 후, 마지막에 어떤 선택이 옳았는지 구체적으로 확인해보겠습니다. 사실 결론을 살짝 말씀드리면, 무조건 되는 것도 없고 무조건 안 되는 것도 없습니다. 하지만 우리는 성공할 수 있는 확률을 단 1%라도 높여야 합니다. 그러기 위해서는 결과가 좋았던 것을 따라가야 합니다.

마지막으로 한 가지만 말씀드리겠습니다. 저는 이제껏 뭘 하든, 이렇게 망하는 세팅을 해놓고도 단 한번도 안 된다는 생각을 해본 적이 없습니다. 어떠한 걸 할 때도요. 컨설팅 의뢰를 받아 가게 창업을 도울 때도 목숨 걸고 했습니다. 저는 제가 컨설팅한 가게가 잘되지 않는데, '그건 그 사람의 운이야' 하고 생각할 수 있는 사람이 못 됩니다. 그래서 절대 처음부터 안 된다는 생각으로 시도조차 안 해보고 그만둔 적이 없습니다. 항상 했습니다. 되는지 안 되는지, 어떻게 해야 될 수 있게 할 수 있는지 고민하고 연구했습니다. 안 된다고 해도 저는 똥인지 된장인지 100% 다 먹어봤습니다. 될 때까지 하는 거예요.

장사는 어차피 시간이에요. 여러분이 잘나가는 맛집을 보면 그 사람이 거기까지 가는 데 얼마나 많은 시간이 걸렸을지 생각해보셨나요? 우리는 그 가게가 성공하기까지의 시간에 대해서는 생각하지 않고, 나는 그들보다 더 잘할 수 있고 성공할 거라 생각하죠. 하지만 시간은 아무도 못 이겨요. 그러니 처음부터 너무 조급해하지 말고 저와 함께 하나하나 차근차근 준비해서 5년 걸리는 것을 2년으로 줄여봅시다. 그게 지금 이 책을 읽고 있는 여러분에게 제가 드릴 수 있는 가장 큰 선물입니다.

준비 편

맛집이 목표가 아니라
돈을 버는 게 목표다

식당도 결국
돈을 벌기 위한 장사다

어떤 식당의 성공 비결을 물었을 때 "음식 맛있게 하고, 열심히 하면 됩니다."라고 쉽게 말하는 사람들은 모두 사기꾼이라고 생각하면 됩니다. TV나 유튜브를 보면 남의 가게에 들어가서 이것저것 조금씩 고치고 성공 신화를 만들어내는 프로그램이 아주 많아요. 이런 프로그램은 창업을 꿈꾸는 절박한 사람들에게 잘못된 허상을 심어주는 삼류 드라마보다도 못하다고 생각합니다.

이런 프로그램은 '식당은 쉽게 창업할 수 있고, 돈도 편하게 벌 수 있다'는 잘못된 환상을 심어줘요. 프랜차이즈도, 동네 작은 식당도 결국 여러분이 자기 손으로 직접 하나하나 일궈야 합니다. 식당을 열고 성공하기까지 어떤 손쉬운 공식과 편한 길이 있다고 생각한다면 앞으로 여러분이 허비할 시간과 돈이 너무 아깝습니다.

내가 만든 음식이 너무 맛있어서 식당 창업을 생각한다는 분도 있습니다. "내 음식을 우리 식구들, 내 주변 사람들이 다 좋아해."라며 창업을 만만하게 생각하는 분들입니다. 하지만 이런 분들에게 묻고 싶어요. 내 식구, 친척, 친구 말고 다른 사람들에게 검증해보셨나요? 손님에게 돈을 받고 팔아보셨나요? 그렇게 해보지 않았다면 아직 검증이 안 된 겁니다.

절대 요식업을 쉽게 생각하면 안 됩니다. 돈만 날리고 끝나는 게 아니라 나 자신은 물론 가족의 정신건강까지 모두 잃을 수 있거든요. 여러분이 요리를 맛있게 한다고 해서, 경력이 오래된 요리사라고 해서 '내가 하면 무조건 잘될 거야'라고 생각한다면 다시 한번 심사숙고하세요. 직접 해보기 전까지는 그 누구도 성공할지 망할지 아무도 모릅니다. 또한 제가 앞으로 수없이 강조하겠지만, 요식업에 어떤 정답과 성공 공식 같은 건 절대 없습니다! 실패할 확률을 조금씩 낮추고 성공할 수 있는 확률을 조금씩 높여가는 방법밖에 없어요.

다른 가게와의
차별점을 찾아라

　　　　　　　　　　제가 처음 식당을 시작했던 15년 전쯤에는 일반음식점 사업자등록을 하면 위생교육을 의무적으로 신청해야 했어요. 교육을 받으러 가면 공무원이 앞에 나와서 말합니다. "지금 이곳에 있는 분들 100명 중 90명은 1년 안에 가게 문을 닫을 겁니다. 나머지 10명 중 7명은 2년 안에 문을 닫을 겁니다. 나머지 3명 정도는 가게를 오래 유지하면서 잘될 수도 있습니다." 이분이 창업을 준비하는 분들의 사기를 꺾으려고 이런 말을 하는 게 아니라, 실제 통계가 그렇습니다. 지금 대한민국에는 프랜차이즈만 해도 25만 개가 넘습니다.

　일반음식점을 제외하고 프랜차이즈만 따졌을 때도 폐업률이 얼마나 높은지 검색해보면 바로 알 수 있어요. 무서운 이야기지만, 누군가가 폐업하면 여러분이 바로 그 자리에 들어가 다시 가게를 여는 겁니다. 물론 '나는 잘될 거야. 그 사람들은 실패한 이유가 따로 있을 거야'라고 생각할 수도 있어요. 하지만 식당 운영에는 여러분이 예상치 못한 엄청난 변수가 따라옵니다. 음식 맛은 식당이 성공하는 조건의 10% 정도밖에 안 됩니다. 맛 말고도 너무 많은 조건이 맞아떨어져야만 성공할 수 있습니다.

새로 생긴 식당인데, 직접 가보니 생각보다 대단할 게 없어요. 그런 집이 인터넷이나 TV에서 맛집으로 포장을 그럴듯하게 해서 나옵니다. 늘 손님들이 바글바글합니다. 이런 식당은 마케팅을 잘한 겁니다. 여러분이 해야 할 것도, 배울 것도 바로 이런 거라고 말씀드리고 싶어요. 또한 요즘에는 새로 생긴 식당보다는 '노포'라고 부르는 오래된 식당에 사람들이 줄을 서서 기다립니다. 보통은 노포에 가면 진정한 맛을 느낄 수 있을 거라 생각하는데, 저는 노포의 맛보다는 '시간'을 강조하고 싶어요. 노포를 운영한 분들은 그만큼 긴 시간을 버티며 세월을 쌓았습니다. 이것이 그들이 성공할 수 있는 포인트였는지도 모릅니다. 이분들은 될 때까지 버틴 겁니다.

노포에 엄청난 게 있을 거라 기대하고 막상 가서 먹어보면 생각보다 별게 없을 수도 있어요. 아니, 아예 내 입맛에 맞지 않는 경우도 많죠. 우리가 집 주변에서 흔히 접하는 음식은 굉장히 트렌디한 맛에 가깝습니다. 옛날 맛과는 거리가 멀어요. 평양냉면을 예로 들면, 수십 년 전에 이 음식을 처음 먹어본 사람들은 그때의 추억 때문에 지금도 맛있다고 생각할 수 있어요. 하지만 요즘 사람들의 입맛에는 잘 맞지 않아요. 아무리 노포의 성공이 멋져 보여도, 우리는 일단 많은 사람이 공감을 못하는 음식은 하지 않는 게 좋습니다. 저는 지금 '맛집을 만들자'가 아니라 '장사를 시작했으면 돈을 벌자'고 이야기하는 것이기 때문에 대중성이 낮은 음식은 건너뛰라고 말씀드리는 겁니다.

차라리 냉면집을 개업한다면 공산품, 즉 냉면 농축액을 사서 흔히 예측할 수 있는 맛으로 만드는 게 요즘 사람들의 입맛에 훨씬 잘 맞을 수도 있습니다. 냉면 고명과 양념장은 남들 하듯이 하되, 그들과 차별화할 수 있는 한 가지 요소를 잘 찾아야만 합니다. 그중 하나를 예로 들자면, 몇 년 전부터 유행했던 '냉면과 불고기를 함께 주는 가게'를 들 수 있습니다. 냉면과 함께 나오는 불고기가 대단해서가 아니라 다른 집과 달리 불고기를 함께 낸다는 것이 중요합니다. 냉면 한 그릇을 먹어도 포만감이 있으니 손님들의 만족도가 높아지겠죠.

심지어 함께 나오는 불고기는 1kg에 5,000원 정도밖에 하지 않는 돼지고기 뒷다리(후지)인 경우가 많습니다. 하지만 이 집은 다른 집과 차별되는 스토리텔링을 만들어냈어요. 사람들이 열광할 수밖에 없습니다. 누구나 예상할 수 있는 맛에 가격까지 저렴하니까요. 우리가 노려야 하는 게 바로 이 지점입니다. 냉면 전문점으로 알려진 곳에 가보면, 요즘은 고기 고명을 얹어주는 집이 별로 없어요. 냉면 육수는 고깃국물이라 알고 있는데 왜 고깃국물을 내고 남은 고기가 없을까요? 곰곰이 생각해보면 말이 되지 않아요. 하지만 누구도 신경 쓰지 않아요. 그냥 맛있게 먹을 뿐입니다. 국물부터 한입 먹어보면 일단 시원하고 맛있으니까요.

음식이 맛있다고
모두 성공하는 건 아니다

여러분 중 '맛'에 정말 자신 있다고 확신하는 분이 있나요? 그럼 창업보다는 그냥 요리사로 일하는 것이 나을 수도 있습니다. 반대로 장사에 자신이 있나요? 그럼 맛은 다른 방법으로 얼마든지 해결할 수 있으니 창업해도 괜찮습니다. 그만큼 세상이 변했습니다. 인터넷에 나오는 레시피를 가지고도 식당을 할 수 있습니다. 그게 말이 되냐고 물을 수도 있지만, 식자재 마트에서 공산품을 사서 쓰는 곳이 우리 주변 식당 중 90%가 넘을 겁니다. '장인의 손맛' 같은 대단한 비법이 있을 것 같지만, 사실 별다른 게 없어요. 우리 동네에는 그렇지 않은 식당이 많다고요? 과연 그럴까요? 받아들이기 불편한 진실인지 모르지만 대부분 그렇습니다. 그게 현실입니다.

주변의 잘되는 가게에 가서 사장님께 성공의 비결을 물었을 때 "그냥 열심히만 했습니다."라고 말한다면 한 귀로 듣고 흘리세요.

"음식만 맛있게 하면 됩니다."라고 말한다면 이건 한 귀로 들을 필요조차 없습니다. 제 주변의 요식업 부자들은 대부분 식자재 마트에서 어떤 공산품을 어떻게 세팅해서 어떤 기발한 아이디어로 구성하느냐를 생각하는 사람들이었습니다. 그런 사람들이 돈도 벌고, 프랜차이즈도 내고, 가맹점도 100개씩 받는 겁니다. 요리에, 맛에 너무 의미를 두지 마세요. 물론 장인 정신으로 음식을 만들면 가장 이상

적이겠지만, 그러다 보면 제대로 해보기도 전에 먼저 지칠 수 있어요. 또한 원하는 수익을 내기 어렵거나 가족의 생계를 책임질 수 없는 상황에 이를 가능성이 커집니다.

열심히만 하면 된다고 생각하나요? 혹시 뭘 열심히 해야 할지 알고 있나요? 무엇을 열심히 하느냐는 어떤 가게를 어떻게 운영하느냐에 따라 정해진다고 봐도 무방합니다. 만약 '1인 식당'을 할 거라면 모든 걸 다 잘해야겠지요. 하지만 직원을 둘 거라면 어떻게 보면 계산만 잘해도 됩니다. 그러니 쓸데없는 것에까지 너무 열정을 쏟지 마세요. 쓸데없는 걱정의 구체적인 예를 들어보면, 여러분이 식당을 운영하는데 요즘 들어 자꾸 손님이 줄어드는 것 같고 음식이 맵다, 짜다 소리가 들려옵니다.

그러면 당연히 신경 쓰이고 이 문제를 어떻게 해결할지 고민하겠죠. 이렇게도 해보고 저렇게도 해보고 나서 '이상하다. 내가 먹어보면 괜찮은데?'라며 난감해합니다. 그런데 이런 고민은 과감히 던져버려도 됩니다. 왜냐하면 여러분이 생각한 맛이 원래 좀 맵고 짠맛이었다면, 그 맛을 좋아하는 사람들이 여러분의 가게에 오기 때문입니다. 모든 사람의 입맛을 다 맞추려다 보면 오히려 길을 잃고 엉뚱한 방향으로 갈 수 있습니다. 천천히 한번 생각해보세요. 맛에 대한 컴플레인을 일주일에 몇 번이나 들었나요? 손님이 늘고 줄었는지를 일주일, 2주, 한 달을 가지고 판단할 수는 없습니다. 일단 시간을 더 길게 잡고 데이터를 만들어야 합니다.

100명이 오면
단 2명만 만족시켜라!

손님에게 어떻게 만족감을 줄 것인지 방향이 섰다면 그에 맞춰 뚝심 있게 밀고 나가세요. 만약 포장과 배달 전문점을 함께 한다면 어떻게 해야 국물을 안 흘리고 더 깔끔하게 포장할 수 있는지, 이런 부분을 생각하는 게 여러분의 역할입니다. 그러면서 데이터를 만드는 거예요. 매장의 한 달 방문객이 몇 명이고 손님이 늘었는지 줄었는지, 내가 손님들로부터 어떤 이야기를 몇 번 들었는지 데이터를 쌓아야 합니다. 최소한 6개월 정도는 데이터를 쌓아보는 거죠. 또한 음식에 자신감을 가져야 합니다. 처음 메뉴를 짜고 음식 맛에 대한 충분한 검증과 고민을 마쳤다면, 현장에서는 손님들의 말 한마디 한마디에 휘둘리지 말고 좀 더 발전적인 고민을 해야 합니다.

'요즘 같은 팬데믹 시기에 가게 이미지를 생각해서 젓가락, 숟가락을 따로 깔끔하게 포장할까?' '반찬을 다른 포장 용기에 따로 담아 줄까?' 이런 게 더 생산적인 고민입니다. 여러분이 반드시 명심해야 할 게 있습니다. 100명의 손님이 와도 절대 100명을 만족시킬 수 없다는 것입니다. 100명이 오면 단 2명만 만족시킨다는 생각으로 최선을 다하세요. 그러면 하루 2명이 모여 1년에 760명의 단골을 확보하게 됩니다. 이 단골들이 혼자 오는 게 아니라 누군가를 데리고 옵니다. 여러분의 맛과 컨셉트를 좋아하는 사람들이 우리 식당의 단골이 될 수 있도록 노력하면 됩니다.

열심히만 하면 된다고 말하는 사람들의 말은 듣지 마세요. 그들이 성공한 데는 물론 노력도 있었겠지만, 제가 볼 때는 운이 50% 이상은 된다고 생각합니다. 그들은 원래 성공할 운을 타고난 겁니다. 성공한 사람들은 정작 자기가 어떻게, 왜 성공했는지를 잘 모릅니다. 무엇 때문에 우리 가게 음식이 이렇게 인기가 좋은지, 사람들이 열광하는지 그 이유를 본인은 잘 몰라요. 그게 맛이었을 수도 있고, 서비스였을 수도 있고, 다른 여러 가지 원인이 있을 수 있으니, 일단은 여러분이 하고 싶은 것부터 하세요. 성공한 누군가의 사례를 따라가지 마세요. 그리고 멘탈을 꽉 잡으세요. 진짜 전쟁은 아직 시작도 하지 않았습니다.

식당 창업을 꿈꾸는
3가지 유형

누구의 성공 확률이
가장 높을까

식당 창업을 꿈꾸는 분들은 보통 크게 세 부류로 나눌 겁니다. 첫 번째는 대기업 정년퇴직자들, 은퇴자들, 노후 걱정을 하는 분들입니다. 두 번째는 의욕이 넘치는 열혈 초보 청년들입니다. 마지막으로는 저 같은 사람들, 즉 식당에서 오랜 경력을 쌓은 요리사들입니다. 그럼 이 3가지 유형 중 누가 가장 성공할 확률이 높고, 누가 더 많은 돈을 벌 수 있을까요?

무엇이든 100% 정답은 없지만, 결론부터 말하자면 저는 첫 번째 유형이라고 생각합니다. 대기업 정년퇴직자, 은퇴자, 노후 걱정을 하는 분들은 요리 기술도 없고 식당을 운영해본 적도 없는데 왜일까요? 그 답은 결국 자본에 있습니다. 자본주의 시장에서는 무엇을 하든 투자할 수 있는 금액이 굉장히 중요합니다. 투자할 수 있는 금액이 많으면 많을수록 돈을 벌 가능성도 함께 커집니다.

퇴직자 · 은퇴자 유형의
장점과 단점

노후 준비를 위해 식당 창업을 생각 중인데 음식의 '음'자도 몰라서 걱정이라고요? 괜찮습니다. 앞에서도 말했지만, 음식 맛은 얼마든지 해결할 수 있는 방법이 많아요. 음식 장사든 뭐든 자본이 많으면 많을수록 성공할 수 있는 가능성이 비약적으로 커집니다. 음식을 할 줄 모르는 건 큰 문제가 되지 않아요. 특히 프랜차이즈 창업을 생각한다면 아무것도 몰라도 시작할 수 있습니다.

그렇다면 프랜차이즈가 아닌 일반 식당은 아무것도 모르면 못하냐고요? 잘되는 식당에 가서 설거지부터 하며 2년 정도 죽었다고 생각하고 일해야 하냐고요? 아닙니다. 프랜차이즈에 들어가는 소스나 양념류는 모두 식자재 마트에 가면 거의 똑같은 제품을 찾을 수 있습니다. 레시피를 배우는 것도 금방이에요. 아주 쉬운 예를 들자면, 식당을 창업하고 싶어서 이 책을 읽는 분들이라면 분명 밀키트 같은 것을 구입해보셨을 거예요. 밀키트를 먹어보니 어땠나요? 제품에 따라 만족도가 조금씩 다르겠지만, 그중에는 식당에서 이런 음식이 나와도 좋겠다고 느껴질 만큼 괜찮은 제품도 있었을 겁니다.

그렇다면 밀키트의 조리법은 어땠나요? 어려웠나요? 단 5분 만에 동봉된 레시피 카드 하나만으로도 요리법을 쉽게 숙지했을 겁니다. 아니, 어떻게 밀키트와 식당 음식을 비교할 수 있냐고요? 프랜차이즈가 실제로 이렇게 운영되기 때문입니다. 본사에서 제공하는 재료에 본사에서 제공하는 소스를 넣어 조리하는 게 전부입니다. 그런 시스템이 거의 전부라고 보면 됩니다. 요즘은 일반 식당에서도 프랜차이즈처럼 하나부터 열까지 모든 걸 시스템화합니다.

그렇다면 이게 잘못된 것일까요? 아니요. 전혀 잘못되지 않았습니다. 값어치가 떨어지는 음식을 프랜차이즈란 이름으로 포장하려하거나, 품질에 문제가 있는 음식을 판다면 문제가 되겠지만, 고집스럽게 하나부터 열까지 모든 걸 직접 전통적인 방식으로 만드는 식당이 꼭 좋다고 생각하지는 않아요. 요즘 사람들의 입맛 자체가 프랜차이즈처럼 가벼운 맛에 익숙해져 있고, 이런 맛을 원하는 사람들이 너무나 많기 때문입니다. 거리에 나가면 이제는 프랜차이즈가 아닌 식당을 찾아보기 힘들 정도입니다. 수요가 없다면 그렇게 될 리가 없겠죠.

자본은 있지만 기술도 없고 요리 경력도 없어서 걱정하는 분들에게는 딱 한 가지만 말씀드리겠습니다. 여러분도 3개월이면 충분히 그동안 접했던 밀키트의 맛, 프랜차이즈의 맛을 낼 수 있습니다. 또한 3개월이면 장사를 할 수 있을 만큼 주방 스킬도 익힐 수 있습니다. 중요한 건 좋은 아이템과 시스템을 찾는 거지, '난 아무것도 하지 못하는데'라고 걱정할 필요는 없습니다. 이건 정말 자신 있게 말

쏨드릴 수 있습니다. 여러분이 가장 성공 가능성이 높습니다. 자본이 있으니까요. 그게 가장 든든한 지원군입니다.

열혈 초보 청년 유형의
장점과 단점

두 번째, 열혈 초보 청년들의 경우를 살펴보겠습니다. 결론부터 말하자면 너무 죄송하지만 이 유형이 실패할 가능성은 80% 이상이라고 생각합니다. 왜냐하면 이들에게는 충분한 자본이 없습니다. 자본이라는 게 단순히 식당을 차릴 수 있는 초기 투자 비용만 말하는 것은 아닙니다. 식당을 운영하는 중에 발생하는 돌발 상황을 해결할 수 있는 여유 자금이 더 중요합니다. 식당을 운영하다 보면 예측하지 못한 문제가 끊임없이 발생해요. 그리고 이 상황을 해결하는 데 드는 비용이 생각보다 큽니다.

한 가지 예로 도시가스를 들 수 있어요. 식당을 열기 위해 주방을 설계하고 동선을 정하고 도시가스를 연결합니다. 그런데 실제로 주방에 들어가 음식을 만들다 보면 이 배치가 잘못된 경우가 상당히 많아요. 그러면 배치를 바꿀 때 관할 지자체에 신고를 다시 해야 합니다. 신고 대행 비용만 40만~50만 원 정도 들고, 도시가스는 100만 원 정도의 보증금도 따로 받습니다. 그러면 생각지도 못한 비용 150만 원이 추가로 발생하는 거죠. 처음부터 잘 알고 시작했다면 좋았겠지만, 보통 여기까지는 생각지도 못하고 들어본 적도 없을 수 있습니다.

식당을 해보지 않았다면 당연히 모를 수밖에 없는 것들이 많아요. 그런데 지금 당장 이런 문제를 해결할 수 있는 돈이 없다면 어떨까요? 여유 자금이 있는 사람들은 문제를 쉽게 해결할 수 있지만, 그렇지 않은 분들은 골머리를 앓겠죠. 식당을 포기할 순 없으니 여기저기 돈을 빌리러 다니기 시작하겠죠.

이런 문제가 한두 가지가 아닙니다. 끝이 없어요. 따라서 예상치 못한 상황을 미리 없애거나, 모두는 아니더라도 98% 이상은 알고 시작해야 합니다. 그게 진짜 중요해요. 나에게 얼마가 있고, 이것을 어디에 어떻게 투자할 것인지 정말 철저히 따져야 합니다. 식당 창업도 결국은 투자입니다. 여러분이 가게를 폐업하고 나갈 때는 열심히 꾸며놓은 인테리어나 설비에 대한 철거 비용까지 지불해야 합니다. 내가 구입한 설비가 폐업할 때 내 재산이 되는 게 아닙니다. 특히 인테리어 비용은 그냥 버리는 돈이나 마찬가지입니다.

열혈 초보 청년들은 아직 준비가 덜됐다고 볼 수 있습니다. 식당을 차리는 데 투자할 수 있는 금액이 3,000만 원이면 그에 맞는 장소와 인테리어 업체를 찾아야 합니다. 그런데 내가 가고 싶은 자리가 더 좋다면, 결국 돈 때문에 원래 하고 싶은 자리보다 나쁜 조건에서 시작할 수밖에 없어요. 내가 원하는 곳에서 내가 원하는 메뉴를 팔 수 없다면, 그만큼 성공할 가능성도 낮아져요. 따라서 내가 하고 싶은 것과 내가 가진 투자 비용이 얼마나 잘 맞아떨어지는지 정확하게 잘 살펴야 합니다.

장사가 처음부터 잘되지 않아도 최소 6개월 정도는 버틸 수 있는 여력이 있느냐도 정말 중요합니다. 이걸 철저하게 따지고 시작하세요. 여러분들이 저, 아하부장과 같은 부류라면 옆에서 아무리 뜯어 말려도, 내가 직접 똥인지 된장인지 먹어봐야 하는 분들일 거예요. 저는 무조건 하지 말라는 게 아니고 어떻게 하면 최대한 쓸데없는 돈을 쓰지 않고 초기 비용을 줄여나갈 수 있는지를 알려드리고 싶은 겁니다.

요즘 같은 시대에 초보 창업자들이 2,000만 원 정도의 돈만 가지고도 작은 가게를 시작해볼 수 있을까요? 저는 그에 대한 답을 찾아드리고 싶습니다. 여러분에게 부족한 건 자본이지 실력이나 열정이 아닙니다. 자본만 있다면 누구보다 성공할 수 있는 분들이에요. 왜냐하면 여러분은 목숨이라도 걸 만큼 의욕이 넘치거든요. 하지만 돈이 없으면 실수를 해도 실수를 메울 수 있는 방법이 없어 좌절하게 됩니다.

그래도 난 죽어도 장사를 해야겠다고요? 그럼 눈을 낮춰야 합니다. 처음에 꿈꿨던 좋은 장소, 넓은 평수 같은 조건을 포기하고, 현실에 맞게 홀이 없이 배달과 포장으로 승부를 보겠다면 가능합니다. 눈을 낮추고 모자란 부분을 채워 넣으세요. 1층에서 시작하고 싶더라도, 일단 배달 전문점이라면 4층에서, 5층에서 시작해도 됩니다.

4층까지 올라오는 건 배달원들의 몫이지, 여러분은 음식을 맛있게 만들어서 주문을 많이 받으면 됩니다. 그렇게 눈을 낮춰 시작해도 성공할 확률은 반반입니다. 여러분의 운이 어느 쪽으로 기우느냐에 따라 달라지겠죠.

오랜 경력의 요리사 유형의
장점과 단점

마지막으로 경력을 꽉꽉 채운 요리사입니다. 제 이야기를 한번 해볼게요. 저는 17년 차 요리사입니다. 저 같은 사람의 가장 큰 문제점은 장사꾼처럼 생각할 줄 모른다는 겁니다. 요리에 일가견은 있지만 '난 아직 장사를 해보지 않았어. 가게를 열었는데 실패했어' 하는 분도 많을 겁니다. 이들의 가장 큰 문제는 앞서 말한 제 경우처럼 장사꾼처럼 생각할 줄 모르고 항상 요리사의 시선으로 모든 것을 바라보고 판단한다는 겁니다. 하지만 우리는 돈을 벌어야 하잖아요. 그래야 가족도 먹여살리고 내 주변도 보살필 수 있으니까요.

식당 문을 열었다면 실질적으로 돈을 버는 게 가장 중요한데, 요리사들은 음식에만 목숨을 겁니다. 이윤을 남기는 세팅과 조리 시스템을 생각하지 못한다는 뜻입니다. 이들은 경력이 차고 넘치므로 어떤 주방에 가서도 이틀이면 자유자재로 움직이고 화려한 신공을 보여줄 수 있습니다. 주방에서는 모든 걸 처리할 수 있는 만능 해결사와 같습니다. 그런데 정작 내가 빠지면, 식당이 돌아가지 않아요. 그런 극한의 시스템마저도 가능하게 만들어버리는 능력자들은 장사하는 게 힘듭니다. 요리 고수들은 요리라면 자신 있으니, 보통 여러 가지 메뉴를 다양하게 선보이려고 하겠죠. 결국 우리나라에서 가장 잘 먹히는 '전문점'이라는 이미지를 포기하는 겁니다.

살짝 논점에서 벗어나는 이야기지만, 간판에 '전문점'이라는 단어가 붙은 식당은 정말 전문점이 맞을까요? 예를 들어 간판에 '해장국 전문점'이라고 적혀 있는 가게에서 해장국을 만드는 분들은 수십 년간 해장국만 만들어온 전문가일까요? 물론 그런 곳도 있겠지만, 일반적으로 프랜차이즈 식당이든 일반 식당이든 단일 메뉴를 팔면 그곳이 곧 전문점이라고 생각합니다. 그게 우리가 이용해야 할 가장 중요한 단어이자 이미지입니다. 결국 전문점의 이미지를 만드는 것이 중요하다는 겁니다.

그런데도 경력 많은 요리사들은 이 점을 간과하는 경우가 많습니다. 어찌어찌 육개장 전문점을 차려놓고도 이상하게 김치에 목숨을 걸고 깍두기에 목숨을 겁니다. 점심시간 11시부터 12시까지 손님이 대충 10팀 정도 들어올 거라 예상한다면 보통은 겉절이도 그에 맞는 양으로 무쳐두겠죠. 그런데 갑자기 내가 예상했던 것보다 몇 배나 많은 손님이 들어와서 겉절이가 동이 났어요. 하지만 이런 상황에서도 충분히 뚝딱뚝딱 문제를 해결할 수 있는 사람이 바로 요리사들입니다. 왜냐하면 이것만 10년 넘게 해왔거든요. 하지만 이게 장점은 아닙니다.

이런 문제를 해결할 수 없어야 더 나은 방법과 시스템을 고민하고, 돈도 법니다. 원가 계산에 대해서도 짚어볼까요? 요리사들은 식자재의 원가를 너무 잘 알고 있습니다. 돼지고기 뒷다리(후지)를 식자재 가게에서 1kg에 5,000원에 살 수 있으니, 100g씩 볶아서 테이블마다 반찬으로 제공한다면 500원이 반찬의 원가라고 단순하게 생각할 거예요. 500원짜리 반찬을 제공하고 손님이 매일 올 수 있도록 하면 성공적인 마케팅이 아니냐고요? 아닙니다.

원가 계산은 그렇게 하는 게 아니에요. 제가 앞으로 원가 계산을 하는 방법을 알려드리겠지만, 그런 단순한 계산법과 즉흥적인 생각으로는 성공할 수 없습니다. 그렇다고 너무 실망하지는 마세요. 요리사 여러분에게는 가장 큰 무기가 하나 있습니다. 여러분은 원가 3,000원의 재료로도 1만2,000원 가치의 멋진 요리를 만들어낼 수 있습니다. 첫 번째, 두 번째 유형은 절대 그렇게 하지 못하겠죠. 여러분에게는 능력이 있고 기술이 있습니다. 가장 성공할 수 있는 가능성이 있는 유형인데도, 그동안 성공하지 못했던 거예요.

그러니 생각만 조금 바꾸면 됩니다. 음식은 요리사처럼, 생각은 장사꾼처럼 하세요. 그러면 주변의 잘나가는 식당보다 훨씬 성공할 수 있습니다. 여러분에게는 기술이 있으니 맛과 가격에서 절대 질 수 없는 시스템을 만들어보세요. 그러면 무조건 돈을 벌 수 있습니다.

단점을 보완하면
성공이 가까워진다

지금까지 이야기한 3가지 유형은 각자의 장단점을 가지고 있습니다. 중요한 건 자신의 상황에서 가장 효율적으로 운영할 수 있는 아이템과 시스템을 찾는 것입니다.

첫 번째 퇴직자나 은퇴자들은 대부분 프랜차이즈를 선택할 가능성이 큽니다. 그렇다면 프랜차이즈 브랜드 중 폐업률이 가장 낮은 탄탄한 것을 찾으면 됩니다. 매머드급 프랜차이즈(교촌, 본죽, 파리바게트)를 얼마나 좋은 장소에서 시작할 것인지에 초점을 맞춰야 합니다.

두 번째 열혈 초보 청년들의 경우 어떻게 하면 가장 적은 금액으로 내 평생의 직업을 얻고 소중한 경험을 쌓을 수 있는지에 초점을 맞추세요. 2,000만 원도 되지 않는 투자금으로 월 1,000만 원 이상을 벌겠다는 생각이라면 창업은 빨리 접길 바랍니다. 앞으로 걸어갈 길이 눈에 보이기 때문입니다. 하지만 지금 내 월급이 300만 원이라고 가정했을 때, 2,000만 원을 투자해서 월 400만 원 정도 벌 수 있는 내 식당, 내 직장을 만들고, 이것을 더 크게 발전시킬 수 있는 방법을 찾겠다는 마음으로 시작한다면 좋습니다. 도전해보세요.

세 번째 유형인 오랜 경력의 요리사들은 가장 성공하기 좋은 조건을 갖춘 분들입니다. 지금까지의 요리 장인 마인드를 버리고 '난 요리사가 아니야. 요리는 해본 적도 없어'라는 마인드로 다시 시작하세요. 장사 잘하는 사람들의 자세와 생각을 배우려고 노력하세요.

당신이 전문가일
필요는 없다

전문점의 이미지를
이용하라

여러분에게 한 가지 묻고 싶습니다. 여러분이 가본 식당 중 단일 메뉴를 판매하는 곳은 모두 '전문점'일까요? 예를 들어 여러분이 자주 가는 국밥집을 한 곳 떠올려보세요. 그곳이 정말 국밥 전문가가 운영하는 식당이고, 국밥 전문가가 요리하는 곳이 맞나요?

이 책을 읽는 분들 중에는 프랜차이즈 브랜드를 운영하는데 생각만큼 잘되지 않아 걱정하는 경우도 있을 테고, 개인 식당을 하는데 매출이 잘 나오지 않는 경우도 있을 겁니다. 지금 식당을 운영하고 있는 분이 아니더라도 현재 창업을 꿈꾸는 분들이라면 한 번쯤 생각해봤으면 합니다. 여러분은 그 분야의 전문가입니까? 여러분이 전문가가 아니기 때문에 프랜차이즈 브랜드라도 해서 기대고 싶은 마음 아닌가요?

보통 '전문가'라고 하면 어떤 분야에서 완전히 능통한 사람을 뜻합니다. 그렇다면 프랜차이즈 국밥집은 국밥 전문점이 맞을까요? 이 국밥집에 어른들이 먹을 메뉴밖에 없어서, 가족 손님이 함께 올 수 있도록 어린이 돈가스를 함께 팔기로 했어요. 그럼 어린이 돈가스를 팔기 위해 돈가스 만드는 전문가를 고용해야 할까요?

프랜차이즈 가맹점의 경우도 생각해봅시다. 프랜차이즈 가맹점을 운영하는 분들은 어떤 분들인가요? 이들도 전문가가 아닌 건 마찬가지죠. 프랜차이즈 본사에서 요리 경력이 10년 이상 되는 사람들에게만 가맹점을 내주지는 않잖아요.

일반 식당이든, 프랜차이즈이든 전문점이라는 단어는 결국 하나의 말장난에 지나지 않습니다. 전문가가 하는 식당만 전문점이라고 한다면 대한민국에 진짜 전문점은 몇 개 없을 겁니다. 그럼 우리는 밖에서 밥 한 끼 사먹기도 힘들 거예요. 전문가로 인정받은 사람이 운영하는 전문점은 장사가 너무 잘될 거고, 소비자는 엄청난 가격을 지불하고 밥을 먹어야겠죠.

'전문점'의 이미지를
이용하라

저는 전문점이 나쁘다는 것이 아닙니다. 오히려 우리가 이용해야 할 것이 바로 이런 전문점의 이미지라고 강조하고 싶습니다. 내 식당에서 뭘 팔지 아이템을 정하는 방법에 대해서는 다른 챕터에서도 설명하겠지만 단일 메뉴는 아니더라도 몇 가지 한정적인 요리로 구성해야만 성공할 가능성을 높일 수 있습니다. 그게 대한민국 요식업의 특징입니다. 이것도 팔고 저것도 팔고 싶다면 식당보다는 술집이나 분식점이 낫습니다. 국밥 전문점에서 순대국밥도 팔고 갈비탕도 팔고 이것저것 다 팔면 이상하게 손님들이 잘 가지 않아요. 확실히 대한민국에서는 전문점이라는 이미지가 매우 중요합니다.

'이 음식을 먹으려면 이 집에 꼭 가야 해'라는 생각이 있어요. 이런 가게에 가면 '50년 전통'이라고 간판에 크게 쓰여 있습니다. 사실 50년 전통이란 말이 어디에서 나오는지는 잘 모르겠습니다. 식당을 운영해온 건물 자체가 50년이 채 되지 않았는데, 50년 동안 가마솥을 한 번도 안 꼈다고 합니다. 이 말을 다르게 생각해보면 50년 동안 가마솥을 한 번도 닦지 않았다는 뜻이기도 합니다. 하지만 일단 이렇게 써놓으면 사람들은 그냥 믿고 찾습니다.

한 동네에 국밥집이 세 곳 있는데 이 중 한 곳만 이런 전통과 사연을 강조한다면, 우리는 당연히 이 식당으로 갈 겁니다. 음식이 맛있고 식당이 청결한 것도 중요하지만, 그보다 더 중요한 게 '스토리텔링', 즉 그 식당만의 역사입니다. 이런 스토리텔링을 만들어내는 게 정말 중요합니다. 어쩌면 여러분이 음식 맛보다 더 중요하게 생각해야 할 게 바로 스토리텔링입니다. 안 그러면 돈을 못 버는 게 문제가 아니라, 손님의 발길조차 닿지 않는 식당이 될 수도 있습니다.

당신이 요리 전문가가 될 필요는 없다

어떤 가게에 굉장한 요리의 대가가 있습니다. 이 요리 장인이 50년 동안 식당을 운영하여 큰 성공을 거두었고, 자신의 식당을 프랜차이즈화하려고 해요. 그가 개발한 기막힌 소스를 가맹점 점주들에게도 똑같이 제공하기 위해서는 먼저 대량으로 생산하는 과정을 거쳐야겠죠. 그러려면 소스만 만드는 공장에 레시피를 넘기고, 공장에서는 그 맛을 그대로 재현할 겁니다. 장인의 레시피와 똑같이 만드는데, 이걸 공장에서 만든다고 해서 맛이 달라질까요? 다를 거라 생각하는 분도 많을 거예요. 아마 공장에서 대량화한 음식에 대한 선입견 때문일 겁니다.

하지만 똑같은 레시피로 만드는 음식은 와인 소믈리에처럼 맛을 세세히 감별하는 경지에 이르지 않은 이상 실제로는 거의 차이가 없습니다. 공장에서 만들었다고 하면 무조건 좋지 않게 보는 분들이 많아요. 기성품이나 공산품보다는 장인이 손으로 직접 만들어야 좋은 음식이라고 생각합니다. 무조건 본점이 가장 맛있고, 나머지는 흉내만 낸다고 생각하는 분도 많아요. 하지만 국내 프랜차이즈 분점 중에는 본점만큼 맛을 잘 내는 곳도 많습니다.

예를 들어, 콩나물 해장국의 대표 프랜차이즈 브랜드라면 '전주 콩나물 해장국'이 떠오를 거예요. 제가 콩나물 해장국을 정말 좋아해서 여러 가맹점을 돌아다녀봤지만, 모두 거의 일정한 맛이 났습니다. 본점이 가장 맛있다는 말은 솔직히 잘 모르겠어요. 본점에 대한 소비자들의 믿음이 강해서 그런 선입견이 생겼다면, 본점이 마케팅을 그만큼 잘한 거라 볼 수 있겠죠. 오랜 경력을 가진 요리사라면 육수나 소스 몇 종류를 뽑는 건 일도 아닙니다. 저 역시 이틀이면 전문점과 거의 비슷한 맛의 소스와 육수를 수십 종류는 뽑을 수 있습니다.

그렇다면 저는 모든 분야의 전문가일까요? 당연히 아닙니다. 여기에서 가장 중요한 핵심은 여러분이 전문가가 아니어도 괜찮다는 점입니다. 요식업 창업은 오히려 전문가가 아닌 경우 더 넓게 볼 수 있고 더 크게 성공할 가능성이 있다고 생각합니다. 스스로 전문가라 생각하는 분들은 배울 생각보다는 내가 직접 모든 걸 하려고 합니다. 내가 지금껏 해왔던 틀 안에서 벗어나지 못합니다. 하지만 전문가가 아닌 분들은 일단 배우려는 자세가 되어 있고, 누군가의 조언을 들을 준비가 되어 있습니다.

요리사가 아닌
장사꾼이 되자

　　　　　　　　여러분이 경력이 없고, 손이 느리다고 해도 문제가 되지 않습니다. 요즘은 초보자들이 참고할 수 있는 고급 정보를 쉽게 찾을 수 있는 경로가 많습니다. 오늘날의 식당에서는 사실 전문가가 필요 없다고 해도 맞을 겁니다. 프랜차이즈 중 잘되는 몇몇 브랜드가 굉장히 오랫동안 사랑받을 수 있는 이유는 무엇일까요? 예를 들어, 교촌치킨, 본죽, 파리바게트처럼 폐업률이 낮은 브랜드가 계속 살아남을 수 있는 이유는 무엇일까요? 이것만 봐도 전문가는 필요하지 않다는 걸 알 수 있어요. 언젠가는 요리사라는 직업 자체가 사라지는 날이 올 수도 있습니다.

　요리사가 되려 하지 말고 무조건 장사꾼이 되세요! 그래야 돈을 벌 수 있습니다. 요리사가 되면 가족과 주변 사람들만 힘들어집니다. 전문가라고 해서 크게 다른 것도 없습니다. 예를 들어, 저 같은 요리사와 요리 초보가 사골 육수를 뽑는다면 완성된 육수에서 완전히 다른 맛이 날까요? 사실 크게 다르지 않아요. 저는 너무 많이 해봤기 때문에 색감과 질감, 냄새만 맡아도 대충 어떤 상태인지 안다는 것뿐입니다. 여러분이 시간을 정확히 재고 공식대로 만든다면 오히려 요리사보다 더 잘할 수도 있어요. 레시피만 철저히 지킨다면 전문가보다 더 전문가처럼 요리할 수 있습니다.

　여러분한테는 더 큰 가능성이 있다는 말입니다. 전문가가 아니라고 걱정하는 대신, 내 가게만의 특별한 스토리텔링을 만드는 것, 즉 이미지 마케팅에 더 신경을 써야 합니다. 그리고 전문점이라는 이미지를 꼭 이용해야만 쉽고 빠르게 원하는 목표에 도달할 수 있어요. 중요한 건 사람들이 여러분의 가게에 대해 어떻게 이미지를 굳히느냐입니다. 여러분은 전문점이라는 단어를 어떻게 활용할 건가요? 머릿속에 여러분이 생각하는 식당의 이미지를 계속 그려보세요.

성공으로 가는 가장 좋은 티켓,
권리금

좋은 자리는 장사의
처음이자 끝이다

이번에는 식당의 위치, 즉 자리 선정에 관해 말해볼까 합니다. 무슨 장사든 자리가 정말 중요하다는 이야기를 많이 들어봤을 겁니다. 하지만 누구도 명쾌하게 이 자리가 좋은 자리라고 혹은 나쁜 자리라고 말할 수 없어요. 왜냐하면 어떤 자리에 누가 들어와 어떤 장사를 하느냐에 따라 그 자리가 보배가 될지 아니면 최악의 상황에 이를지 완전히 달라지기 때문입니다.

하지만 우리는 조금이라도 성공할 확률을 높여야 합니다. 성공할 확률을 높이기 위해 결론부터 말씀드리자면 무조건 '사람이 많은 곳'으로 가야 합니다.

구석진 자리에서도
잘될 놈은 잘된다?

앞에서 자신이 열고 싶은 식당의 이미지를 수도 없이 머릿속에 그려보라고 했습니다. 보통은 식당의 이미지를 그릴 때 홀은 몇 평에, 테이블은 몇 개 정도를 둘까부터 생각합니다. 요즘은 배달 전문 식당도 많이 생겼지만, 일단 손님들이 방문해서 식사할 수 있는 매장(홀)을 운영한다면 무조건 사람이 많은 곳으로 가야 합니다. 물이 있어야 고기가 있습니다. 이건 정말 진리입니다. 꼭 식당이 아니더라도 사람이 없는 곳에서 사람을 상대하는 일을 한다는 게 사실 말이 안 되니까요.

가게 자리를 보러 다니다 보면 어떤 식당은 사람이 잘 다니지 않는 구석진 곳인데도 손님이 바글바글 장사가 잘되는 곳도 간혹 보셨을 겁니다. 이런 식당의 비결은 뭘까요? 저는 그 비결이 결국 '시간'이라고 생각합니다. 그곳은 한결같이 시간을 쌓아왔을 겁니다. 반면 생긴 지 얼마 되지도 않았는데 손님이 많고 잘되는 식당도 보셨을 겁니다. 이 경우는 무슨 이유 때문일까요? 속된 말로 잠깐의 '오픈빨'일 가능성이 높아요. 물론 그 집만의 스토리텔링이 있다면 진짜일 수도 있겠죠. 유명인이 하는 가게라든가 아니면 원래 잘되던 유명한 식당이 그곳으로 옮겨간 것일 수도 있습니다.

그렇다면 우리도 성공할 가능성이 있는 거 아닐까요? 구석진 자리에서도 성공하는 사람들이 있으니 우리도 그렇게 하면 되지 않을까요? 그런데 문제는 보통 그만큼의 시간을 버틸 수 있는 힘이 없다는 겁니다. 내 건물이 아니니 임대료도 나가고 인건비도 나가고 숨만 쉬어도 나가는 돈이 너무 많으니까요.

요즘 같은 시대는
인터넷 홍보가 최고다?

요즘엔 인터넷이 있지 않냐고 묻는 분도 있을 겁니다. 돈만 내면 인스타그램, 네이버 블로그에 홍보를 할 수 있고, 그러면 사람들이 자동으로 그걸 보고 찾아온다고 말이죠. 물론 이런 방법으로 홍보할 수도 있지만, 저는 절대 추천하지 않습니다. 사람들이 바글바글 많은 좋은 자리를 두고 굳이 유동인구가 없는 구석진 곳으로 가서 인터넷으로 사람을 불러 모은다고요? 홍보에도 정도가 있고, 가능한 수준이라는 게 있습니다. 라면만 팔아도 사람들이 저절로 오고 장사가 잘될 장소 A가 있는데, 왜 사람도 없는 B에서 인터넷 홍보를 해서 사람을 모아야 할까요?

가난에는 이자가 붙는다고 하잖아요. A에 갈 돈이 없으니 B로 갈 수밖에 없는 겁니다. 일부러 한적한 장소를 찾을 수도 있겠지만, 그건 극소수의 이야기일 거고 대부분은 하나씩 하나씩 내가 원하는 조건을 포기하다 보니 결국 B로 가는 겁니다. 그런데도 '요즘은 시대가 좋아져서 인터넷으로도 충분히 홍보할 수 있다'고 자기 위안을 하죠. 여러분이 사업자등록증을 내면 어떻게 알았는지 가게로 끝도 없이 전화가 옵니다. 한 달에 10만 원, 부가가치세까지 합쳐서 1년에 132만 원만 내면 여러분의 가게를 네이버 블로그 상단에 노출해주고 지속적인 업데이트로 관리하고 체험단을 보내준다고 말하는 사람들입니다.

손님들이 와서 블로그 후기가 쌓이고 지역 맛집 상단에 노출되는 데 불과 6개월이면 충분하다며, 사후관리를 1년까지 해준다고 말하죠. 이런 전화가 끝도 없이 와요. 제가 윤달식당을 운영하는 동안 100군데 넘게 이런 전화가 왔습니다. 그래서 저는 실제로 이런 업체를 한 번 이용해보았습니다. 여러분도 아시다시피 저는 60만 명의 구독자를 둔 유튜브를 운영하고 있어요. 제 채널을 두고도 이걸 실험을 해봤습니다.

식당을 창업한 분들이 흔히 고민할 수 있는 문제라고 생각했기 때문입니다. 실제로 132만 원을 지불한 후 딱 2주 동안 연락이 왔습니다. 그리고 그다음부터는 연락이 단 한 통도 오지 않았습니다. 업체로 연락을 해봐도 그들이 해줄 수 있는 게 없었어요. 한마디로 말해 사기입니다. 이런 업체를 운영하는 사람들에게는 미안하지만, 절대 이런 사람들한테 돈을 지불하면 안 됩니다.

그러면 이런 업체가 더 많이 생겨날 것이기 때문입니다. 홍보를 해준다는 모든 사람이 사기꾼은 아니겠지만 여러분의 업장에 연락하는 사람들은 사기꾼일 가능성이 큽니다. 하나 더 있어요. 초음파 세척기를 써보라는 전화도 정말 많이 받을 거예요. 이것 역시 절대 하지 마세요. 제가 써보지도 않고 쓰지 말라는 게 아닙니다. 제 주변 의 사장님들이 세척기를 사서 써본 경험을 바탕으로 말씀드리는 겁 니다. 효과가 하나도 없어요. 결국 전원 버튼 한 번 안 누르고, 그냥 싱크대로 쓰게 됩니다. 여러분은 이렇게 잘못 쓰는 돈을 똑똑하게 아껴서 권리금을 만들어야 합니다.

무조건 권리금을
만들어라

제가 윤달식당을 연 곳은 구글 스트 릿 뷰에도 잘 나오지 않는 곳입니다. 천안의 신방 통정지구, 통정1로 입니다. 주변에는 인구가 4만5,000만 명 정도 되는 신방동이 있고, 윤달식당이 있는 위치는 아산과 천안의 접경 지역 쪽, 어디와도 거 의 연결이 안 되는 외딴섬 같은 지역입니다. 심지어 여기서 어디로 배달을 하든 배달 추가 비용이 2,000~3,000원은 항상 더 붙습니다. 주변에 아파트가 몇몇 있긴 하지만, 총인구가 8,000명밖에 되지 않 습니다.

자리를 고를 때 분명 이런 실수를 할 수도 있기 때문에 이런 곳에 서 시작을 하긴 했지만, 계약서에 사인을 하면서도 솔직히 조금 무 서웠습니다. 동네 자체도 장사가 잘될 수 없는 곳이지만 주변 건물

하나 건너 하나씩, 하나 건너 두 개씩 '임대'가 붙어 있었습니다. 실험하는 것도 좋지만 실험을 채 보여주기도 전에 못 버티고 포기하는 건 아닌지, 뭔가 보여줄 게 있을지 걱정이 컸습니다.

지도를 한번 보세요. 윤달식당이 위치한 곳처럼 이렇게 '고인 물 같은' 지역이 굉장히 위험합니다. 유동인구가 없는 것도 힘든데, 그나마 이곳에서 밥을 먹고 술을 마실 수 있는 사람들은 차로 불과 10분 안에 갈 수 있는 신도시, 청당동으로 모두 나갑니다. 그곳에 번화가가 잘 형성되어 있기 때문입니다. 여러분이 식당을 열 장소를 찾

을 때도 제가 선택한 이런 곳은 절대 안 됩니다. 지도를 보면서 조금 더 자세히 살펴볼까요. 윤달식당과 가까운 신방동은 아파트와 원룸이 많은 동네입니다. 대부분 소형 평수 아파트로 이루어져 있지만, 아파트 규모가 작아 보여도 4,000세대가 넘고 실제로 거주하는 인구는 8,000명이 넘습니다. 이 아파트 단지 하나와 윤달식당이 위치한 동네 전체가 거의 비슷한 규모인 셈입니다. 전체 인구는 4만 5,000명 가까이 되고, 번화가와 먹자골목이 굉장히 잘 형성되어 있습니다. 작은 평수의 가구는 대부분 1인 가구나 부부끼리 사는 경우가 많아서 실제로 배달을 시키거나, 외식을 하거나, 친구들과 술을 마실 확률이 높아요.

신방동의 메인 먹자거리에는 술집, 밥집이 가득하고, 가게마다 사람들이 쏟아져 나옵니다. 가게마다 기본은 한다고 볼 수 있어요. 그런데 이 좋은 자리에서도 3개월에 한 번씩 두 집 정도는 다른 가게로 바뀌곤 합니다. 이렇게 좋은 자리에서도 분명 잘되지 않아 폐업하는 집은 있다는 거예요. 아이템이 좋지 않았을 수도 있고, 주인이 자리를 비운 채 직원들만 두고 가게를 오토로 돌리며 노력을 하지 않았을 수도 있어요. 이유는 다양하겠지만 자리가 전부는 아니란 걸 알 수 있습니다.

하지만 여기서 또 다른 반전이 있습니다. 이렇게 망한 자리에서도 기존의 인테리어나 기물 같은 걸 살짝 뜯어낸다든지 간판만 바꿔서 다른 걸 바로 시작할 수 있어요. 이게 바로 '권리금의 힘'입니다.

바닥 권리금이 좀 많은 가게는 1억까지 가는 곳도 있고, 보통은 30평 기준으로 5,000만 원 정도 됩니다. 이런 곳은 가게가 바뀔 수는 있어도 절대로 비어 있진 않아요. 바닥 권리금이 있는 자리이기 때문에 비어 있는 게 말이 되지 않아요.

이런 곳에서는 처음 가게를 오픈하고 6개월 정도 운영해보면 느낌이 옵니다. 만약 이 업종이 망할 것 같으면 얼른 다른 업종으로 갈아타는 거예요. 그럼 다시 오픈빨을 받을 수 있어요. 이런 번화가에서는 새로운 가게가 오픈하면 사람들이 호기심에 한 번씩은 방문합니다. 나중에는 망할지언정 처음 일정 기간은 오픈빨을 받아요. 그때 내가 잘하느냐, 앞으로도 계속 유지를 할 수 있느냐, 이게 바로 장사의 핵심입니다.

초반 3개월 안에
손님이 다시 찾을 이유를 만들어라

유동인구가 많은 좋은 자리로 가는 것, 오픈 초반 3개월 동안 사람들이 다시 찾아올 만한 이유를 만드는 것, 이 두 가지가 장사의 승패를 좌우합니다. 그래서 앞에서도 권리금을 감당할 수 없는 청년들은 아직 준비가 안 된 것일 수도 있다고 말한 겁니다. 예전의 고전적인 장사 방식으로는 정말 힘들어요. 좋은 자리에 들어가지 않는다면 버티기가 힘든 게 요즘 장사의 현실입니다. 하지만 자본이 충분하지 않은 분들에게도 한 가지 희망적인 이야기를 하고 싶습니다. 이제는 배달 시장을 절대 무시할 수 없어요.

코로나19로 인해 배달과 포장 문화가 확산되었지만, 팬데믹이 끝나도 약간의 차이는 있겠지만 이 문화는 계속 유지될 겁니다. 여러분이 배달 전문 식당을 생각한다면, 내가 가는 곳이 권리금은커녕 임대료가 거의 공짜인 곳이라도 한번 배팅을 해볼 만합니다. 단적인 예로 윤달식당에서 50m 거리에 사는 분들도 배달의민족이나 요기요 앱을 켜고 음식을 배달로 받습니다. 그러면 저희가 걸어서 2분 만에 배달해드립니다. 식당이 코앞에 있어도 배는 고프지만 씻기도 귀찮고 나가기 싫은 날이 있잖아요. 그런 분들이 실제로 배달을 자주 이용해요. 배달비를 4,000원씩 내면서도 기꺼이 음식을 주문합니다. 배달 문화는 앞으로도 절대 사라지지 않을 거라 장담합니다.

항아리 상권으로
들어가는 것이 가장 좋다

자본이 충분하고, 전형적인 운영 방식으로도 성공할 자신이 있다면 무조건 손님이 많이 몰리는 가장 좋은 자리로 들어가세요. 혹시 '항아리 상권'이라고 들어보았나요? 가장 장사를 하기 좋은 상권으로 꼽는 것이 바로 항아리 상권입니다. 항아리 상권의 좋은 예로 아산 둔포 신도시와 신계리를 들 수 있어요.

둔포 신도시는 도시 전체가 아파트와 상가로 이루어져 있습니다. 그런데 이 주변이 사방팔방 논과 밭으로 둘러싸여 있어요. 그래서 무조건 이 안에서 모든 걸 해결해야 합니다. 여기서는 밖으로 나갈 이유가 없어요. 그나마 가장 가까운 도심인 평택이나 천안으로 나가려면 대략 20km가 넘으니, 사람들이 굳이 밖으로 나가려고 하지 않아요. 이런 위치에서는 뭘 해도 성공합니다. 정말 엉뚱한 아이템만 아니라면 말이죠. 주변에 없는 메뉴나 브랜드를 하나 찾으면 됩니다.

심지어 이곳에 이미 있는 업종이라 해도 내가 기존 가게와 차별점을 확실히 두고 더 잘할 수 있다면 해도 됩니다. 신계리 역시 360도로 주변이 다 막혀 있고 외부로 나가고 싶어도 나갈 수가 없

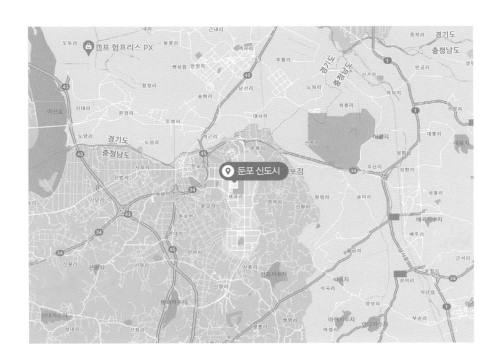

는 데다 근방의 아파트만 해도 1만2,000세대가 넘으니 인프라가 충분합니다. 저에게 장사를 어디서 할 거냐고 묻는다면 이런 곳에서 하겠습니다. 여러분도 이런 장소를 잘 찾아보세요. 그렇다면 여러분이 선택한 위치가 정말 괜찮은지 어떻게 검증할 수 있을까요? 여러분이 봐둔 자리가 있다면 계약하기 전에 반드시 해야 할 일이 있어요. 최소 오전 11시부터 오후 2시까지, 저녁 6시부터 9시까지 세 시간씩 하루 두 번은 주변의 유동인구를 살펴보세요.

근처 카페에 앉아 그 장소 주변의 식당에 사람들이 얼마나 들어가고 나오는지 반드시 확인해야 합니다. 하루 이틀 가지고는 안 됩니다. '내가 이 자리에 꼭 할 거야'라고 생각한다면 최소 2주간은 살펴봐야 합니다. '이 자리에서 해볼까?' 정도라면 평일에 하루, 주말에 하루 정도는 살펴봐야 합니다. 자리에 대한 공부는 꼭 필요하고 이 정도의 정성은 쏟아야 합니다. 동네의 실정을 가장 잘 알고 있는 사람은 바로 주변 부동산의 중개인들입니다. 장삿속에 얼렁뚱땅 중개료나 챙기려는 사람 말고, 이 동네에서 토박이로 오랫동안 부동산을 해온 분들에게서 정보를 얻어야 합니다. 이분들이 알고 있는 정보가 거의 80%는 맞습니다. 이분들에게 동네 상권은 어떤지 물어보고, 장사가 가장 잘되는 집에 같이 가보기도 하세요. 그러는 과정에서 많은 정보를 얻을 수 있을 겁니다.

권리금이 유일한 숨구멍이
될 수 있다

권리금은 보증금과 비슷한 개념으로 생각할 수 있어요. 시세가 조금 변동되거나, 내 개인적인 사정으로 조금 깎거나, 내가 장사가 너무 잘돼서 더 받을 수도 있지만 웬만하면 그대로 유지됩니다. 왜냐하면 바닥 권리금이 내려가면 옆집, 그 옆집까지 영향을 받기 때문에 반발이 굉장히 심해요. 동네 전체가 망하지 않는 이상 권리금을 내려받으려는 사람은 절대 없습니다. 정말 장사가 잘되는 번화가는 코로나19가 터지든 다른 문제가 생기든 그 어떤 상황에서도 권리금이 떨어지지 않습니다.

결국 여러분은 두 가지 중 하나를 결정할 수 있습니다. 첫 번째, '나는 아하부장이 말하는 자본이 없으니 권리금이 있는 지역으로는 갈 수 없어'라는 분들에게는 배달이나 포장 전문점이지만 작게나마 홀에 3팀 정도는 받을 수 있는 식당을 추천하고 싶습니다. 요즘 '1인 식당'도 많다고 하는데, 말이 1인 식당이지 실제로 혼자 운영할 수 있는 식당은 없어요. 아르바이트생이라도 있어야 합니다. 일이 힘들어서일까요? 아니요. 외로워서 못해요. 사회성이 없어서 나는 다른 사람들하고 일하는 게 불편하다는 분도 마찬가지입니다.

제가 장담하건대, 혼자서는 절대 오래 못해요. 아무리 작은 식당이라도 식당 일은 혼자 할 수 있는 일이 아닙니다. 그러므로 1인 식당이라는 건 말장난에 가까워요. 파트타임 아르바이트 정도는 두고 하는 식당이 내가 모든 걸 책임지는 진정한 1인 식당이라고 할 수 있어요. 저는 워낙 이 일을 오랫동안 해왔고 손도 빠른 편이라 시간별로 홀에 3팀, 배달 15개, 포장 3개 정도는 손님들을 응대하면서 혼자 할 수 있어요. 여러분도 시간별로 해결 가능한 주문량을 생각해 보세요. 사람을 고용해서 쓸 거면 더 욕심을 내도 됩니다. 하지만 돈을 벌 수 있는 가장 쉬운 방법은 인건비를 아끼는 것입니다. 농담처럼 식당에서 직원 한 명을 안 쓰면 사장님의 차가 바뀐다는 말이 있어요.

사람을 한 명 덜 쓰는 시스템을 잘 짜서 동선도 그에 맞게 짜고, 메뉴의 선택 역시 버겁지 않아야 합니다. 그리고 가장 중요한 건, 내가 할 수 있는 만큼 하고 지나친 욕심을 내지 말아야 합니다. 손님이 아무리 많아봤자 테이블 10개짜리 가게에서 할 수 있는 한계치가 있어요. 그걸 배달로 채울 수 있지 않냐고요? 배달을 끌어올리려면 주방도 그에 맞춰 커져야 합니다. 작은 주방에서 해낼 수 있는 총량에는 분명 한계가 있어요. 이와 반대로 자본은 어느 정도 있지만 비싼 권리금을 주고 들어가기가 너무 불안하고 무섭다는 분도 있을 겁니다.

권리금이 있는 자리라는 건 여러분이 성공할 수 있는 가능성에 한발 더 가까이 간다는 뜻입니다. 권리금을 내는 대신 다른 데에서 아끼세요. 멋진 인테리어? 값비싼 시설? 다 필요 없습니다. 한식집은 한식집 같고 횟집은 횟집 같고 고깃집은 고깃집 같으면 됩니다. 여러분이 생각하는 아이템이 유행에 정말 민감하거나, 젊은이들에게 먹히는 거라 가게의 인테리어가 중요하다면, 꼭 젊은 층이 많이 찾는 장소로 들어가야 합니다. 그런 자리에 가서 하면 먹혀요. 그런데 '나는 유행을 따르기보다는 동네에서 우직하게 밥집을 할 거야'라면 예쁜 인테리어, 멋진 설비 같은 건 전혀 고려하지 않아도 됩니다.

밥집에 밥 먹으러 가는 사람들은 대부분 메뉴판 보는 것도 귀찮아 합니다. 투박하고 묵직한 한식 메뉴를 팔면서 "여긴 가게가 너무 예뻐서 소주 한잔 마시는 것도 이상해." 이렇게 되면 안 됩니다. 이런 돈을 아껴서 권리금을 만드세요. 요즘엔 권리금도 법으로 어느 정도 보호가 됩니다. 저라면 권리금을 보증금이라 생각하고 가겠습니다. 절대 물도, 고기도 없는 지역으로는 가지 마세요. 지역 인구 4만 명 이하인 곳은 꼭 다시 생각해보세요.

자리는 장사의 처음이자 끝이다

공단이나 관공서 주변을 노리는 것도 좋습니다. 점심시간만 되면 공무원, 직장인들이 우르르 나와서 점심을 먹고, 저녁에는 회식을 하는 곳도 정말 아름다운 상권입니다. 이런 곳은 경쟁도 심하지 않고 점심시간에만 바짝 팔고, 가게를 일찍 닫을 수도 있어요. 저녁 장사도 하고 싶다면 룸만 석고보드로 막아놔도 사람들이 회식한다고 잔뜩 몰려옵니다. 자리는 무조건 가장 중요합니다. 유동인구가 많은 곳이라면 가게를 처음 열었을 때 새로 생긴 가게라는 호기심 때문에 많은 사람이 방문할 것입니다. 한 번 먹어본 사람들이 혹시 다시 오지 않더라도 유동인구가 워낙 많으면 늘 새로운 사람으로 가게는 채워지기 마련입니다.

하지만 앞을 길게 내다보고 동네 맛집으로 성공하려면 손님들이 내 가게를 방문하는 처음 3개월 동안 목숨을 바쳐서 이들을 잡겠다는 각오로 임해야 합니다. 고속터미널이나 서울역 같은 곳은 경우가 좀 다릅니다. 이런 곳에서는 서비스나 음식이 특별하지 않아도 뜨내기 손님만으로도 장사를 할 수 있어요. 맛이 없어도 늘 새로운 손님으로 채워집니다. 하지만 동네 장사는 절대 그런 식으로 하면 안 됩니다.

결국 좋은 자리를 보는 눈을 키워야 합니다. 가능하다면 자본을 조금이라도 더 모아서 바닥 권리금이 있는 곳으로 들어가야 합니다. 자리는 장사의 처음이자 끝입니다. 좋은 자리를 선택해서 꼭 성공에 다가서길 바랍니다.

핑크빛 꿈에서 깨어날 때

식당, 제대로 알고 시작해야 하는 이유

여기까지만 읽었는데도 요식업 창업을 만만히 보면 안 되겠구나 하는 생각이 들지 않나요? 식당 창업에 관한 막연한 환상도 어느 정도 사라지지 않았나요? 지금부터는 아직도 창업을 할지 말지 고민하는 분들이 생각을 확실히 정할 수 있도록 '식당을 제대로 알고 시작해야 하는 10가지 현실적인 이유'에 대해서 이야기해볼까 합니다. 식당은 절대 핑크빛 꿈만 가지고 시작할 업종이 아닙니다. 여러분이 요식업에 뛰어들었을 때 겪게 될 가장 힘들고 괴로운 현실을 정리해보았으니, 이것까지 감수할 각오가 있는지 없는지 곰곰이 생각해보세요. 그러면 여러분이 요식업에 맞는 사람인지 아닌지 확실히 알 수 있습니다.

하나, 자리를 잡기 전까지는
쉴 수 없다

말 그대로 모든 걸 버려야 합니다. 예전에 직장을 다녔다면 그때가 얼마나 행복했는지 뼈저리게 느끼는 시간이 될 겁니다. 여러분이 가본 식당 중에 일주일에 한 번이라도 문을 닫는 곳이 많던가요? 직장인을 상대로 하는 상권 주변은 주말에 문을 닫는 식당도 있겠지만, 아마 연중무휴로 돌아가거나 어쩌다 한 번 평일에 쉬는 곳이 더 많을 겁니다. 겨우 명절 당일 하루 쉬는 곳도 많을 거예요. 결국 남들 다 쉬는 주말에도 못 쉬고, 명절에도 집에 못 가고, 주말에는 더 바쁘게 일하고, 늦은 저녁에야 퇴근하는 삶을 살게 될 것입니다. 그게 앞으로 여러분의 일상이 될 텐데 각오가 충분히 되어 있나요?

식당은 명절이나 주말에 손님이 더 많고 매출이 올라가기 때문에 단순히 매출이 걱정되어서 쉬지 못하는 경우도 있어요. 매출이 아니더라도 식당을 고정적으로 찾는 손님들이 헛걸음했다고 실망하며 발길을 돌릴 거란 걱정 때문에 문을 못 닫는 경우가 90% 이상은 될 겁니다. 여러분은 아직 시작 전이라서 이런 이야기가 대수롭지 않게 느껴질 수 있지만, 실제로 식당을 운영하면서 '제대로 쉬지 못한다'는 것은 여러분과 가족까지 점점 지쳐가는 이유가 될 것입니다.

'주인이 없으면 식당이 망한다'는 말을 많이 하는데, 그것과 일맥 상통합니다. 식당을 하면 아무리 느긋한 사람도 날카롭고 예민한 성격으로 변할 수밖에 없어요. 왜냐하면 내가 하루 나가냐, 나가지 않느냐, 하루 문을 닫느냐, 닫지 않느냐에 따라 매출뿐만 아니라 직관적인 손님들의 반응이 실시간으로 달라지기 때문입니다. 손님들이 무심히 던지는 "오늘은 사장님이 안 계시네요?" "요즘은 사장님이 올 때마다 없네요?"라는 말이 얼마나 가슴 철렁한지 실감하게 될 겁니다.

직원들에게만 맡겨놓은 식당은 매출에도 영향이 정말 빨리 옵니다. 그러니 하루쯤 쉬고 싶어도 마음을 다잡고 다시 가게로 나갈 수밖에 없어요. 그러다 보면 자연스럽게 예민하고 날카로운 사람이 될 수밖에 없어요. 예전에 누렸던 저녁이 있는 삶, 주말이 있는 삶, 이런 건 진즉에 버려야 할 것입니다. 그나마 명절에라도 만났던 친척이나 친구들도 더는 만날 수 없을 수도 있어요. 겨우 큰마음 먹고 쉬는 날에도 손님들의 전화를 받거나 가게 걱정을 할 거예요.

저는 실제로 요식업에 근무하면서 명절에 쉬거나 집에 가본 적이 거의 없습니다. 제 가게가 아니라 요리사로 월급을 받고 근무할 때도 그랬어요. '예전에는 남의 가게에서 일하느라 명절에 못 쉬었는데, 이젠 내가 사장이니까 명절에는 꼭 쉴 거야. 그땐 너무 비합리적이었어'라고 생각했지만, 정작 제 가게를 운영하면서는 더 쉬지 못했습니다. 제 자본을 투자한 제 가게이기 때문입니다.

처음 식당을 오픈해서 어느 정도 자리를 잡는 데까지 최소 1년에서 2년 정도 걸립니다. 이 기간에는 오직 식당을 위해서 살아야 합니다. 그 기간 안에 동네에서 탄탄한 맛집으로 자리를 잡기 위해 모든 총력을 기울여야 합니다. 그래야 그다음부터 조금씩 여유로운 시간도 생기고, 금전적으로나 시간적으로나 만족할 수 있는 삶을 살아갈 수 있을 테니까요.

둘, 수입이
일정하지 않다

수익이 전혀 안정적이지 않습니다. 직장 생활을 해본 분들은 월급을 받아보셨잖아요. 월급은 수령액이 거의 정해져 있죠. 물론 시간이 지나면 조금 올라갈 수도 있고 상여금이나 인센티브가 따라올지 모르지만, 보통은 일정한 급여에 생활을 맞춰갈 것입니다. 좀 더 여유가 있을 때는 사고 싶은 것도 사고, 하고 싶은 것도 할 수 있겠죠.

식당은 장사가 잘될 때는 많이 벌고 장사가 안 될 때는 조금 법니다. 이게 말은 쉽지만 실제로 경험해보면 굉장히 힘들고 괴로운 일이에요. 항상 꾸준히, 어느 정도 수익을 유지하게끔 만드는 게 우리의 목표지만, 거기까지 가는 게 너무 험난하고 길어요. 또한 이보다 더 큰 문제가 있습니다. 여러분이 원하지 않았던 문제들이 계속 뻥뻥 터진다는 겁니다. 요즘 같은 세상에서는 코로나19를 예로 들 수 있겠죠. 저도 요식업에 오래 몸담았지만 이번 코로나19처럼 길게 이어지는 상황은 본 적이 없어요.

제 주변에도 최근 몇 년 동안 힘들다고 하는 분들이 정말 많았어요. 물론 그 덕분에 배달 시장이 커지긴 했어요. 시대에 맞춰 빨리 방향을 전환하고 새로 자리를 잡을 수도 있겠지만, 그건 소수의 사례일 뿐입니다. 그리고 더 무서운 건, 이런 변수는 언제든 다시 찾아올 수 있다는 겁니다. 여러분이 치킨 가게를 열었는데 조류독감이 터졌어요. 삼겹살집을 하는데 돼지고기와 관련된 이슈가 터졌어요. 이럴 때마다 급격하게 하락하는 매출을 감당하기 힘들어집니다. 중요한 건 이런 일이 거의 매년 터진다는 겁니다.

이런 문제와 관련이 없는 아이템을 선택한다면 상관없겠지만, 닭이나 돼지는 가장 보편적이고 인기 있는 식자재이기 때문에 피하는 것도 쉽지 않고, 타격을 받을 수밖에 없는 식당이 많아요. 메인 메뉴가 무엇이냐에 따라 계절마다 수익이 들쑥날쑥할 수도 있습니다. 삼계탕집을 한다면 여름에는 몇 달 반짝 잘되겠지만 겨울에는 매출이 확 떨어질 겁니다. 사람들은 추운 겨울철에 뜨끈한 국물은 먹으러 가도 이상하게 삼계탕은 잘 먹으러 가지 않아요. 반대로 전골집을 한다면 겨울에는 잘되겠지만 한여름엔 놀아야겠죠. 처음부터 변수가 없는 아이템을 잘 선택하면 좋겠지만, 그런 아이템은 드물다고 봐야 합니다.

셋, 내 시간도,
가족과 함께 보내는 시간도 없다

요식업을 하려면 거의 1년 365일 일해야 합니다. 나중에 언젠가 내 시간을 기약하기도 어려워요. 1~2년 안에 그럴 수 있는 시스템이 만들어진다면 다행이지만, 그럴 가능성이 희박합니다. 식당은 마감이 끝나고 집에 가면 보통 9시, 10시는 되어야 합니다. 집에서 가족들과 보낼 수 있는 시간이 거의 없어요. 요리사의 삶도 식당 사장과 비슷해요. 요리사는 고용된 사람이기 때문에 계속 늦게까지 일을 해야 하지만, 그나마 사장은 식당이 자리를 잘 잡는다면 그때부터는 조금 여유가 생긴다는 희망은 있어요.

여러분의 가게가 어느 정도 자리를 잡게 되면 모든 게 해결되고 좋아질 겁니다. 하지만 그때까지는 아주 혹독한 희생을 치러야 할 거예요. 처음 창업한 분들은 최소 1~2년간은 '아, 이렇게까지 힘들 줄은 몰랐는데'라고 매일 생각할 거예요. 그런 생활이 너무 싫어서, 내 시간을 원해서 '나는 점심에 칼국수를 100그릇만 팔고 끝내겠어', '저녁에만 생삼겹살 50인분만 팔고 끝내야지' 한다면 조금 더 여유는 생기겠지만, 우리는 큰 꿈을 갖고 요식업에 뛰어들었기 때문에 처음부터 그렇게 하라고 권하지는 않겠습니다. 그런 운영 방식은 어느 정도 자리를 잡고 안정적인 삶이 보장되었을 때나 가능하지, 지금은 어디까지 뻗어나갈지 모르는 가능성을 키워나가야 하는 시간이기 때문에 각오를 단단히 하고 시작해야 합니다.

넷, 주말이 없는 삶을
견뎌내야 한다

이건 굳이 설명하지 않아도 모두 짐작하실 겁니다. 주말이 없는 삶은 식당을 운영하는 사람들한테는 지극히 당연합니다. 대부분의 식당은 당연히 주말에 손님이 가장 많아요. 내 식당이 회사가 몰려 있는 곳에 있어서 주말에는 어차피 손님이 오지 않는다면 쉴 수 있겠죠. 아니, 쉬어야겠죠. 손님이 없는데 문을 열 필요는 없으니까요.

주변에 회사만 가득해서 주말에는 추가 매출이 없다면 쉬어야죠. 이런 지역에서는 배달도 잘 안 됩니다. 이런 경우는 안정적이긴 하지만 평범한 상권은 아니기 때문에 일단 제외하겠습니다. 저는 주말에 장사가 너무 잘되어 한 달, 총 네 번의 주말에 번 돈이 여러분의 주머니에 고스란히 들어갈 수 있는 경우를 더 긍정적으로 생각하기 때문에 주말이 없다는 전제를 두었습니다.

다섯, 직원은 휴가가 있어도
사장은 휴가가 없다

직원들은 휴가를 갈 수 있습니다. 아니, 당연히 휴가를 줘야겠죠. 하지만 여러분의 휴가는 없습니다. 직원들이 휴가를 가면 여러분이 그 자리를 메워야 합니다. 휴가를 가고 싶다고 해서 직원들에게 모든 걸 맡겨두고 마음 편히 떠날 수 있을까요? 내가 없는 식당이 불안하고 초조해서 막상 휴가를 간다 해도 전혀 즐겁지 않을 수도 있어요. 눈에 바로 보이는 매출의 감소를 실시간으로 경험하기 때문에 도저히 자리를 비울 수 없어요. 당연히 남들 다 가는 해외여행 한번 못 가는 생활이 이어질 거예요.

여섯, 망하면 끝이다

어떤 장사도 마찬가지겠지만, 특히 식당 장사는 폐업을 하면 남는 게 거의 없습니다. 주방 설비며 기물을 중고로 팔아봤자 철거 비용 정도밖에 나오지 않아요. 여러분이 개인 식당을 운영했다면 매력적인 메뉴도 몇 가지 개발했을 거고, 단순히 처음의 자리가 좋지 않아 문을 닫는 경우라면 다른 자리에 가서라도 잘 풀릴 수 있겠죠. 한마디로 '뒤가 보이는 장사'를 했다면 그나마 나을 수도 있다는 뜻입니다.

하지만 프랜차이즈 가맹점을 했다면 정말 남은 게 아무것도 없을 수 있어요. 왜냐하면 프랜차이즈는 본사에서 모든 재료와 소스를 납품받기 때문에 몇 년간 운영해도 쌓이는 기술이 없고 음식을 만드는 방법도 몰라요. 그렇다면 앞으로 뭘 해야 할지도 보이지 않습니다. 다시 할 수 있는 건 다른 프랜차이즈를 받는 것밖에 없어요. 망하지 않을 가능성을 높여 나갈 수는 있지만, 절대 망하지 않는 길을 찾는 건 불가능합니다.

하다못해 직장도 잘 다니다 잘릴 수 있는데, 장사를 어떻게 보장할 수 있겠어요. 손님은 정말 다양합니다. 손님은 여러분이 생각하는 것과 똑같이 생각하지 않아요. 여러분이 아무리 노력해서 최선의 메뉴를 제공해도 불만을 느끼는 사람이 열 명 중 네 명은 될 겁니다. 나는 안 망할 거라고 믿고 싶겠지만, 냉정하게 말씀드릴게요. 폐업이 여러분의 이야기가 될 수도 있습니다.

일곱, 대부분 망한다

앞에서도 말씀드렸지만, 새로 개업하는 식당 100곳 중 90곳은 1년 안에 문을 닫고, 나머지 10곳 중 7곳은 2년 안에 문을 닫습니다. 마지막 3곳 정도는 더 오래 유지될 수 있어요. 여러분이 창업 3년이 지나서까지도 가게를 접지 않고 버텼다면, 어느 정도 성공 궤도에 들어섰다고 할 수 있습니다. 3년도 버티기 힘든 게 요식업이란 말입니다. 악담을 하려는 게 아니라 통계가 그렇다는 겁니다. 냉정하지만 이게 현실입니다.

권리금이 있는 번화가 쪽 식당 10곳 중 최소 3, 4곳은 계속 업종이 바뀝니다. 그 자리를 여러분이 다시 채워주는 겁니다. 여러분이라고 그 자리에서 나오지 않는다는 보장이 있을까요. 나는 목숨 걸고 하니까 잘될 거라고요? 목숨을 거는 절박함은 기본 중의 기본입니다. 여기에 운까지 따라줘야 하고, 내 노력으로 어찌할 수 없는 주변 상황도 모두 잘 맞아떨어져야 합니다.

여덟, 식당으로
부자가 되긴 힘들다

이 책의 후반부에는 식당의 바이블이라 할 수 있는 가게 두 곳을 소개할 겁니다. 직원 없이 아르바이트 두 명만 쓰는 이 작은 식당들이 월 1,000만 원 이상의 순수익을 냅니다. 이렇게만 벌면 금방 부자가 될 것 같죠? 물론 월 1,000만 원의 수익을 꾸준히 유지하고, 번 돈을 현명하게 잘 투자한다면 부자가 되겠죠. 하지만 이렇게 버는 가게가 10곳 중 한두 곳도 되지 않는다는 것 또한 현실입니다. 여러분이 식당을 10년, 20년 잘 운영해도 직장을 다닐 때처럼 두둑한 퇴직금 같은 건 받지 못한다는 점도 생각해야 합니다.

아홉, 폐업은 있어도
퇴직은 없다

식당에 폐업은 있어도 퇴직은 없습니다. 식당의 문을 여는 한 여러분은 계속 일을 해야 해요. 식당이 자리를 잡고 시스템이 잘 갖춰지면 할 일이 조금 줄어들긴 하겠지만, 그렇다고 직원들에게 모든 걸 맡기고 오토로 돌려도 된다는 의미는 아닙니다. 내 가게니까 끊임없이 신경을 써야 해요. 어떻게 보면 이건 좋은 일일 수도 있어요.

평균수명이 길어져 정년퇴직이라는 개념 자체가 무색한 시대에 나이에 상관없이 계속 일을 할 수 있다는 건 고마운 일이기도 하니까요. 내가 왜 이 업종을 선택해서 평생 고생을 할까?하는 생각 대신 이 나이에도 일할 곳이 있고 나를 필요로 하는 곳이 있구나라고 생각하면 상황이 달리 보일 겁니다.

열, 가족에게 항상 미안하다

다시 한번 말씀드리지만, 요식업을 하는 순간 가족 모두가 희생해야 합니다. 가족과 여유 있는 시간을 보내기가 힘듭니다. 제 경우를 예로 들자면, 1년 전에 첫아이가 태어났습니다. 저는 아이가 태어난 전날도, 태어난 다음 날도 계속 일을 했어요. 이제 돌이 지난 아이와 제대로 놀아준 기억도 없어요. 아이가 태어나기 전에는 거의 연중무휴로 일하다, 그나마 겨우 한 달에 하루 정도만 쉬고 있어요. 주변 사람들이 연말에 가족 여행을 간다, 휴일에 놀러 간다고 할 때마다 늘 가족한테 미안하고 마음이 아프기도 해요.

여러분이 요식업에 뛰어들기 전에 신중하게 고민했으면 하는 마음으로 10가지를 말했습니다. 반드시 오늘 한번, 내일 한번 그리고 길게는 일주일 정도 내가 과연 요식업을 해도 되는 사람인지, 견뎌낼 수 있는지 충분히 고민한 다음 창업을 했으면 좋겠습니다. 그래도 '해야 한다'는 이유가 분명하고 확고하다면 해야 합니다. 이 모든 것을 각오할 마음이 섰다면 힘을 내라는 의미에서 한 가지 말씀드리겠습니다.

우리는 꿈과 희망을 바라보며 앞으로 나아가는 사람들입니다. 여러분도 식당을 열고 초반 1~2년은 내가 왜 이 길을 선택했을까 하고 후회하는 순간도 많을 것입니다. 하지만 식당은 초반에는 힘들어도 언제 어디서 어떻게 대박이 터질지 모르는 '내 사업'입니다. 직장인이라면 절대 꿈꿀 수 없는 '대박'을 만들어낼 수 있다는 점에서 매력이 있습니다. 꿈을 꿀 줄 알고, 희망을 품을 수 있는 분이라면 저 아하부장도 함께 열심히 돕고 싶습니다.

창업,
해야 할까 말아야 할까

초보 창업자의
흔한 오해와 실수

앞서도 말했지만 매스컴에서 부추기는 성공 신화의 이미지, 프랜차이즈 회사가 심어주는 "우리가 다 해줄 테니 여러분은 팔기만 하세요!"라는 메시지, "네 음식 맛있으니 식당이나 한번 차려봐!"라는 주변 사람들의 무책임한 조언 때문에 많은 분들이 식당 창업을 너무 쉽게 생각합니다. 하지만 현실은 너무나 냉혹합니다. 식당을 운영하는 분들은 지금 소리 없는 전쟁을 치르고 있다는 걸 알고 있나요?

이번에는 초보 창업자가 흔히 오해하기 쉬운 요식업에 관한 잘못된 고정관념에 관해 짚고 넘어가고자 합니다. 속이 뜨끔하고 불편한 말이 이어지겠지만, 현실을 바로 보기 위해 꼭 필요한 과정이니, 혹시 내 이야기는 아닌지 잘 점검해보세요.

오픈빨을 받으면 사장이 없어도
가게가 잘 돌아간다?

식당이 어느 정도 자리를 잡으면 여러분이 없어도 가게가 잘 돌아갈 가능성이 커집니다. 하지만 오픈 초반, 제대로 자리도 잡기 전에 가게를 '오토로 돌리면' 말할 것도 없이 망합니다. 저는 주변에서 그런 집을 너무 많이 봤어요. 오픈빨 좀 받는다고 사장님이 산으로 바다로 열심히 놀러 다닙니다. 그럼 꼭 문제가 발생해요. 관리가 안 되거든요. 내가 없는 동안 내 가족이라도 가게에 심어놓은 것도 아니잖아요.

직원만 믿고 맡겨두는 건 어리석은 행동입니다. 내가 신경 쓰지 않는 가게는 당연히 먼지가 쌓입니다. 하다못해 그릇도 안 닦고 그냥 두면 먼지가 쌓이는 것처럼 저절로 그렇게 돼요. 다른 말을 더 붙이지 않겠습니다. 식당이 제대로 자리 잡는 기간이 1년이든 2년이든 사장이 가게에 딱 붙어 있지 않으면 그냥 망한다고 보면 됩니다. 나는 가게에 있을 수 있는 시간이 많지 않고 처음부터 오토로 돌리고 싶다면, 이 책은 그냥 재미로 읽고 창업은 하지 않았으면 합니다.

이런 분들은 가게가 망했을 때 남 탓을 하는 유형입니다. '나는 돈도 투자했고, 내가 할 수 있는 건 다 했는데 왜 안 되는 거지?'라며, 프랜차이즈면 본사 책임으로 돌리고, 개인 식당이면 직원 혹은 또 다른 누군가한테 책임을 전가할 것이 뻔합니다. 절대 편하게 할 수 있는 장사는 없습니다. 편한 일을 하고 싶다면 요식업에는 뛰어들지 마세요.

프랜차이즈 가맹점을 하면 편하게 돈 번다?

프랜차이즈를 '돈 넣고 돈 먹기'라고 표현하는 분도 봤습니다. 요식업을 하고는 싶은데 기술도 없고 잘 모르는 분야라서 덮어놓고 프랜차이즈 가맹점을 하려는 분들에게 말씀드리고 싶어요. 기술이 없어서, 그냥 편하게 오토로 돌리고 싶어서, 퇴직은 했는데 마땅히 할 건 없고 프랜차이즈가 돈을 잘 번다는 이야기만 듣고 쉽게 시작할 생각이라면 현실을 바로 보기 바랍니다. 프랜차이즈 본사는 가맹점 하나하나를 절대 책임져주지 않아요. 잘되고 안 되고는 여러분이 선택한 자리와 노하우에 달려 있어요. 막연히 본사가 모든 것을 해줄 거라 믿는 분이 많더라고요. 본사에 무언가를 대행해달라고 요구하는 순간, 하나하나 비용이 붙습니다.

물론 여러분의 가게가 잘 안 되면 본사에서도 재료를 납품하는 데 차질이 생기니 잘되게 도와주고야 싶겠죠. 그러나 그들이 실제로 할 수 있는 건 생각보다 별로 없습니다. 프랜차이즈라고 하면 공장에서 컵을 찍어내는 것처럼 자동으로 돌아가는 거라 생각하는 분도 많던데, 전혀 그렇지 않습니다. 치킨도 여러분이 튀겨야 하고, 양념도 여러분이 발라야 하고, 포장도 여러분이 해야 하고, 결국 누군가의 손으로 해야 합니다. 자동으로 되는 건 아무것도 없다는 말입니다.

개인 식당을 하고는 싶은데 기술이고 뭐고 아무것도 몰라서 프랜차이즈를 선택하려는 분들에게 한 가지 팁을 드리겠습니다. 프랜차이즈에서 쓰는 소스나 양념이 궁금하다면 식자재 마트에 가보세요. 식자재 마트에 가면 돈가스 소스만 해도 열 가지, 스무 가지가 넘어요. 모두 프랜차이즈에서 쓰는 것과 맛이 흡사합니다. 어차피 같은 공장에서 만드니까요. 프랜차이즈 본사에서 공장을 지어 소스나 양념을 모두 자체 개발할까요? 그렇지 않은 곳이 열 곳 중 아홉 곳입니다.

대부분 소스를 전문으로 만드는 공장에 외주를 줍니다. 몇몇 프랜차이즈에는 연구팀이나 개발팀이 있어서 공장에 "이렇게 만들어주세요." 하고 주문하기도 하지만, 보통 공장에서는 콧방귀도 안 뀝니다. 왜냐하면 프랜차이즈에서 주문하는 레시피는 대량생산하기 어려운 것이 대부분이기 때문입니다. 공장에서는 자신들의 노하우로 소스를 만든 다음 업체로 납품합니다. 이렇게 만든 소스나 양념이 다양한 상표를 달고 식자재 마트에도 들어갑니다.

레시피만 살짝 다를 뿐이죠. 특허라는 개념도 없습니다. 너무 똑같이 만들 수는 없으니 물을 조금 줄인다든가 늘린다든가 이런 방법으로 살짝 조절합니다. 이런 제품을 이용해 프랜차이즈와 비슷한 맛을 내는 식당은 낼 수 있어요. 맛의 깊이는 없지만 요즘 사람들한테 잘 먹히는, 가격경쟁력이 있는 식당 정도는 충분히 만들 수 있습니다.

대박집 레시피를
돈 주고 사면 된다?

대박집 레시피를 돈을 주고 사는 사람도 많더라고요. 족발집 씨육수라고 해서 1.5리터 페트병 하나를 1,500만 원을 주고 사는 경우도 봤습니다. 씨육수 자체가 좋고 나쁜 걸 떠나서 이것 하나만 있으면 잘될 거라는 믿음, 그런 믿음을 주는 사람도 나쁘고 그걸 사는 사람도 안타깝습니다. 여러분이 아무런 노력도 하지 않았는데 이 페트병 하나가 성공을 보장해줄까요? 원조 족발집이 잘되는 건 족발이 맛도 있어서겠지만 그 집의 사장님이 그 자리에 이르기까지 투자한 시간과 노력 덕분일 가능성이 큽니다.

잘나가는 고깃집 된장찌개가 유명하다고 하면 이걸 또 돈을 주고 사옵니다. 정말 의미 없는 일입니다. 여러분이 그들의 노력과 시간을 그렇게 간단하게 살 수 있을까요. 유명한 맛집의 상표를 그대로 가져오고, 일정 기간 동안 기술이전을 받아 다른 지역에 그 상표 그대로 식당을 여는 건 가능성이 있어요. 예를 들어, "서울에 있는 유명한 식당이 우리 지역에도 생겼습니다." 이렇게 할 거면 괜찮아요. 원조 식당의 이미지와 전통을 장소만 바꿔 옮겨오는 거니까요.

원조 식당이 충분히 매력적이라면 타 지역에서도 인기를 끌 수 있고, 수익도 어느 정도 보장될 것입니다. 물론 초기 비용은 어느 정도 들어가겠지만, 오히려 어중간한 프랜차이즈 브랜드보다 더 안정적일 수도 있어요. 여러분이 족발집을 열고 싶은데 잘 만들 자신이 없어서 족발 만드는 법을 전문가에게 배우고 싶다면, 그것도 좋습니다. 만약 저라면 여러분에게 "하루에 몇 개를 파실 거예요?"라고 물어본 다음, 그에 맞춰 족발을 어떻게 삶는지 알려주겠죠. 하루에 족발 50개를 팔 거면 그에 맞는 비율과 레시피를 알려주고, 10개를 팔 거면 그에 맞는 레시피를 알려줄 거예요.

사실 우리가 익히 아는 맛의 족발을 삶는 데 그렇게 대단한 레시피가 필요한 건 아닙니다. 제가 알려드리는 방법으로 하면 여러분도 평범한 족발집 정도는 충분히 차릴 수 있어요. 기술과 만드는 방법을 익히는 데 걸리는 시간은 아무리 길어도 일주일이면 됩니다. 그 다음부터는 방법을 알았으니 요령껏 상업화하고, 그에 맞는 시스템을 만드는 게 여러분의 몫입니다. 요즘은 한 식당에서 여러 가지 메뉴를 파는 것보다 단일 메뉴를 파는 전문점이 인기가 많으므로 족발 하나만 기술이전을 받는 건 생각보다 큰일도 아닙니다. 장사를 내 손에 익히고, 밀려드는 손님을 상대해보고, 주문을 처리하는 노하우를 습득하는 게 더 중요합니다.

삼겹살집은 무조건
돈을 어마어마하게 번다?

삼겹살의 평균 소매가는 보통 100g에 1,800원, 1kg에 1만8,000원 정도입니다. 그런데 삼겹살 식당에 가면 1인분 150g에 보통 1만5,000원 정도 받습니다. 그럼 식당을 운영해보지 않은 사람들은 삼겹살을 파는 식당이 여섯 배 장사를 한다고 생각합니다. 단순히 원가와 판매가만 비교해서 '이 식당은 돈을 많이 벌겠지'라고 생각하지만, 이런 방법으로 계산하면 절대 안 됩니다. 삼겹살 1인분과 함께 상에 나가는 여러 가지 반찬과 파채, 쌈장, 채소 가격도 계산해야 하고, 고기를 썰고 서빙하는 인건비, 불판을 닦는 인건비까지도 계산해야 해요.

직원이 고기를 직접 구워주는 식당이라면 직원을 더 고용해야겠죠. 이런 고정비용을 계산하지 않은 상태에서 '삼겹살 원가가 얼마인데, 이 가게는 돈을 정말 많이 버는구나' 생각하고 따라 하면 안된다는 말입니다. 그렇게 치면 대한민국 삼겹살집은 망하는 곳이 하나도 없어야 해요. 단순한 이분법적 계산으로만 접근해서는 안 됩니다. 내가 하려는 식당의 고정비용이 인건비를 포함해 총 얼마가 들어가는지, 하나하나 잘 따져봐야 해요. 또한 다른 식당과 비교해서 가격경쟁력을 키울 수 있는 방법도 고민해야 해요. 고정비용을 확실하게 계산하는 방법은 212쪽에서 알려드리겠습니다.

요즘은 식당도 워라밸을
따져가며 한다?

            난 퇴직하면 식당 하나 차려서 돈도 벌고 취미 생활도 즐길 거야. 너무 아름다운 생각입니다. 누구나 이렇게 하고 싶을 겁니다. 저도 그런 방법이 있다면 알고 싶습니다. 요식업에 종사하는 사람들은 식당이 '전생의 업을 갚는 일'이라고 말합니다. 그만큼 힘이 든다는 말입니다.

    무슨 일도 마찬가지겠지만, 가게가 하루 만에 순식간에 시스템이 갖춰지는 게 아닙니다. 프랜차이즈는 인지도가 있으니까 처음부터 잘될 거라 생각하세요? 나는 권리금을 많이 주고 제일 비싼 자리에 차리니까 아무거나 갖다 놔도 오픈빨이 있을 거라 생각하세요? 물론 오픈 초반에는 잠깐 반짝할 수 있어요. 하지만 그다음이 문제입니다. 처음에는 비록 오픈빨을 받지 못해도 1~2년간 열정과 정성을 쏟아 탄탄하게 자리 잡는 게 좋지, 단순히 오픈빨을 노리고 열었다 그만두고 또 다른 걸 냈다가 바꾸는 그런 방식을 선호하는 분은 드물 거라 생각합니다.

    내가 요리를 좋아하니까 취미로 식당을 하면서 손님들과 즐겁게 이야기도 나누고 즐길 거야. 물론 그렇게 할 수는 있겠죠. 하지만 이렇게 운영한다면 돈은 벌기 힘들어요. 어쩌면 먹고살기도 힘들 수 있어요. 만약 여러분에게 여유 자금이 어느 정도 있고, 큰 욕심 없이 먹고사는 데 지장이 없을 정도의 수익을 원한다면 개인 식당을 내지 말고 인지도가 높고 폐업률이 낮은 프랜차이즈 가맹점을 여는 것이 가장 좋을 수도 있어요.

예를 들어, 교촌치킨 같은 브랜드는 워낙 인지도가 높아서 어떤 곳에 생겨도 거부감이 없고, 오히려 우리 동네에 생기면 좋은 브랜드이기도 해요. 프랜차이즈를 할 때는 무조건 가맹률 대비 폐업률을 봐야 하는데, 그런 면에서 괜찮은 브랜드가 몇 가지 있습니다. 그런 브랜드를 잘 찾아보세요.

정직하고 성실하면 성공한다?

정직과 성실의 개념을 먼저 생각해 봐야 합니다. '정직하다'는 것이 좋은 재료를 쓰고, 정확히 중량을 지키고, 당일 만든 음식을 당일에 소진하는 분들에게 맞는 말일까요? 이건 정직하다고 말할 필요도 없이, 식당을 운영할 때는 당연히 지켜야 할 원칙입니다. 메뉴판에는 삼겹살 1인분에 150g을 제공한다고 써놓고, 실제로는 140g씩 내는 눈속임을 쓸 바에는 차라리 160g을 주는 게 낫습니다. 중량을 지키는 건 당연한 거지, 정직한 게 아니에요. 요즘은 장사를 눈속임으로 하면 큰일 나는 세상입니다.

그럼 '나는 국내산, 좋은 삼겹살만 쓸 거야'라는 원칙을 세운 분들은 어떤가요. 사실 국내산 삼겹살이 좋고 수입산은 나쁘다는 선입견에 대해서는 제가 하고 싶은 말이 많지만, 굳이 하지 않겠습니다.

국내산과 수입산을 구워서 먹여보면 차이를 정확히 구분하는 사람이 거의 없을 정도입니다. 그래도 워낙 국내산에 대한 인식이 좋으므로 이 점을 강조하고 싶다면, 마케팅에도 활용하되, 한번 내세운 원칙은 철저히 지켜야 합니다.

'성실하다'는 말에 대해서도 생각해볼까요. "나는 성실한 사람이라 아침 일찍 나와서 밤늦게까지 일하고 쉬는 날도 없이 열심히 하고 있어."라는 분들, 물론 칭찬합니다. 하지만 관성적으로 매일 똑같이 일한다고 해서 발전할 수 있을까요. 아침에 일찍 나와 커피 한잔 마시고 매출 내역이나 쓱 훑어보는 건 가게가 자리를 확실히 잡은 다음에 할 일입니다. 처음에는 가게에 나오는 순간부터 마감 때까지 어제보다 좀 더 개선할 점이 뭐가 있을까를 끊임없이 고민해야 합니다. 조금 더 나은 내일을 위해서 매일 이렇게 고민한다면 당연히 그에 맞는 보상도 따라올 거예요.

그런데 습관적으로 나와서 고민 없이 하루하루를 보낸다면, 진정한 의미의 성실과는 거리가 있고, 발전하기도 힘들다고 생각합니다. 또 한 가지, 성실과 정직은 성공과는 관계가 없어요. 어쩌면 성실과 정직은 너무나 당연하기 때문입니다. 이 당연한 것조차 지키지 않는 식당도 물론 많아요. 그런 식당은 결코 오래갈 수도, 잘될 수도 없다고 장담합니다. 여러분이 돈을 벌고 싶다면 끊임없이 고민하고 새로운 시도를 해야 합니다.

국내산 고기를 수입산으로 바꾸고, 맛있는 시즈닝을 해서 합리적인 가격으로 가게의 문턱을 낮춰서 더 많은 사람이 올 수 있는 방법을 구상하는 것, 그게 바로 성실한 겁니다. 정직은 처음 세운 원칙이나 약속을 지키는 것입니다. 직원 관리에서도 마찬가지입니다. 여러분이 세운 원칙에 맞춰 직원을 관리하고 교육해야 합니다. 여러분이 아무리 잘해도 직원들이 한번 삐끗하면 아무 소용이 없으니까요.

내 음식이 맛있다고 하는데
식당 한번 해볼까?

저는 아내가 끓여주는 라면이 세상에서 제일 맛있던데, 그럼 아내와 함께 라면집을 하나 차리면 될까요? '내가 음식 솜씨가 좀 있는데 식당 한번 차려봐야지' 이렇게 막연하게 생각하는 식당과 실제 식당 운영은 천지 차이입니다. 실제로 라면집을 차렸는데 손님이 우르르 몰려와서 주문 열 그릇, 스무 그릇이 한꺼번에 들어왔다면 어떻게 처리할 건가요? 밀려 들어오는 주문을 처리할 방법을 구체적으로 생각해본 적이 있나요?

굉장한 레시피로 주변 사람들을 감동하게 만들었다고 해도 그건 집에서의 일이고, 레시피를 상업화할 수 있는 방법을 고민해봤나요? 단순히 내 음식이 맛있다고 식당이나 한번 차려볼까 생각하면 안 됩니다. "너 식당 하면 잘될 거야. 한번 해봐."라는 주변 사람들의 무책임한 말에 휘둘리지 마세요.

창업을 해야 할지, 말아야 할지 고민하는 각각의 상황은 다르겠지만, 최소한 앞으로 2년이라는 시간을 아름다운 미래를 위해 내 모든 걸 투자할 자신이 있다면 도전해보세요. 돈뿐만 아니라 시간, 노력, 열정을 투자할 자신이 있다면 하는 게 맞아요. 그런 마인드를 가진 분들이 정말로 좋은 자리를 고를 자신이 있다, 아니면 난 이미 그런 자리를 갖고 있다, 그럼 잘될 가능성이 비약적으로 높아집니다.

프랜차이즈처럼 본사에서 뭔가 책임을 져주지 않을까 하는 말은 결국 여러분이 책임지지 않겠다는 뜻이고, 책임을 누군가에게 전가하고 싶다는 의미입니다. 이런 분들은 프랜차이즈건 개인 식당이건 하면 안 됩니다. 반면, 정직하고 성실한 분들은 나중에 분명히 보상을 받을 거라 생각합니다. 나는 창업을 할 수 있는 사람인지, 아닌지 깊이 고민해봤으면 좋겠습니다.

어떤 식당을
운영할 것인가

우리 식당만의 아이템
선정하기

이번에는 어떤 아이템을 선정할 것인지에 관해 이야기해보겠습니다. 여러분은 어떤 식당을 운영할 건가요? 전통적인 형태의 식당, 즉 손님들이 내 가게로 직접 와서 식사를 하고 가는 매장(홀)만 운영할 건가요? 아니면 배달과 포장도 함께 시작할 건가요? 혹시 밀키트도 생각하고 있나요?

처음 시작하는 분들은 대부분 홀을 운영하는 것을 전제로 식당을 낼 거예요. 저 역시 기본적으로 홀은 운영해야 한다고 생각하는 쪽입니다. 홀 없이 배달만 하는 '배달 전문점'은 사실 더 크게 키우거나 길게 보기 어렵다고 생각하기 때문입니다. 그래서 홀 운영을 기준으로 두고 여러 가지 경우의 수를 알아보겠습니다.

배달은 반드시
해야 하나

만약 홀만 운영해서 계획한 매출과 이윤을 달성한다면 굳이 배달을 해야 할까요? 식당을 새롭게 시작하는 분들은 홀 운영과 배달을 처음부터 함께 생각해서 그에 맞는 시스템을 만들고 주방과 매장의 동선을 짜야 합니다. 이럴 경우 홀만 운영하는 것보다 매출을 최소 30~50%, 많게는 60%까지 올리는 것도 가능합니다. 하지만 이미 장사를 하고 있는 분들 중 홀에서 내가 원하는 수익이 충분히 나오고 배달을 할 수 있는 여건이나 시스템, 여유 공간이나 동선이 도저히 나오지 않는다면 굳이 모험을 할 필요는 없어요. 배달을 시작해서 부수적인 일이 너무 많아지고, 인건비가 늘어나고, 기타 비용도 많이 든다면 할 이유가 없어요.

지금 여러분이 월 600만 원, 700만 원 정도의 수익을 얻는데, 월 1,000만 원을 목표로 사업을 확장하고 싶어요. 이때 우리 식당에 여유 공간이 있어서 충분히 동선도 확보할 수 있고, 배달 시장에 도전하고 싶다면 한번 해봐도 좋아요. 하지만 인건비를 계산했을 때 손익분기점이 너무 높다면 원하는 만큼의 수익을 낼 수 없다는 점을 명심하세요. 차라리 이런 경우에는 매장 옆에 작은 가게를 하나 더 내서 배달만 할 수 있는 다른 매장을 만드는 게 나을 수도 있어요.

배달 전문점이라면
포장 손님까지 노려라

만약 1층에 배달만 하는 배달 전문점을 낸다면 손님이 직접 와서 포장까지 가능하도록 해야 합니다. 배달 전문점을 냈는데, 가게가 밖에서도 눈에 잘 띄고 포장도 할 수 있고 깔끔한 데다 손님 응대까지 친절하다면 재주문율이 상당히 올라갈 겁니다. 요즘 소비자들은 똑똑해서 어디서 뭘 만드는지도 모르는, 정체가 불분명한 가게는 좋아하지 않아요. 어떤 손님들은 배달점의 주소까지 찾아서 확인하고 주문하는 경우도 있어요. 배달을 전문으로 하는 곳이라도 작게나마 매장을 갖추는 것이 좋습니다. 그렇지 않으면 가게를 좀 더 크게 키워나갈 수가 없어요. 나중에 가게가 잘돼서 가맹점을 받는 등 다양한 방법으로 확장하려 해도 제약이 있을 가능성이 높습니다.

밀키트가 인기라던데
해야 할까

밀키트는 식당에서 하기에 적합한 종목은 아닙니다. 밀키트는 공장을 제대로 갖추고 하는 거예요. 한동안 유행처럼 조그만 무인 밀키트 매장이 많이 생겼지만, 지금까지 잘되는 집은 별로 없죠. 잘되는 곳은 전문 밀키트 업체 몇 개뿐입니다. 그럼 그런 업체가 잘되는 이유는 뭘까요? 가격도 저렴하지만 포장도 개성 있고 깔끔해요. 밀키트 매장인데, 들어가보니 대형 냉장고가 두 줄 세 줄씩 붙어 있고, 사람들이 안쪽에서 신선한 재료를 포장하고 있다면 어떨까요? '이 집은 직접 다 만드는구나. 굉장히 신선하구나' 하는 믿음은 줄 수 있어요. 집에 가져가서 먹었는데, 맛도 있고 양도 적당하다면 밀키트도 괜찮다고 봅니다.

특히 주부들이 왔다 갔다 하는 아파트 정문 쪽이라면 더욱 좋겠죠. 하지만 무인 밀키트는 힘들다고 생각합니다. 무인 밀키트의 가장 큰 문제는 소비자를 파악할 수 없다는 점입니다. 무인 밀키트는 내가 가게로 들어가 냉장고에서 직접 꺼내 가져가는 시스템입니다. 매장을 방문해도 뭐가 맛있는지 물어볼 수도 없고 자세히 적혀 있지도 않아요. 편의점에서 파는 공산품과의 차별점을 찾기가 어려워요. 밀키트는 식당을 운영하면서는 병행하기 힘듭니다. 할 수는 있지만, 에너지 낭비에 인건비 낭비입니다.

우리 식당의 대표 메뉴 몇 가지만 밀키트로 개발해서 진열을 깔끔하게 해놓는다면 손님들이 오고 가며 '내가 좋아하는 메뉴를 밀키트로 구입해서 집에 가서 직접 끓여 먹을 수도 있구나'라고 생각하겠죠. 그러면 잘될 가능성이 높다고 생각합니다. 하지만 이렇게까지 하는데 드는 세팅비, 인건비 등을 생각하면 답이 잘 나오지 않아요. 저는 유튜브 구독자들과 소통하기 위해 이벤트를 열고 몇 가지 밀키트 제품을 판매하곤 합니다. 그런데 부대찌개 30개만 판다고 해도, 이 30개를 포장하는 게 얼마나 힘든지 아세요? 햄 썰어야지, 야

채 일일이 나눠서 포장해야지, 남들과 다른 가격경쟁력까지 갖춰야 하는데, 그러면 정작 남는 게 없어요. 남는 게 없어도 저는 아하부장이니까, 구독자들과 소통하고 싶어서 이벤트로 하는 거고, 여러분은 돈을 벌고 싶으면 굳이 밀키트를 할 이유가 없는 거죠.

홀과 배달을 효과적으로 세팅하는 법

저는 처음 창업을 하는 분이라면 홀과 배달을 총매출에서 50대50으로 나눠서 세팅하는 방법을 추천하고 싶어요. 혼자서 받을 수 있는 홀 손님의 수, 혼자서 받을 수 있는 배달 손님의 수를 각각 반으로 나눠 50대50으로 세팅하고 시작하겠습니다. 왜냐하면 둘 중 어느 쪽이 더 커질지는 아무도 모르기 때문입니다. 만약 배달 주문이 거의 없다면 배달을 버리면 됩니다. 배달이 대박이 난다면 배달의 비중을 늘리고 홀 쪽의 비중을 줄이면 됩니다. 단, 사람을 더 고용하지 않고 인건비를 늘리지 않는 조건에서 처음부터 반반씩 나눠놓고 시설 세팅까지 그에 맞춰서 하는 게 가장 안전하다고 생각합니다.

조금 욕심을 부린다면 직원을 한 명만 고용해서 밀키트를 포장할 수 있는 공간을 두고 손님들이 보는 오픈 주방에 밀키트 전시대를 멋있게 두겠습니다. '우리 밀키트는 식당에서 먹는 그 맛을 집에서도 경험할 수 있도록 개발했습니다'라는 컨셉트로, 가게의 인기 메뉴를 밀키트 형식으로 판매합니다. 조리가 다 된 음식을 포장으로 판매하는 것보다 매력적이라고 생각해요. 집에서 이미 조리된 게 아닌 신선한 음식을 바로 따뜻하게 끓여 먹고 싶은 사람도 있기 때문입니다. 공장에서 나오는 그런 밀키트가 아니라 직접 내 가게에서 정성스럽게 준비한 메뉴를 밀키트처럼 포장해놓는 겁니다.

하지만 어떠한 상황에서도 많은 직원이 투입되는 건 바람직하지 않아요. 홀에는 테이블을 네다섯 개 정도만 두고, 주방에 직원 한 명, 홀을 담당하는 아르바이트 한 명 정도를 두는 게 합리적입니다. 일단 고정 인원을 두 명 정도만 두고, 피크타임에는 아르바이트를 한 사람 더 둬서 사장님까지 총 네 명 정도의 인원으로 일할 수 있다면 답이 괜찮게 나올 겁니다. 창업이란 게 어려운 이유가 처음부터 뭐가 잘될지 안 될지 누구도 모르기 때문입니다. 50대50의 비중으로 홀과 배달을 나누고 더 커지는 쪽에 승부수를 띄우는 겁니다.

처음부터 어느 한쪽에 몰빵하는 건 위험합니다. 이렇게 될 수도 있고 저렇게 될 수도 있으니, 다양한 가능성을 열어놓는다고 생각하면 좋습니다. 다른 잘되는 식당은 어떻게 하는지 보고 여러분의 식당에 접목시킬 수 있는 것도 찾아보세요. 그러고 나서 여러분만의 현실적인 아이템을 짜보세요. 반짝이는 아이디어가 빛을 발할 날이 올 겁니다.

프랜차이즈 장단점
바로 알기

프랜차이즈,
제대로 알고 시작하라

프랜차이즈도, 개인 식당도 모두 다 사람이 하는 일입니다. 음식에 자신이 없어서, 요식업은 처음이라서 일단은 프랜차이즈를 생각하는 분들이 많아요. 프랜차이즈는 무조건 성공이 보장된 사업일까요? 프랜차이즈 브랜드는 무엇을 보고 어떻게 선택해야 할까요? 이번에는 프랜차이즈의 장단점을 꼼꼼히 따져보겠습니다. 또한 이 프랜차이즈 브랜드가 과연 믿을만한 곳인지, 아닌지를 판단하는 기준 몇 가지도 말씀드리겠습니다.

프랜차이즈의
장점 2가지

　　　　　　　　먼저 프랜차이즈의 장점에 대해서
알아보겠습니다. 프랜차이즈의 장점은 인테리어나 설비 등을 고민
할 필요가 없다는 겁니다. 본사에서 모두 다 해주지만, 대행해주는
만큼의 비용도 붙습니다. 여러분이 인테리어 업체를 선택하기 위해
직접 비교 견적을 받아보거나, 인테리어 컨셉트를 두고 고민할 필요
가 없다는 거지, 그만큼의 비용을 지불하지 않는 건 아닙니다. 프랜
차이즈의 규모가 클수록 가맹점이 많으니까 인테리어 업체에서 자
재를 대량으로 구입하고 납품가를 낮출 수는 있어요. 하지만 그 혜
택을 여러분이 누릴까요? 아닙니다.

　자세히 따져보면 내가 직접 알아본 인테리어 업체의 견적이나
프랜차이즈 본사에서 요구하는 비용이나 비슷해요. 아니 프랜차이
즈 업체에서 요구하는 인테리어 비용이 더 높은 경우도 많습니다.
프랜차이즈 업체에서 중간 이윤을 챙기긴 하지만, 그동안 쌓아온 노
하우와 데이터를 바탕으로 집기, 테이블까지 여러분이 고민하지 않
아도 될 만큼 세팅해줄 겁니다. 이것이 첫 번째 장점입니다.

　두 번째 장점은 홍보 효과입니다. 사실 이것이 프랜차이즈의 가
장 큰 장점이라고 할 수 있습니다. 실제로 초보 창업자들이 프랜차

이즈를 선택하는 가장 큰 이유도 바로 홍보 때문입니다. 여러분이 권리금이 없는 동네 치킨집을 운영했을 때 아무리 치킨을 맛있게 만들어도 아무도 사먹지 않으면 그만입니다. 그런 면에서 프랜차이즈 브랜드의 치킨집을 하면 일단 '우리 동네에 ○○치킨이 생겼네' 하는 식으로 저절로 홍보가 됩니다. 하지만 여러분이 홍보비를 내지 않는 게 아닙니다.

여러분에게 식재료를 공급하고 가맹비를 받는 일련의 모든 과정에는 광고비가 포함되어 있어요. 가맹점 수가 얼마나 되느냐에 따라 당연히 홍보비로 쓸 수 있는 금액도 많아지겠죠. 홍보 효과 면에서는 프랜차이즈가 상당히 매력적이긴 합니다. 내가 따로 홍보하지 않아도 내 가게를 알려주는 역할을 대신 해주니까요.

프랜차이즈의
단점 10가지

이번에는 프랜차이즈의 단점에 대해서 따져볼까요. 첫 번째, 본사에서 공급하는 인테리어, 기물, 식재료 등을 마진이 붙은 비싼 가격에 구매해야 합니다. 본사에서 마진을 가져가야 가맹점에 해줄 수 있는 혜택도 그만큼 늘어납니다. 이건 사기가 아니라 어쩌면 당연한 과정입니다. 인테리어, 기물, 시설 등을 개인적으로 알아보는 비용과 프랜차이즈 본사에서 요구하는 비용이 많게는 40% 정도 차이가 날 겁니다. 하지만 본사에서 제공하는 노하우나 체계적인 관리는 무시할 수 없어요.

　두 번째, 인지도가 떨어지는 프랜차이즈는 잘되기가 힘듭니다. 프랜차이즈라고는 하지만, 전국에 가맹점이 10곳 있다고 합니다. 강릉에도 하나 있고 대전에도 하나 있고 광주에도 하나 있다고 해요. 이런 프랜차이즈를 선택하면 프랜차이즈의 장점인 홍보 효과도 제대로 누릴 수 없어요. 규모가 작은 프랜차이즈 업체는 소스부터 재료까지 모두 외부 업체와 계약해서 공급받는 경우가 많아요. 인테리어도 마찬가지입니다. 본사는 딱 중간 역할만 하는 거예요. 간판 달아주고 자신들의 브랜드를 내줬다는 거죠. 이런 '듣보잡' 프랜차이즈는 가맹점 10곳 중에 한두 곳도 잘되기가 어려워요. 인지도가 현저히 떨어지기 때문입니다.

　세 번째, 계약 조건에 제약이 너무 많습니다. 얼마 전 한창 뉴스에 보도되기도 했던 문제인데, 아직 계약 기간이 많이 남아 있는데도 본사에서 리모델링을 하라고 합니다. 지금까지 열심히 일해서 돈을 좀 벌었는데, 갑자기 가게 문을 이틀 정도 닫고 새로 바뀐 본사의 BI 지침에 따라 인테리어를 바꾸라는 거죠. 물론 모든 비용은 가맹점이 직접 부담해야 합니다. 그러니 처음 계약할 때부터 계약 조건을 잘 살펴봐야 합니다. 아무리 메이저급의 유명한 브랜드라도 이런 조건이 줄줄이 붙어 있다면 신중하게 고민해야 합니다. 자칫 고생은 고생대로 하고 본사 좋은 일만 할 수도 있어요.

네 번째, 내 마음대로 메뉴를 빼거나 넣거나 수정할 수 없다는 점입니다. 사실 프랜차이즈 음식은 늘 평균 정도의 대중적인 맛을 유지하기 때문에 상업적으로는 유리합니다. 여러분이 치킨집을 운영하는데, 우연히 치킨에 마요네즈와 연유를 같이 뿌렸어요. 그런데이게 너무 맛있어서 손님들 반응이 아주 좋아요. 그래서 이것도 메뉴에 포함시키고 싶어요. 하지만 그렇게 할 수 없습니다. 본사에서계약 위반이라고 걸고 넘어져요. 프랜차이즈 브랜드는 모든 가맹점의 맛이 일률적으로 비슷해야 해요. 한 집만 도드라지면 안 됩니다.

여러분이 치킨집을 하는데, 밤마다 술을 마시러 오는 손님이 너무 많아요. 매출을 더 올리고 싶어서 술안주로 좋은 오징어숙회나골뱅이무침 같은 것도 만들어서 팔고 싶어요. 그렇게 해도 될까요?안 됩니다. 꼼수를 쓸 수는 있겠죠. 그 옆에 가게를 하나 더 내서 거기서 만든 안주를 치킨집으로 갖다주는 식으로요. 이렇게까지 해야하는 상황이라면 굳이 프랜차이즈를 할 이유가 있을까요.

다섯 번째, 모든 걸 본사가 제시하는 조건에 맞추다 보면 장사에대한 재미나 흥미를 잃을 수도 있어요. 이건 당연한 겁니다. 여러분이 닭집을 하는데 내가 직접 시장에 가서 신선한 닭을 살 필요도 없고 소스를 개발할 필요도 없어요. 본사에서 모두 공급할 뿐만 아니라 본사에서 공급하는 것 외에 다른 걸 사용해서도 안 됩니다. 여러분이 직접 메뉴를 개발할 수도 없고, 손님의 요구에 따라 맛을 바꿀 수도 없어요. 공장에서 컵을 찍어내듯 치킨을 찍어내죠.

돈을 많이 번다면 그 재미에 당장은 열심히 하겠죠. 하지만 아무리 잘되는 치킨집이라도 치킨집이 내는 수익에는 한계가 있기 때문에 이 정도 수입에 만족하지 못하고 더 욕심이 나는 게 인간의 속성입니다. 늘 똑같은 일을 반복적으로 하다 보면 지치고 재미가 없어요. 매일 나와서 닭 튀기고, 양념 바르다 보면 언젠가부터는 기름 냄새도 맡기 싫을 거예요.

여섯 번째, 식자재를 전부 본사에서 마진까지 얹어주고 구매해야 한다는 거죠. 여러분이 작은 프랜차이즈 가맹점을 하나 하고 있다고 가정해볼까요. 이건 큰 프랜차이즈도 마찬가진데, 직접 소스 공장이나 육가공 공장을 지어 허가를 내고 제품을 개발하는 곳은 거의 없습니다. 이건 생각해보면 당연해요. 가맹점이 많다는 이유만으로 우리 업체 소스만 만들어주는 공장을 찾을 수가 없기 때문입니다. 물론 가맹점이 전국에 500개가 넘는다면 좀 다르겠지만, 일단 소스 공장에서는 여러 업체에서 주문을 받아야 공장을 유지할 수 있습니다.

프랜차이즈라고 하면, 많은 분들이 이런 환상을 가질 겁니다. 예를 들어, A라는 치킨 회사에서 양계장과 계약해서 닭을 잡은 다음 신선한 닭을 가져와 본사 공장에서 염지를 끝내고 여러분에게 공급하는 거라고요. 소스도 이 브랜드만의 비밀 레시피를 직접 개발해서 공급하는 거 아니냐고요? 아닙니다. 본사에서는 수많은 염지 공장 중 하나와 계약을 하죠. 소스도 OEM 방식으로 소스 전문 공장에서 가져옵니다. 본사에서 직접 하는 건 거의 없어요.

심지어 본사에서 직접 개발하는 소스보다 노하우가 확실한 공장에서 만든 소스가 더 맛있는 경우도 많습니다. 본사에서 아이디어를 제공해도 공장에서 나오는 결과물은 전부 다 달라요. 유명한 셰프가 만든 음식을 공장에 가져가서 "이걸 그대로 만들어주세요!" 하면 공장에서는 난감해요. 왜냐하면 대량생산을 위한 상품화를 할 수 없기 때문이에요. 이럴 때는 오히려 공장에서 두 가지 안을 제시합니다.

"이건 당신이 준 샘플이고, 이게 우리 공장에서 만든 겁니다." 그러면 본사에서는 대부분 공장에서 만든 걸 채택합니다. 그게 훨씬 대중적이고 맛있으니까요.

이런 과정을 거치기 때문에 본사에서는 유통마진을 붙여 가맹점에 비싸게 공급할 수밖에 없어요. 여러분이 식자재 마트나 가까운 닭고기 대리점을 가보니 닭이 너무 신선하고 저렴해요. 하지만 무조건 본사에서 제공하는 닭을 비싼 공급가에 사야 합니다. 일단 닭을 납품하는 염지 공장에서 이윤이 붙고, 닭을 운반할 때도 물류비가 붙어요. 납품 단가가 세 번을 건너뛰는 겁니다. 닭 한 마리에 적어도 20%가 넘는 마진이 붙고 나서야 가맹점에 공급됩니다.

일곱 번째, 엄격히 따지고 보면 프랜차이즈 업체는 거기서 거깁니다. 특별한 것도 없는데, 특별한 척을 할 뿐이에요. 프랜차이즈를 하려고 마음먹은 분들은 여러 업체를 많이 알아보겠죠. 전화하는 곳마다 다른 업체와의 차별점을 강조합니다. 가맹점에 해줄 수 있는 혜택에 대해서도 장황하게 설명합니다. 하지만 결국 이 업체, 저 업체 여러 업체를 비교해보면 크게 다를 게 없습니다.

충분히 검토하고 고민했는데도 프랜차이즈를 해야겠다고 결정했다면, 이것 하나만은 꼭 기억했으면 좋겠습니다. 프랜차이즈 본사에서 운영하는 본점, 즉 직영점이 몇 개인지 확인해보세요. 본점은 어떻게 운영되고 있으며, 수익은 어느 정도인지 확인해보세요. 영리한 영업 직원은 "우리 본점에 가서 얼마나 잘되는지, 손님이 얼마나 많은지 확인해봅시다."라며 여러분을 데리고 갈 거예요. 가보면 손님이 바글바글하고 좋아 보일 거예요. 겉으로는 엄청난 수익을 내는 것처럼 보일 수 있어요.

하지만 마진이 얼마나 되는지는 아무도 모릅니다. 예를 들어, 프랜차이즈 삼계탕집의 경우, 여러분에게 1만 2,000원짜리 삼계탕을 공급하고 본점에서도 똑같이 1만 2,000원에 판다면 이게 똑같은 퀄리티일까요? 본점에서는 최고급 재료와 구성으로 마진도 안 남는 세팅을 해놓고 1만 2,000원에 팔아요. 당연히 대박이 날 수밖에 없죠. 그런데 막상 여러분이 가맹점을 차려서 본사에서 공급하는 삼계탕을 상에 내면 본점만큼의 퀄리티가 아닐 겁니다. 이런 경우도 수

두룩합니다. 본점에서는 어떤 음식이 어떤 구성으로 나가는지 잘 살펴보고 같은 브랜드의 가맹점에 가서도 퀄리티를 비교해보세요. 그러면 어느 정도 답이 나올 겁니다.

여덟 번째, 어차피 내가 다 굽고 튀기고 볶아야 하는데, 이게 자동으로 되는 것처럼 이미지를 포장합니다. 여러분이 직접 해야 하는 일도 본사에서는 자동으로 되는 것처럼 말해요. 치킨집을 하면 닭도 주고 소스도 주니 여러분은 팔기만 하면 될 것 같죠? 닭을 받으면 포장지를 까고 튀김 반죽을 만들어 튀김옷을 입혀야죠. 매뉴얼대로 튀긴 다음 양념을 발라야 하고, 포장도 여러분이 해야 합니다. 배달까지 해결해야죠. 이걸 다 누가 대신해주나요? 여기에 속지 않았으면 좋겠습니다.

우리가 직접 모든 것을 해야 한다는 건 프랜차이즈나 개인 식당이나 다를 게 없어요. 프랜차이즈는 여러분이 직접 소스를 만들고 닭을 사오는 이 두 가지 작업이 줄어들 뿐입니다. 개인 식당을 하는 분들도 보통 식자재 마트에서 식자재를 배달로 받아요. 내가 직접 가서 눈으로 보고 사는 것과 배달로 오는 것이나 품질 면에서는 별반 다르지 않아요. 예전에야 새벽부터 시장에 직접 가서 제일 좋은 재료를 골랐겠죠. 그런데 여러분이 일찍 시장에 가도 정말 좋은 물건을 볼 줄 아는 눈이 있나요? 경력이 많은 저도 그런 건 잘 못해요. 내가 믿고 거래하는 업체에서 식재료를 배달로 받았는데, 상태가 좋

지 않으면 교환이나 반품을 하면 됩니다. 이 두 가지 과정은 여러분
도 할 수 있는 거죠.

　아홉 번째, 무슨 일이 터져도 책임은 여러분의 몫입니다. 본사가
책임져주지 않냐고요? 아닙니다. 예를 들어볼까요. 음식 맛에 대한
기준은 모든 사람이 각기 다른데, 그냥 내 입맛에 맞지 않는다고 컴
플레인을 거는 손님도 있어요. 맛없으니 돈을 못 내겠다고 합니다.
그럼 이런 상황에서 본사에 전화를 해야 할까요? 안타깝지만, 본사
에서 해결해주는 건 없습니다. 이럴 때는 경찰서에 전화를 해야 합
니다.

　장사를 하다 보면, 정말 말도 안 되는 컴플레인이 끝도 없이 들어
옵니다. 너무 매워서 별점 1점, 너무 달아서 별점 1점, 이런 건 다반
사입니다. 가장 최근에 겪었던 놀라운 일은 반찬으로 묵무침을 내놓
았는데, 손님이 먹다 치아가 부러졌다는 거예요. 말도 안 된다고요?
진짜 일어난 일입니다. 뭘 씹었냐고 물으면 우리 식당에서 쓰는 것
도 아닌 이상한 플라스틱 조각을 보여줍니다.

　그러면 도대체 어디서 그런 게 들어갔는지, 묵공장에 전화를 해
봐야 하나 머리가 복잡해지죠. 손님은 지금 이가 부러졌다고 난리가
났고, 다른 손님 보기에도 너무 민망하죠. 그럼 이것저것 알아볼 틈
도 없이 일단 사과부터 하고 음식값을 환불해주겠다고 하겠죠. 그
런데 환불이 문제가 아니라 이가 부러졌으니 보상을 하라고 합니다.

이런 일을 본사가 책임져주냐고요? 전혀 아닙니다. 본사에서는 오히려 "점주님이 도대체 뭘 어떻게 요리하셨길래 그런 게 나와서 손님 이가 부러집니까? 저희도 사과할 테니 점주님도 사과하고 보상할 게 있음 보상하세요."라고 말합니다.

대형 프랜차이즈는 어떻게 대처할지 모르겠지만 가맹점이 100개 정도인 소규모 프랜차이즈에서는 이런 문제를 절대 해결해줄 수 없어요. 차라리 개인적으로 화재보험을 들어두면 좋아요. 물론 프랜 차이즈 업체 중에서도 계약 시 보험을 들어주는 곳이 있습니다. 하 지만 이건 조건과 보장이 어떻게 될지 모르니 여러분이 직접 한 달 에 5만 원짜리 화재보험을 드세요. 가게에 불이 났을 때, 손님이 식 중독에 걸렸을 때, 음식을 먹다 이가 부러졌을 때 등 골치 아픈 문제 에 대한 보장이 거의 다 들어 있어요. 손님과 어떤 문제가 발생했다 면 여러분이 직접 해결하려 하지 말고 보험사와 상의하도록 하세요. 마음의 짐을 조금은 내려놓을 수 있어요.

열 번째, 잘될지 망할지는 결국 여러분 손에 달려 있습니다. 나 는 유명 브랜드 프랜차이즈를 하니까 무조건 장사가 잘될 거라고 요? 아닙니다. 장사가 잘되게 하는 것도 여러분의 몫입니다. 물론 본 사에서 이것저것 신메뉴도 개발하고, 홍보 배너 같은 것도 갖다주겠 죠. 가게 앞에 예쁘게 걸 수는 있습니다. 그런데 이게 중요한 게 아닙 니다. 우리 가게에 손님이 안 오면 끝입니다. 전단지를 돌리든 뭘 하든 매출을 올리고 성과를 내기 위해서는 여러분이 직접 고민하고 움직여야 합니다.

일단 프랜차이즈를 시작했다면 본사에서 제시하는 매뉴얼을 잘 지켜 조리하고 손님들에게도 친절하게 응대하세요. 이걸 기본으로 조금씩 하나하나 쌓아 나간다고 생각하세요. 그러면 괜찮은 브랜드는 기본은 할 겁니다.

프랜차이즈,
이것만은 확인하자

프랜차이즈를 택했다면, 본사가 회사를 창립한 지 얼마나 되었는지, 직영점을 운영하고 있는지 꼭 확인하세요. 많은 사람들이 착각하는 게 프랜차이즈 업체라면 당연히 본점이 매우 오래됐다고 생각합니다. 맛집을 운영하다 이게 너무 잘 되니까 프랜차이즈가 됐다고 생각해요. 요새 그런 집은 별로 없어요. 전국에 프랜차이즈가 26만 개가 넘는데 본사 매장이 1만5,000개가 안 돼요. 처음부터 본사에는 직영점이 없고, 오로지 가맹점만 모집해요. 이런 사람들은 A 프랜차이즈 업체에서 같은 방식으로 운영하다 자신들이 배운 노하우로 B라는 브랜드를 내고 가맹점주를 모읍니다.

우동 프랜차이즈라고 하는데 본사에서 직영하는 우동집이 하나도 없어요. 거짓말 같죠? 지금 이 부분도 문제가 많아서 공정거래위

원회에서 법을 개정했어요. 현재는 본사 직영점을 1년 이상 운영하지 않으면 프랜차이즈 가맹점을 받을 수 없도록 했어요. '우리 업체는 점주님들을 생각해서 가맹비를 받지 않아요, 저희는 유통마진도 안 챙겨요'라고 말하는 곳도 무조건 믿고 거르면 됩니다. 프랜차이즈가 유통마진을 안 챙기고 어떻게 운영을 합니까? 할 수가 없어요.

예를 들어, 본사가 10곳의 가맹점을 가지고 있는데, 각각의 매장에서 한 달에 100만 원 정도의 수익이 들어온다고 생각해보세요. 다 합쳐봤자 1,000만 원이잖아요. 회사를 운영하려면 사무실도 있어야 하고 인건비도 어느 정도 나와야 하는데, 이게 한 달에 1,000만 원으로 해결될까요? 유통마진을 안 먹으면 회사를 어떻게 운영할 수 있나요? 가맹비는 어차피 처음 한 번만 받고 끝나는 거잖아요. 이렇게 정체가 애매한 업체는 무조건 피해야 합니다.

저는 개인적으로 프랜차이즈는 추천하지 않아요. 제 주변의 요식업 종사자들만 봐도 개인 식당을 운영해서 맛집을 만들고, 동네 사람들을 잘 잡은 집이 돈을 훨씬 잘 벌어요. 겉보기에는 프랜차이즈가 장사가 잘되는 것 같지만, 순수익을 따져보면 매력이 없는 경우를 너무 많이 봤습니다. 온전히 여러분의 노력으로 하나하나 만들어가고 싶다면 개인 식당을 하세요. 하지만 이건 어디까지나 제 의견이니, 프랜차이즈에서 어떤 가능성을 보았다면 선택은 여러분의 몫입니다. 나름대로 매력적인 부분도 분명하니까요.

권리금이 없다면
어떻게 해야 할까

자본이 부족한
창업자를 위한 조언

초대박의 세 가지 조건은 첫 번째도 자리고, 두 번째도 자리고, 세 번째도 자리입니다. 자리는 귀가 따갑게 언급할 만큼 너무너무 중요하기 때문에 몇 번을 강조해도 지나치지 않습니다. 하지만 우리가 모두 빵빵한 권리금을 준비해서 창업할 수 있는 것은 아닙니다. 권리금이 없으면 창업도 못하느냐고요? 아닙니다. 권리금이 없는 경우에도 대안은 분명 있습니다.

물이 있는 곳에 물고기가 있는 건
불변의 진리

투자할 수 있는 여유 자금이 있다면 무조건 권리금이 있는 곳으로 가면 됩니다. 멋진 인테리어나 값비싼 시설에 대한 욕심을 조금 줄이고, 그 돈으로 권리금을 만드세요. 결국 물이 있는 곳에 물고기가 있기 때문에 우리는 물이 있는 곳으로 가야 합니다. 잠시 장마졌을 때만 물이 있다가 쭉 빠져버리는 곳에서는 대박을 노릴 수 없어요. 웅덩이라도 있다면 뭘 해볼 수는 있겠지만 굳이 그런 곳을 찾아갈 필요도 없습니다. 가게는 작아도 권리금이 있는 곳에서 장사를 하는 게 초보든, 초보가 아니든 성공 확률을 비약적으로 올려줄 것입니다.

제가 여러분에게 세상에서 가장 맛있는 치킨 레시피를 알려드려도 사람이 없는 곳에서는 소용없어요. 사람이 많은 곳에서 해야지 내 음식을 알릴 수 있습니다. 맛있게 만들면 뭐하나요. 먹는 사람들이 있어야죠. 그만큼 자리는 정말 중요합니다. 저는 운이 30%, 자리가 50%라고 생각합니다. 그다음으로 서비스가 10%, 음식 맛이 10%예요. 좋은 자리에서는 설사 여러분이 실패했어도 인테리어를 조금 바꿔가면서 다른 업종으로 재도전할 수 있는 가능성도 있습니다. 그러므로 꼭 자리를 먼저 고민하고 나서 장사를 할 건지 말 건지 생각하기 바랍니다.

잘될 가능성이 90% 이상 되는 곳이 있는데 왜 군이 가능성이 10%인 곳에 가서 고생을 할까요. 어떻게 해도 자본이 없을 때만 그렇게 하라는 이야기로 듣고, 자본이 어느 정도 있으면 권리금 있는 곳으로 들어가세요. 물론 자본이 없는 분도 창업을 할 수 있도록 성심성의껏 도와드리겠습니다. 자본이 흘러넘치면 제 책을 읽을 필요도 없겠죠. 자본이 없어도 성공할 확률을 높일 수 있게끔 최선을 다해봅시다.

권리금을 보증금이라 생각하고 접근하자

보통 권리금이 있는 자리는 먹자골목, 번화가, 시내라고 부르는 곳입니다. 유동인구가 워낙 많아서 주말이면 가게마다 자리가 없는 곳에 권리금이 붙습니다. 이 자리가 이렇게 장사가 잘되니 권리금을 받아야겠다, 들어올 만한 가치가 있다고 생각하면 들어오라는 의미입니다. 지금은 권리금도 법적으로 어느 정도 보장이 된다고 하는데, 원래는 날리면 끝인 돈입니다. 가게가 망하거나 계약 기간이 잘못되는 등 몇몇 위험성은 있지만, 장사를 하는 사람, 특히 요식업을 하려는 분이라면 이걸 두려워해서는 안 됩니다.

이런 자리에 가서 나중에 다시 권리금을 받고 팔든지, 더 높은 권리금을 받고 팔 수 있게 해야 합니다. 권리금이 없는 경우, 초대박을 내거나 단시간에 돈을 벌 수 있는 가능성은 현저히 떨어집니다. 말 그대로 권리금이 없는 아파트 상가나 원룸촌 같은 곳에 들어간다면 동네 맛집으로 자리 잡을 생각으로 꾸준히 장사를 해야 합니다. 예를 들어, 저는 일본의 노포라든가, 20~30년씩 대를 이어 장사하는 가게를 좋아합니다. 권리금이 없다면, 그런 개념으로 받아들여야 할 것입니다. 물론 모두 다 그렇다는 말은 아니지만요.

여러분이 장사로 초대박을 내고 싶다면 권리금이 있는 가게에 들어가야 합니다. 권리금은 없어지는 돈이 아닙니다. 같은 상권에 있는 사람 중 누가 자기 가게의 권리금이 떨어지도록 둘까요. 번화가는 쉽게 죽지 않습니다. 아마 권리금을 날릴 일은 거의 없을 겁니다. 매스컴에서 언급하는 극단적인 케이스는 너무 특별한 경우라서 방송에까지 나오고 여러분이 알 만큼 이슈가 되지 않았을까요. 요즘은 일부러 그런 이슈를 만들려고 해도 쉽지 않습니다. 그러니 권리금을 너무 두려워하지 마세요.

제가 살고 있는 천안으로 따지면 두정동이 가장 권리금이 높은 지역입니다. 두정동 먹자골목 쪽에는 권리금이 2억이 넘는 곳도 있어요. 2억 원이나 권리금으로 낼 만한 가치가 있을까요. 저는 있다고 생각하는데, 이건 여러분과 생각이 조금 다를 수도 있습니다. 저는 권리금이 일종의 보증금에 가깝다고 생각해요. 이런 지역에는 공실이 거의 없어요. 어디나 자리가 차 있고 임대가 나와 있는 경우도 거의 없습니다. 임대가 나오기도 전에 먼저 계약이 이루어지기 때문입니다. 내가 빠지기도 전에 계약이 신속히 이루어지므로 보통은 권리금이 그대로 이양됩니다.

권리금을 보증금이 높아진다고 생각하면 좋을 것 같습니다. 보증금이 2억인데, 권리금이 1억이라면 3억이 있어야죠. 그 정도의 돈을 넣을 수 있느냐, 없느냐가 문제일 뿐 권리금을 나쁘다고 생각하면 안 됩니다. 권리금 2억만큼 매출을 더 뽑을 수 있느냐는 가게마다 다를 것입니다. 이런 자리도 평수, 테이블 수 등에 따라 한계는 분명 있습니다. 하지만 일단 손님이 끝도 없이 회전되고, 새벽까지 영업해도 손님이 오는 그런 자리로 가야 매출이 확연히 높아지고 수익을 낼 수 있어요. 이게 권리금의 가치입니다.

하지만 이걸 장사하는 동안 다 뽑을 수 있느냐는 보장할 수 없습니다. 대신 저는 그만큼을 다음 임차인한테 받는 거라 생각하고, 보증금처럼 묶어놓는다고 생각하는 게 맞다고 봅니다. 비싼 보증금을 내고, 나는 그보다 훨씬 많은 것을 얻어간다고 생각합니다. 같은 번화가라도 합리적인 권리금을 내고 들어갈 수 있는 자리도 있습니다. 예를 들어, 30평의 권리금이 6,000만 원 정도, 평당 200만 원 정도인 곳도 많아요. 직접 가봤더니 주변에 빈 가게가 없고 주말에 갔더니 사람들이 쏟아져 나오고, 가게에 사람이 꽉 차서 들어가지 못할 정도라면 6,000만 원을 못 낼 이유가 없어요. 실제로 제가 아산에서 오폰을 도운 가게도 그 정도의 권리금을 내고 들어갔지만 1년도 안 돼서 권리금까지 투자금을 거의 뽑았습니다. 이 팬데믹 시국에서도요. 이것이 권리금의 힘입니다.

권리금이 없는 자리는
어떤 기준으로 골라야 할까

권리금에 대해서는 충분히 설명했으니, 이제 권리금이 없는 경우 어떤 자리로 들어가야 하는지를 살펴봅시다. 이런 경우에는 타깃층이 가장 중요하다고 생각합니다. 아파트 쪽이냐, 1인 가구 쪽이냐 이것만 확실히 구분하면 됩니다. 회사원이냐, 젊은 층이냐 하는 건 그다음 문제입니다. 일단은 아파트촌이냐, 원룸촌이냐를 확실하게 따져봅니다. 이 조건에 따라 사람들이 주문하는 메뉴가 완전히 달라지기 때문입니다. 아파트가 많은 지역에서는 무조건 치킨이 가장 잘 팔립니다. 치킨은 가격 대비 손쉽게 주문할 수 있는 대중성이 높은 음식입니다.

된장찌개, 김치찌개 같은 식사류는 아파트 쪽 주문율이 생각보다 적습니다. 한 끼 식사 메뉴의 주문이 들어오는 건 원룸 쪽입니다. 보통 아파트에서는 밥을 해먹고 원룸에서는 밥을 잘 해먹지 않기 때문입니다. 치킨, 족발, 보쌈 같은 음식은 집에서 해먹기 번거롭고 귀찮은 메뉴라 아파트에서의 주문이 많아요. 아파트촌은 음식의 단가가 좀 높아도 괜찮아요. 단가가 높아도 다른 음식으로 대체할 수 없는 메뉴를 선택하는 것이 중요합니다. 단가가 높은 만큼 주문이 적어도 마진이 높기 때문입니다.

원룸촌으로 들어가려면 무조건 술안주나 혼밥 메뉴 쪽이 가능성 있어요. 원룸촌에서는 밥을 잘 해먹지 않거든요. 음식을 간단하게 해먹지, 반찬까지 만들지는 않아요. 당연히 배달 음식의 수요가 높습니다. 특히 혼밥 메뉴는 시장이 제대로 형성되어 있어요. 주문이 계속 들어오고 단골손님도 금방 생깁니다. 배달도 단골이 있는 거 아시죠? 배달 단골은 대부분 이런 지역에서 형성됩니다. 아파트촌에서는 배달 음식을 자주 시키지 않으므로 여기저기서 시켜 먹거든요. 하지만 원룸촌에서는 김치찌개를 너무 좋아하는데 한번 먹어봤더니 입맛에 잘 맞을 경우 단골이 될 가능성이 큽니다.

원룸촌이나 오피스텔촌에서 가장 성공할 확률이 높은 건 술집입니다. 이쪽 시장이 생각보다 엄청나요. 원룸촌에서는 친구들과 술을 마실 때도 번화가로 나가지 않고 근처에서 먹는 경우가 많아요. 번화가가 아니라서 주변에 술집이 많지 않아서 특별한 게 없어도 장사가 잘됩니다. 치킨집도 술을 먹으러 오는 사람이 많아요. 젊은이들의 감성을 사로잡을 수 있는 독특한 안주와 인테리어만 갖추면 성공할 가능성이 더욱 높아지겠죠. 젊은 층은 양식이나 일식도 좋아하므로 가격경쟁력이 있는 파스타집이나 일식집을 해도 대박이 날 가능성이 있습니다.

반대로 번화가에서는 젊은이들을 타깃으로 해서 뭔가 독특한 것을 시도하는 게 모험일 수 있습니다. 번화가에서는 모든 연령층이 이용할 수 있는 만만한 고깃집이 가장 안전합니다. 삼겹살집인데 고기를 찍어 먹는 소스를 다양하게 개발하거나, 삼겹살을 옛날처럼 간장 양념에 재워서 굽는 등 차별화를 두는 것도 필요하죠. 중장년층이든, 젊은층이든, 남자든, 여자든 삼겹살집은 약간만 다른 집과 달라도 손님을 끌 수 있어요. 고기와 함께 내는 파채도 우리 가게만의 시그니처로 개발한다면 사람들이 신기해하며 사진도 찍고 자동으로 홍보도 될 겁니다.

아파트촌 시장은 냉정하게 말하면 굉장히 한정적입니다. 그나마 가장 잘될 가능성이 높은 메뉴는 족발과 보쌈 정도입니다. 족발, 보쌈에 사이드 메뉴로 아이들이 좋아하는 볶음면이나 대왕 계란말이를 기본으로 제공하는 등 엄마들의 마음을 사로잡을 수 있어야 해요.

1인 가구를 잡으면
성공 확률이 높아진다

아파트 쪽보다는 원룸촌이나 오피스텔촌 시장이 장사의 재미는 더 있습니다. 실제로 배달이나 포장 이용자 수도 많고 우리 가게만의 특색을 보여줄 수도 있다고 생각해요. 요즘은 1인 가구의 니즈를 파악하는 것이 정말 중요합니다. 1인 가구를 잘 잡는 식당이야말로 성공할 확률이 높아집니다. 혼자 사는 사람들이 뭘 좋아하는지, 어떤 걸 원하는지 정확하게 파악해야 합니다. 그렇게만 한다면 권리금이 없어도 충분히 성공할 수 있다고 봅니다. 1인 가구는 음식이 싸다고 무조건 좋아하지도 않고, 음식이 비싸다고 안 시키는 것도 아닙니다. 자신에게 투자하고 좋은 것을 누리는 것도 중요하게 생각하므로 단가가 조금 높아도 만족도만 있으면 주문하는 소비층입니다.

요즘은 프랜차이즈 분식점에서도 떡볶이 1인분에 튀김이라도 추가하면 거의 2만 원이 넘어요. 그래서 저는 윤달식당에서 '고급 떡볶이'를 만들어 판매하는 실험도 해봤어요. 프랜차이즈 분식점보다 비쌌지만 주문은 잘 들어왔어요. 떡볶이가 2만 원이 넘어도 잘 팔리고, 떡볶이에 순대볶음이나 곱창이라도 넣으면 3만 원이 넘어도 주문이 들어옵니다. 눈에 잘 안 띄는 구석진 자리에 있어도 잘될 수 있는 아이템이 있어요. 배달 음식 하면 떠오르는 흔한 메뉴라도 우리 가게만의 특색을 살려 남들과 다른 전략으로 간다면, 요즘은 비싼 것도 장사가 잘됩니다. 소비자가 이 정도는 괜찮다고 생각하는 범위 안에서 가격을 형성하면 됩니다. 1인 가구만 잘 잡을 수 있다면 권리금 없는 가게에서도 성공할 가능성은 분명 있습니다.

위치에 따라 성공 확률이 높은
아이템이 달라진다

도시에서는 웬만큼 합리적인 가격에 괜찮은 구성만 잘 갖추면 횟집은 거의 대부분 잘됩니다. 사람들 머릿속에 회는 원래 비싼 음식이라는 생각이 박혀 있고, 멀리 바다 근처로 가지 않고도 신선한 회를 먹는다는 게 일단 만족도가 높은 경험이기 때문입니다. 회는 원래 단가가 높은 음식이므로 다른 집에 비해 조금만 저렴한 느낌이 나도 소위 말하는 돈방석에 앉을 수 있어요. 사람들이 좋아하는 음식인데, 직접 만들어 먹을 수 없거나 흔히 먹을 수 없는 그런 아이템을 찾는 것도 권리금이 없는 자리에서 요식업으로 성공하는 방법입니다.

아파트촌이나 원룸촌에 가면 프랜차이즈를 하는 것도 좋아요. 프랜차이즈는 워낙 유행에 민감하기 때문에 오래는 못 갈 거예요. 그럼 또 바꿔주면 됩니다. 1인 가구나 젊은 층이 많은 지역이라면 유행하는 아이템을 해보는 것도 좋아요. 예를 들어, 한때 마라탕이 유행했을 때 재빨리 마라탕집을 차렸어요. 실제로 포장이나 배달이 많이 들어왔습니다.

아파트촌에서는 주부들이 개인 식당보다는 프랜차이즈 매장을 더 선호하는 것 같아요. 아파트나 원룸촌으로 권리금이 없는 장소라면, 폐업률이 낮은 프랜차이즈도 좋을 것 같습니다. 하지만 프랜차이즈는 워낙 유행에 민감하니까 오래 한다는 생각보다는 2년 정도 하고 다른 브랜드로 바꾸고, 또 2년 정도 하고 바꾸는 식으로 하는 것도 하나의 방법이라고 생각합니다.

밥집? 술집?
배달 전문점? 한정식집?

어떤 식당을
할 것인가

밥집? 술집? 배달 전문점? 한정식집? 여러분은 어떤 식당을 하고 싶으세요? 저는 밥집, 술집, 배달 식당, 한정식집을 모두 경험해봤습니다. 제가 직접 경험하며 느꼈던 점을 바탕으로 각 업종의 운영 난이도와 성공 확률, 고생 난이도를 정리해봤습니다. 여러분은 이미 마음을 정한 업종이 있을 수도 있습니다. 하지만 끝날 때까지 끝난 게 아닙니다.

'나는 라면집을 할 거야', '국밥집을 할 거야', '파스타집을 할 거야' 하는 생각은 언제든지 변할 수 있고, 다시 생각해볼 시간도 아직 남아 있어요. 하고 싶은 게 있어도, 그게 무조건 정답이라고 생각하지 않았으면 좋겠습니다. 막연하게 그려왔던 식당의 모습과 현실은 180도 다르기 때문입니다.

한식집(밥집)

운영 난이도 ★★☆☆☆ 성공 확률 ★★☆☆☆ 고생 난이도 ★★★★★

한식집이야말로 진정 '전생의 업을 갚는 일'이라 하겠습니다. 한식 밥집을 찾는 손님들에게는 조금의 아량도 바랄 수 없어요. 아주 대중적인 음식, 된장찌개를 예로 들어볼까요. 된장찌개를 먹으러 오는 손님들은 식당에 왔을 때 '이 집 된장찌개가 얼마나 특별할까' 하는 기대를 하지 않습니다. 대부분 우리 엄마가 늘 만들어주던 된장찌개, 내가 자주 가던 식당의 된장찌개 맛을 떠올립니다. 된장찌개 하면 떠오르는 맛이 있습니다. 여러분이 만든 된장찌개가 이 기준에서 약간이라도 벗어나면 '모 아니면 도'입니다. 모일 때는 '와! 어떻게 이런 맛이 날까. 된장찌개가 이래도 되나'라고 좋아하겠죠. 하지만 이런 경우는 드물고 대부분의 손님이 '이게 된장찌개 맞나?'라고 생각합니다.

한국인이 가장 좋아하는 된장찌개, 김치찌개, 순두부찌개 등은 맛이 평균은 되어야 하고, 공식처럼 맞춰져야 합니다. 우리가 흔히 접하는 삼겹살집도 마찬가지입니다. 어떤 삼겹살집에 가도 쌈장이나 마늘, 파채, 고추는 기본으로 제공됩니다. 나는 좀 특별하게 해보겠다는 생각에 다른 걸로 대체하면 이것도 '모 아니면 도'입니다. 삼겹살에는 쌈채소도 꼭 함께 나가야 하는데, 상추나 깻잎은 흔하니까 좀 특이하게 케일, 비트잎 같은 걸 내면 어떨까요. 손님들 입에서 바로 "여긴 왜 상추 안 줘요? 상추 좀 주세요." 하는 요구가 나옵니다.

이렇게 공식이 빤히 보이는 음식을 하려면, 공식의 틀 안에서 우리 식당만의 장점을 만들어야 합니다. 다른 집에서 시판 쌈장 한 숟갈을 푹 퍼서 준다면, 우리는 최소한 고추, 마늘을 잘게 다져 넣고 참기름도 두르고 고추장을 좀 섞어보는 등 나만의 쌈장을 만드는 방법으로 차별점을 둬야지, 쌈장 자체를 다른 장으로 대체하는 것은 바람직하지 않아요. 한때 제주 열풍이 불어서 고기에 맬젓을 찍어 먹는 게 유행했잖아요. 하지만 맬젓의 냄새도 맡기 싫어하는 사람도 생각보다 많아요. 열 명 중 아홉 명은 쌈장에 고기를 찍어 먹는 거라고 생각하니, 그런 틀에서 벗어나지 않는 게 평균 이상을 갈 수 있는 방법입니다.

평범한 게 싫다며 독특하게 해보겠다고 이런저런 시도를 하다 망합니다. 다시 말해 평균만 잘 따라가면 망할 일은 거의 없어요. 평균값 안에서 여러분만의 특색을 만들어야 성공할 수 있습니다. 한식집, 특히 밥집이라면 정해진 틀에서 벗어나지 않아야 한다는 걸 꼭 기억하세요.

한식은 가격경쟁력이 가장 중요하다

된장찌개는 보통 한 그릇에 7,000~8,000원 정도 하는 게 일반적입니다. 그런데 A라는 식당은 된장찌개에 한우 차돌을 넣었어요. 고기도 푸짐하게 들어가고 심지어 냉동 고기 말고 냉장 투뿔 한우를 썼어요. 그래서 된장찌개 한 그릇 가격이 1만 원이 넘어요. 어떤 손님들은 이 된장찌개를 먹어보고 "여기는 좋은 고기를 써서 그런지 된장찌개 맛이 깊고 감칠맛이 있어."라고 만족해하겠죠.

반면 B라는 식당은 1kg에 9,000원 정도밖에 하지 않는 미국산 소고기를 써서 한 그릇에 8,000원짜리 된장찌개를 만들었어요. 미국산 소고기라 해도 일단 소고기가 들어갔으니 고기가 전혀 안 들어간 된장찌개보다는 감칠맛이 납니다. 또한 '소고기 된장찌개'라는 타이틀도 만들 수 있죠. A식당은 '한우 차돌박이를 넣은 된장찌개'라는 스토리텔링을 만든 거고, B식당은 가격경쟁력과 스토리텔링을 모두 잡았습니다.

그렇다면 손님들은 어떤 가게를 더 많이 찾을까요? 답은 8,000원짜리 된장찌개를 파는 B식당입니다. 열 명 중 여덟 명은 B식당으로 가고 두 명만 A식당으로 갈 겁니다. 아무리 좋은 재료에 멋진 스토리텔링을 만들어냈어도, 한식은 가격경쟁력이 가장 중요합니다. 하지만 아무리 가격경쟁력이 중요하다 해도, 우리 동네 모든 한식집에서 된장찌개를 7,000원에 판다고 나도 똑같이 맞출 필요는 없어요. 가격 저항이 없는 선에서 사람들한테 새로운 음식과 맛을 보여줄 수 있다면 그게 가장 좋아요.

예를 들어, 가격이 8,000원 정도인 '돼지갈비김치찜'이 있는데,

여기에 쪽갈비를 넣는 거예요. 그런데 이 쪽갈비를 수육처럼 따로 담아서 고기를 소스에 찍어 먹으면서 얼큰한 김치찌개도 함께 즐길 수 있어요. 이런 스토리텔링이 가능하다면 9,000원까지 받아도 손님들이 수긍할 겁니다. 하지만 갑자기 가격을 1만2,000원, 1만3,000원 이렇게 올리면 경쟁력이 없습니다.

다른 예로, 된장찌개에 잘 익은 김치를 넣고 끓이는 '김치 된장찌개'라는 음식이 있어요. 실제로 이 메뉴를 팔아서 맛집이 된 식당도 있어요. 한 번도 안 먹어본 사람은 있지만 한 번만 먹어본 사람은 없을 정도로 맛있는 음식이지만, '된장찌개에 왜 김치가 들어가?', '이게 김치찌개야? 된장찌개야?' 이렇게 생각하는 사람이 열 명 중 여덟 명일 거예요.

이 메뉴로 맛집이 된 식당은 열 명 중 두 명의 손님만 잡은 겁니다. 언뜻 들으면 절망적으로 생각되지만, 이건 오히려 희망적입니다. 여러분 가게에 오는 손님이 하루 열 명인데 이 중 두 명만 단골로 잡을 수 있다면, 결과적으로는 1년이면 730명의 단골을 확보할 수 있습니다. 동네 장사는 문을 열었어도 오픈빨을 받긴 힘들어요. 오픈빨은 권리금이 비싼 정말 좋은 자리에서나 가능합니다. 오픈빨이 가능한 곳에서는 된장찌개 같은 메뉴를 팔면 안 됩니다. 동네에서 오래 장사할 결심으로 차린 식당이라면 된장찌개도 상관없을지 모르지만, 권리금이 높은 번화가에서는 수익률과 단가가 높은 음식을 팔아야 합니다.

동네 장사는 결국 버티는 사람이 이기는 겁니다. 하루 두 명씩 1년에 730명의 단골을 위해 노력해보세요. 또한 도전 장벽이 그리 높지 않은 것도 한식의 장점입니다. 여러분이 2년 정도 식당을 운영했을 때 매일 두 명씩만 잡기 위해 혼신을 다한다면 이렇게 만든 단골손님만 가지고도 충분히 식당을 운영할 수 있으며, 새로 방문하는 손님들을 통해 예상외 수익도 남길 수 있으리라 확신합니다. 실제로 이렇게 운영해서 잘나가는 식당도 많이 봤고, 제가 컨설팅을 했던 식당도 있습니다. 여러분도 손님들로 문전성시를 이루는 식당을 만들 수 있어요. 그러나 가장 중요한 게 뭘까요? 한식 밥집, 특히 동네 장사는 시간이 꽤 필요하다는 사실입니다. 그리고 맛의 평균적인 틀도 꼭 따라야 합니다.

술집

운영 난이도 ★★★☆☆　성공 확률 ★★★☆☆　고생 난이도 ★★★☆☆

　　　　　　　술집은 일단 은퇴자나 연령대가 높은 분들이 도전할 만한 업종이 아닙니다. 술집은 20~30대 젊은이들한테 가장 맞는 업종이라 생각해요. '나이는 숫자일 뿐 뭐든 못할 게 없다'는 게 아하부장의 평소 마음가짐이긴 합니다만, 그래도 술집을 운영하려면 체력이 어느 정도 따라줘야 해요. 일단 밤새 일해야 하고, 퇴근은 새벽에 환경미화원이 청소하는 걸 볼 때야 가능합니다.

술집에는 단골손님뿐 아니라 유동적으로 들어오는 손님이 굉장히 많아 복불복이 심하지만, 주 타깃인 연령대에 맞게 인테리어나 안주 구성을 잘한다면 성공할 확률도 높습니다. 여러분이 다른 가게보다 한두 시간 더 늦게까지 일하느냐, 한두 시간 더 일찍 시작하느냐에 따라 돈을 벌 수 있는 가능성도 큰 게 술집입니다.

술집이 안주가 맛있다고 손님들이 많이 올까요. 안주도 중요하지만 분위기나 인테리어가 더 중요하고 가장 중요한 건 위치라고 생각합니다. 그래서 20~30대가 시작하기에는 자본이 좀 부족할 수 있어요. 그러나 젊은 층 특유의 에너지가 있기 때문에 일단 차리기만 하면 성공할 가능성이 커지는 것도 맞습니다. 술집이 가장 매력적인 이유는 일반 식당에 비해 손이 덜 간다는 점입니다. 테이블마다 반찬을 함께 놓는 것도 아니고, 메인 요리 하나만 만들면 되는데 요리의 단가도 높은 편입니다.

술집은 한 테이블에 안주 하나씩만 나가도 돈을 벌 수 있어요. 왜냐하면 테이블 회전이 굉장히 빠르기 때문입니다. 실제로 제가 아산에 위치한 술집 오픈을 도운 적이 있는데, 테이블 회전율을 보고 놀랐습니다. 젊은이들은 술을 먹더라도 한곳에 오래 머물지 않고 2차, 3차를 계속 옮겨 다닙니다. 특히 20대는 네 명이 안주 하나를 시켜놓고 술 2병을 빠르게 마시고 한 시간 안에 나가는 게 대부분이었어요. 회전율이 굉장히 빨라서 안주를 하나 시키든 둘을 시키든 걱정할 필요가 없는 것이 술집의 최고 장점인 셈입니다.

술집에서 돈을 벌 수 있는 또 다른 이유가 있습니다. 일반 식당은 테이블 하나에 손님 두 명이 앉았을 때, 메뉴를 통일하는 경우가 잘 없어요. 한 사람이 김치찌개를 주문하면 한 사람은 된장찌개를 주문하는 식입니다. 네 명이 들어와도 각기 다른 메뉴를 주문해요. 하지만 술집에서는 보통 한 테이블당 안주를 한두 개 주문하고, 안주를 요리하는 과정도 밥집보다는 쉬운 편입니다. 또한 식당처럼 음식에 대한 컴플레인이 들어오는 경우도 별로 없습니다. 인건비도 덜 들기 때문에 같은 매출의 일반 식당과 비교해도 술집에서 가져가는 수익이 더 큽니다.

동네에 있는 작은 술집들은 상황이 조금 다르겠지만, 그건 밥집처럼 동네 장사니까 시간이 필요한 거지, 다른 건 필요 없다고 생각합니다. 술집은 힘든 만큼 노동의 강도에 맞게 보상이 크고 확실합니다. 만약 번화가에 자리를 잡을 수 있는 충분한 자금과 체력, 에너지가 있다면 저는 술집을 추천합니다. 하지만 술집이야말로 낮과 밤이 없고, 쉬는 날도 없고, 오로지 돈만 보고 가는 업종이라는 사실은 반드시 기억해야 합니다.

배달 전문점

운영 난이도 ★☆☆☆☆   성공 확률 ★★★★★   고생 난이도 ★★☆☆☆

배달 식당은 투자액 대비 스코어가

굉장히 아름다운 업종입니다. 저는 앞으로도 배달 시장은 쭉 살아 있을 거라 생각합니다. 창업 비용만 생각한다면 일단 큰 걱정 없이 뛰어들 수 있고, 식당 문을 닫아도 저렴한 투자 비용으로 좋은 경험을 해봤다고 생각할 수 있을 정도입니다. 포장은 하지 않고 배달만 하는 식당은 자본금 1,000만 원으로도 시작할 수 있고, 포장까지 함께 한다면 1,500만 원으로도 시작할 수 있어요. 그 정도 투자금은 날린다 해도 억울할 것도 없죠. '요식업이 이런 거구나', '요식업의 단맛, 쓴맛을 모두 경험했다'고 생각할 수 있는 정도입니다.

'내가 이 정도 투자했는데 이 만큼도 돈을 벌 수도 있네'라는 단맛을 볼 수도 있고, '아, 역시 요식업은 나와 맞지 않구나' 하는 판단을 내리기 위한 쓴 경험이 될 수도 있어요. 요식업을 해보고는 싶은데 실패가 두렵다면, 경험이라 생각하고 배달 전문점부터 시작해보세요. 코로나19 때문에 배달 시장이 크게 성장했지만, 코로나19가 완전히 끝나도 집에서 손가락 하나로 자동차도 살 수 있는 세상에서 배달 전문점처럼 편의성이 좋은 업종이 사라질 순 없을 겁니다. 1인 가구가 점점 늘어나고 있기 때문입니다.

배달 음식점을 하고 싶으면 1인 가구를 타깃으로 그들의 필요에 맞추는 것이 가장 중요합니다. 이것만 잘해도 성공 가능성이 훨씬 커진다고 생각합니다. 배달 시장은 앞으로도 유지될 테니, 내가 여기서 살아남을 수 있느냐, 없느냐만 생각하면 됩니다. 저렴한 임대료와 낮은 창업 비용 때문에 뛰어드는 사람도 많고 경쟁도 어마어마하게 치열하기 때문입니다. 여러분이 일반 식당을 하든, 술집을 하든 결국 배달은 해야 합니다. 어떤 음식점이든 배달을 하지 않으면 매출을 늘릴 방법이 없어요. 같은 인원, 같은 시설로 수익을 30~40%, 많게는 50~60%까지 더 올릴 수 있는데 배달을 하지 않을 이유가 없어요.

제가 처음 윤달식당에서 배달을 시작했을 때만 해도 기본 배달비가 2,300원이었는데 지금은 4,400원까지 올랐습니다. 순식간에 오르는 배달비를 생각하면 화가 날 때도 있어요. 어떤 분들은 배달비가 아까워서 배달을 시작하지 못한다고 해요. 하지만 배달 대행업체와 오토바이 기사분들이 없었다면 배달 시장이 이만큼 성장하지 못했을 테고, 이만큼 많은 식당에서 배달을 시작할 꿈도 꾸지 못했을 거예요. 배달비가 아까워서 배달 직원을 직접 고용하겠다는 분들이 있는데, 그건 가게가 완전히 자리를 잡았을 때나 해당됩니다.

내가 한 달에 배달 대행업체에 지급하는 금액이 최소 600만 원 이상 되면 배달 직원을 고용해서 직접 배달하는 게 낫습니다. 배달 대행 업체 이용료가 600만 원이라면 그 비용으로 직원을 고용해서도 충분히 운영할 수 있기 때문입니다. 정말 잘되는 중국집은 배달 전담 직원만 일곱 명을 씁니다. 그럼 이 가게에서 그동안 전단지는 얼마나 많이, 몇 년이나 돌렸을까요. 그럼에도 불구하고 요즘은 요기요, 배달의민족을 이용하지 않는 식당이 거의 없을 정도입니다.

이건 내가 싫다고 거부하거나 빠져나갈 수 있는 시스템이 아니기 때문에 우리는 그들에게 내는 돈을 아까워할 게 아니라, 비용을 더 효과적으로 쓸 수 있는 방법을 생각해야 합니다. 배달비가 아까워서 배달을 하지 않겠다는 식으로 접근하면 우리가 할 수 있는 게 별로 없습니다. 배달 전문점의 대표 주자인 치킨 브랜드를 떠올려보세요. 아무리 뜨고 있는 브랜드라도 매장에 한번 가보면 생각보다 작고 허름한 경우가 많아요. 결국 배달과 포장 위주로 할 거라면 매장에는 돈을 쓸 이유가 없어요.

이미 경쟁이 너무 치열해서 늦었다고요? 이미 늦었으니까 지금이라도 빨리 시작해야지, 늦었으니까 안 한다면 세상에 늦지 않은 게 뭐가 있을까요. 20년 전에도 치킨 시장은 과부하다, 꽉 차 있다고 했어요. 하지만 지금도 새로운 브랜드가 계속해서 생기고 있어요. 왜 그런지 생각해보세요.

밀키트

운영 난이도 ★★★★★ 성공 확률 ★☆☆☆☆ 고생 난이도 ★★★★★

일단 스코어만 봐도 매력적이지 않습니다. 저는 지금의 밀키트 시장은 금방 끝날 거라고 봅니다. 지금까지는 잠깐의 유행으로 반짝했을지 몰라도, 오래가기는 힘들 것 같아요. 아파트 상가에 하나 둘씩 들어왔던 밀키트 가게가 지금 몇 개나 남았나요? 지금처럼 재료 하나하나, 양념 하나하나를 따로 포장해서 조리법과 함께 판매하는 방식의 밀키트는 밀키트만 전문으로 만드는 공장에서나 하는 게 맞습니다. 맛집으로 유명해진 식당에서 인기 있는 메뉴 몇 가지를 간단한 조리 과정만 거치면 먹을 수 있는 상태로 포장해서 밀키트처럼 깔끔하게 판매하는 건 승산이 있다고 봅니다.

밀키트의 개념 자체를 완전히 바꿔서 우리 식당의 재료가 이렇게 신선하다는 것을 손님들한테 직접 보여주는 거니까요. 1차 조리가 되어 있으니 집에 가서 끓이기만 하면 되고, 여기에 신선한 야채를 잔뜩 넣어 즐기면 된다는 정도로 홍보하면 가장 좋을 것 같아요. 식당에서 먹을 때보다 양을 조금 더 제공하거나 신경 쓴 티가 나는 깔끔한 용기에 담아 포장한다면 대박의 가능성도 있다고 생각합니다. 같은 메뉴라도 배달할 때는 조리를 완전히 끝낸 상태, 밀키트를 원하는 손님에게는 집에서 끓이거나 볶기만 하면 즐길 수 있는 상태의 비조리 제품, 이렇게 두 가지로 나눈다면 각각의 수요는 반드시 있을 겁니다.

손님들이 배달 음식을 시킬 때 가장 걱정하는 것이 '과연 신선한 식자재를 썼을까?' '조리 과정을 믿을 수 있을까?'입니다. 그런데 이건 내가 직접 조리하는 거니까 집에서 만든 음식 같고, 식자재가 얼마나 신선한지 내 눈으로 확인할 수 있어 안심할 수 있어요. 이런 방식이 아니라면 밀키트는 굳이 하지 않는 게 좋습니다.

한정식집

저는 한정식집에서 오래 동안 일했고, 한정식을 정말 좋아합니다. 왜냐하면 코스에 들어가는 메뉴 구성을 요리사 마음대로 언제든지 바꿀 수 있고, 제철 재료를 써서 너무 맛있고 아름다운 요리를 만들 수 있습니다. 요리사의 입장에서 이것만큼 즐거운 게 없어요. 먹는 사람도 즐겁고 요리하는 사람도 신나고, 서로 보람 있는 일입니다. 하지만 한정식집의 가장 치명적인 단점이 하나 있습니다. 진입 장벽이 너무 높아요. 어마어마한 자본금이 필요합니다.

한정식집은 테이블 한 칸이 들어가더라도 벽을 세워 개별 룸으로 꾸며야 해요. 그게 한정식의 매력이에요. 룸마다 서빙을 담당하는 직원도 다릅니다. 그만큼 직원을 많이 고용해야 하니 고정비용이 어마어마합니다. 식기나 그릇, 테이블도 고급스럽고 예뻐야 해요. 실수로 그릇 하나를 깨면 3만 원, 5만 원이 그냥 날아갑니다. 한정식은 요리 기술부터 전문 인력, 비싼 기물까지 삼박자가 맞지 않으면 성공하기 힘들어요. 상견례나 돌잔치, 환갑잔치, 생일잔치, 비즈니스 미팅 장소로 예약을 꽉꽉 채워서 받지 못하면 유지가 힘듭니다.

"우리 밥 먹으러 한정식집에 갈래?"라고 말하는 사람은 아무도 없어요. 그만큼 가격도 비싸고 특별한 날만 가는 곳이라는 인식이 박혀 있기 때문입니다. 그럼 가격을 좀 낮춰서 세팅하면 되지 않냐고요? 워낙 고정비용이 많이 들기 때문에 가격을 낮추면 고생만 하고 남는 건 없습니다. 하지만 여러분이 예약팀을 줄줄이 잡을 수 있는 사업적인 수완이 있다면 한정식집은 정말 큰 수익을 낼 수 있는 아름다운 업종입니다.

"한식 밥집, 술집, 배달 전문점, 밀키트, 한정식집 중에서 아하부장은 뭘 하고 싶으세요?"라고 묻는다면, 제가 초보라는 가정 아래 첫 번째는 투자금을 가장 적게 가져갈 수 있는 배달 전문점을 해보고 장사가 어떤 건지 일단 경험해보겠습니다. 요식업이 나와 잘 맞는지, 안 맞는지 확인해보고 나서, 나와 맞는다는 판단이 서면 그때 과감하게 투자해도 늦지 않을 거라 생각합니다. 처음부터 근사한 식당을 하고 싶으세요? 물론 자본이 충분하면 가능합니다. 한정식집도 차릴 수 있죠. 하지만 그런 게 아니라면 작게 도전해서 점점 키워 나가보세요. 일단은 초기 투자금이 적은 업종부터 시작해서 차근차근 자본을 모아서 권리금이 있는 좋은 자리에 들어가세요.

초기 투자금 이야기가 나와서 잠깐 드리는 말씀입니다만, 창업 정보를 나누는 사이트나 카페에 들어가 보면 돈이 조금 부족해서 원하는 자리에 들어갈 수 없다, 가게 계약은 했는데 몇 달 정도 운영할 여윳돈이 없다, 인테리어 비용이 부족하다 등의 고민이 많이 올라옵니다. 이 중에는 '주류대출'을 생각하는 분들도 있더군요. 그래서 잠깐 이야기하자면, 주류대출의 정확한 명칭은 '주류도매상 장기대여금'입니다. 주류도매업체가 판매 업체를 늘리기 위해 자신들의 주류를 독점으로 납품받는 조건을 걸고 자영업자에게 창업 비용이나 운영비를 빌려주는 것입니다. 언뜻 듣기에는 좋은 조건인 것 같지만 사실 업주에게 불리한 조건인 경우가 많습니다. 담보나 보증인을 설정하거나 납품 계약해지 혹은 폐업 시 고액의 위약금 또는 이자를 물리거나 대출금을 모두 상환해도 계약해지를 해주지 않는 등의 경우입니다. 모든 것은 여러분의 결정이지만 꼭 신중하게 생각하길 바랍니다. 급한 마음에 대출을 받고 후회하기보다는 차라리 돈을 조금 더 모아 천천히 창업하는 게 나을 수도 있습니다. 그렇지 않아도 신경 쓸 일이 많은 식당 창업에 큰 걱정 하나를 더할 일을 만들지 않길 바라는 마음에서 드린 이야기입니다.

자, 다시 창업 이야기로 돌아와서 여러분이 키워 나가고 싶은 식당의 이미지를 그려보라고 누누이 말씀드렸습니다. 저 역시 원하는 가게의 이미지를 늘 그려봅니다. 여러분은 어떤 그림을 그리고 있나요? 여러분이 원하는 조건을 구체적으로 생각해보세요. 테이블은 몇 개에 주방 동선은 어떻게 짤지, 어떻게 하면 손님들을 효율적으로 받을 수 있을지 끊임없이 고민해보고 그려보는 과정이 여러분을 성공으로 이끌 겁니다.

실전편

답 없는 자리를 피하는
안목 키우기

임대료가 저렴한 자리,
절대 들어가지 마라

자, 이제 본격적으로 가게 자리를 찾아보도록 합시다. 그 전에 먼저 질문 하나 하겠습니다. 임대료가 저렴한 자리는 왜 저렴한 걸까요? 코로나19의 영향을 받았기 때문일까요? 윤달식당이 있었던 천안 신방 통정지구를 예로 들어보면, 코로나19 전에 몇 년째 비어 있는 자리도 많았습니다. 분명 메인 번화가인데도, 번화가라 생각할 수 없을 만큼 텅텅 비어 있는 곳이 있습니다. 길게는 3년, 4년 비어 있는 자리도 많아요.

여러분한테 아무리 좋은 아이템이 있어도, 여기서 내가 할 수 있는 게 있을 거라는 생각이 들어도 이런 곳에는 들어가면 안 됩니다. 일단 주변에 '임대'가 붙어 있는 곳이 많다면 들어가면 안 되는 장소라는 걸 반드시 기억하세요.

요식업계에서 오랫동안 일을 해왔지만 제가 들어가도 답이 없는 곳이 있습니다. 힘들게 식당을 운영해서 수익을 달랑 100만 원, 200만 원 남기면 뭐합니까. 차라리 월급을 받고 일해도 그보다는 많이 벌겠죠. 그런 장사는 할 필요도 없습니다. 왜 임대료가 저렴할까? 깊게 생각하고 따져볼 필요도 없습니다. 저렴한 곳은 다 이유가 있어요. 사람들이 많은 장소에서 조금이라도 싼 곳을 찾는 게 맞지, 저렴하다고 해서 사람들이 없는 곳에 들어가는 건 말도 안 됩니다.

시설이 그대로 남아 있는
자리를 조심해라

전 임차인이 시설을 잘 갖춰놓은 상태인데, 권리금까지 없는 곳을 발견했나요? 이 경우 시설비까지 아낄 수 있으니 정말 좋은 조건이 아니냐고요? 아닙니다. 이런 곳은 무조건 패스해야 합니다. 같은 조건이라도 주변에 임대가 나와 있는 곳이 하나도 없고, 가게마다 손님들이 꽉꽉 차 있는 경우라면 물론 조금 다릅니다. 그런 자리에서 권리금 없이 임차인이 개인적인 사정으로 시설까지 모두 놓고 급하게 나가는 경우도 있긴 합니다만, 그럼 보통 시설비까지 모두 쳐서 금액을 부를 것입니다. 남겨진 시설물이 내가 운영하려는 가게의 방향과 잘 맞다면 시설물을 받아도 괜찮습니다.

주변의 가게가 잘 운영되고 있는지는 일주일 정도만 잘 살펴보면 답이 나옵니다. 밥 먹을 시간에 식사할 손님들이 오고 가는지, 술 먹을 시간에 사람들이 많은지를 확인하면 됩니다. 드물게 임차인의 사정 때문에 급매물이 나온 경우라면, 나쁘지 않은 결과를 낼 가능성도 있어요. 그런데 이런 경우는 시설만 덩그러니 남겨지기 전에 보통 부동산에서 먼저 "곧 자리가 빠질 거예요."라고 언지를 주는 게 대부분입니다. 잘되는데 시설까지 그냥 두고 나가는 경우는 정말 드물다고 봐야겠죠.

주변에 비어 있는 가게가 드문드문 보인다면 일단 위험합니다. 이 지역 자체가 위험한 곳입니다. 여러분은 초보니까 더욱 그런 자리에 들어가면 안 돼요. 저처럼 경력이 있어도 이런 자리에 들어가서 뭔가를 만들어낼 수 있을지 불안해요. 자리의 힘은 다른 무엇으로도 이길 수 없어요. 여러분이 사랑하는 백종원 아저씨를 생각해볼까요. 그분이 론칭한 식당이 사람도 없는 구석진 자리에 있는 걸 본 적이 있나요? 백종원이란 이름을 단 식당은 항상 가장 좋은 자리, 가장 센터, 가장 메인에 있습니다. 심지어 자릿세가 엄청나게 비싼 백화점에도 입점해 있습니다.

유흥가에 가면 한신포차가 어떤 자리에 있던가요? 가장 눈에 띄는 자리, 가장 좋은 자리에 들어가 있습니다. 그 자리에는 백종원의 한신포차가 아니라 '차포신한'이 들어와도 잘될 가능성이 높아요. 그 주인공이 여러분이 될 수도 있고요. 우리는 그런 자리에 들어가야 합니다. 지금은 자금이 부족해서 그런 자리에 들어갈 수 없다면, 조금 더 자금을 모아서 시작하거나 현실과 타협해서 최대한 투자를 덜하거나 이 두 가지 방법 중 하나를 선택해야 합니다. 저는 당연히 돈을 어떻게든 더 모아서 좀 더 확실한 자리에 들어가는 게 좋다고 생각합니다.

시설을 잘 갖춰놓고도 비어 있는 자리라면 한 가지만 기억하면 됩니다. 그 자리는 전 임차인이 '안 되는 자리'란 사실을 검증하고 나간 거예요. 계약 기간이 아직 남았는데도 나간다면 망해서 나간 거니까 이미 검증된 겁니다. 우리는 그런 자리를 피해야 합니다.

공실로 비어 있던 기간을
확인하자

그 자리가 공실로 비어 있던 기간이 얼마나 되는지 정확히 파악하세요. 공실로 비워놨던 기간이 6개월인데 안에 있는 시설을 철거하지 않았다면, 누군가 와서 보고 "와! 여기 시설 정말 좋다!" "시설이 아직 깨끗하네? 우리가 쓰면 되겠다!" 하고 기뻐하며 들어오길 기다리고 있는 겁니다. '한 놈만 걸려라'라며 여러분을 기다리고 있는 그런 자리입니다. 그러니 절대 들어가면 안 됩니다.

이 자리가 가능성이 있었다면 공실로 비어 있는 기간이 6개월이 될 수도 없지만, 대체로 공실로 비어 있어도 시설은 모두 철거한 상태일 겁니다. 다음 임차인이 식당을 할지 카페를 할지 모르기 때문입니다. 다음 사람을 위해 깔끔하게 정리해두고, 깨끗이 비워진 상태에서 여러분이 다시 인테리어부터 시작하면 됩니다. 그런데 시설을 그대로 두고, 심지어 냉장고까지 있는데 음식물이 그대로 썩어가고 있다면요? 이런 곳은 시설물을 철거할 돈도 없어 그대로 두고 떠난 경우입니다.

전 임차인한테 아무리 대단한 개인 사정이 있어도 시설물까지 그대로 두고 나가는 경우는 정말 드물어요. 잘되는데 개인적인 사정으로 나갔다고요? 돈을 못 버는 사정, 가게가 망했다는 사정밖에 없습니다. 그러니 주변 임대료 시세를 부동산에 가서 모두 확인하세요. 주변에 공실률은 얼마나 되는지도요. 사람도 다니지 않는 외딴 섬에 뚝 떨어지는 일은 절대 하면 안 됩니다. 난 그래도 자본이 없어서 이런 자리라도 들어가야 한다고요? 어쩌면 그건 아직 창업할 준비가 되어 있지 않다는 의미입니다. 물론 '준비 편'에서 예산이 부족할 경우에 대한 해법도 설명했지만, 일단 자리가 가장 중요하다는 사실은 꼭 기억해야 합니다.

최소 열흘 동안
주변 유동인구를 파악하라

최소 열흘 정도는 오전 11시부터 오후 2시, 오후 5시부터 9시까지 내가 찜한 장소 주변의 유동인구가 얼마나 되는지 반드시 파악해야 합니다. 많은 사람이 왔다 갔다 하며 식당을 찾고 있는지, 밥을 먹을 시간에 손님들이 들어가는지, 저녁에는 술 한잔하러 들어가는 사람들이 있는지, 손님들은 대체로 어떤 사람들인지(가족 단위인지, 회사원인지, 젊은 층인지), 어디에 들어가는지 등의 기본적인 데이터를 모아야 합니다. 앞서 말한 나쁜 조건을 모두 상쇄시킬 수 있는 것이 바로 이런 데이터의 힘입니다. 데이터를 정확하게 분석하면 '아, 여기는 들어오면 되겠구나, 안 되겠구나'

하는 확실한 판단이 설 거예요.

열흘을 관찰했는데도 사람이 없다면요? 당연히 들어가면 안 되는 자리입니다. 그 동네 자체에 발도 붙이지 마세요. 볼 것도 없습니다. 그런데 주변에 임대가 좀 나와 있긴 해도 주변을 관찰했더니 그나마 열려 있는 가게는 손님이 가득 차 있고, 이런 현상이 열흘 동안 지속된다면 일단 긍정적입니다. 그다음부터는 어떤 연령층의 손님이 어떤 가게를 들어가는지 잘 살펴봐야 합니다. 그래야 여러분이 그곳에서 어떤 손님을 상대로 어떤 아이템을 팔지 결정할 수 있기 때문입니다.

배달 전문점은 무조건 임대료가 낮고
타깃층이 풍부한 곳으로 가라

예산이 부족해서 배달 전문 매장을 생각한다면 배달 타깃층이 많은 아파트촌, 원룸촌, 오피스텔촌 근처로 들어가야 합니다. 타깃층과 동떨어진 어정쩡한 장소에 배달 전문 매장을 열면 한 가지 문제가 발생합니다. 바로 '배달비 폭탄'입니다. 물론 배달의민족 울트라콜만 선택하면 먼 지역까지 우리 가게 음식을 배달할 수는 있어요. 하지만 배달비에 치여 쓰러집니다. 배달비가 얼마나 비싼지 몰라요. 최근에는 기본 배달비가 3,000원에서 4,000원으로 올랐어요. 1,000원이 이렇게 한 방에 올라갑니다. 2년 만에 배달비가 두 배로 뛰었어요.

부가세까지 더하면 배달 한 건당 기본료만 4,400원이에요. 배달하는 식당은 이런 변수까지 염두에 두어야 합니다. 배달 거리가 멀어질수록 쑥쑥 올라가는 배달비에 치이지 않으려면 일단 배달을 이용하는 타깃층과 가깝고, 임대료가 저렴한 곳을 찾아야 하고, 인건비도 최대한 줄여야 합니다. 작은 배달 전문점은 혼자서도 아르바이트 한 명 정도만 두고 할 수 있습니다. 절대 인건비가 늘어나거나 부대비용이 늘어나면 안 됩니다. 요즘은 포장 용기 가격도 오늘은 100원이었다가 내일은 200원이 될지 모르는 세상입니다. 아낄 수 있는 돈은 최대한 아껴야 합니다.

매장이 2층, 3층에 있는 건 크게 상관없습니다. 포장하러 오는 손님이 2, 3층까지 오는 게 귀찮아서 오지 않을까요? 그런 사람은 포장 자체를 하지 않습니다. 층수는 관계없습니다. 요즘은 포장도 거의 다 전화 아니면 배달의민족으로 주문합니다. 매장에 직접 와서 주문하고 포장해가는 사람은 거의 없습니다. 핸드폰으로 모든 걸 다 할 수 있는 세상이기 때문에 손님들은 누군가와 말 섞는 것도 귀찮아해요. 그래서 배달의민족으로 주문하고, 배달비가 아까우니 직접 찾으러만 가는 겁니다.

1층의 임대료가 100만 원, 2층은 50만 원, 3층은 30만 원인데 내가 하려는 가게가 배달 전문점이라면요? 저는 따질 것도 없이 3층으로 가겠습니다. 물건을 가지러 오르락내리락하는 사람은 내가 아니라 배달 기사들입니다. 여러분은 4,400원이라는 돈을 지불하기 때문에 미안할 것도, 민망할 것도, 어려울 것도 없습니다. 배달 기사들은 당연히 10층이라도 찾아옵니다. 그게 자신들의 일이니까요. 혹시 가게 위치 때문에 배달 대행업체에서 말이 나온다면, 거래하는 업체를 바꾸면 됩니다. 단, 높은 층에 가게를 낸다면 식자재를 공급받을 때 배달이 잘 올 수 있는지 꼭 확인하세요. 배달이 되지 않아 내가 직접 장을 보고 가져와야 할 수도 있기 때문입니다. 하지만 대개 식자재 배달도 엘리베이터만 있으면 가능합니다.

인터넷 홍보는
잠시 잠깐의 허상이다

배달 전문점도 아닌데, 저렴한 임대료만 믿고 엉뚱한 곳에 들어가서 '왜 손님이 안 오지? 인터넷 홍보를 해야 하나?' 이런 건 하지 않는 게 좋아요. 인터넷 홍보는 허상입니다. 여러분이 가게를 열면 거의 매일 마케팅 업체에서 전화가 올 거예요. 저도 윤달식당을 운영하며 이런 업체에서 과연 무엇을 해주는지 궁금해서 한 달에 10만 원씩 1년에 부가세까지 132만 원을 내고 확인해보았습니다. 결론은 아무것도 해주는 것이 없습니다. 돈을 받고 일주일이 지나면서부터 연락이 끊겼어요. 사기를 당한 건가 싶어서 사이트에 들어가봤더니 사이트도 멀쩡히 그대로 있어요. 하지만 아무것도 해주는 게 없습니다.

처음에는 블로그 체험단을 보내준다고 해요. 우리 가게에서 음식을 제공하면 체험단이 와서 식사를 하고 블로그에 노출해준다고 합니다. 체험단이라면 홍보를 할 수 있는 사람들이 와야 하잖아요? 이분들의 블로그에 들어가보면 댓글이 하나도 없어요. 결과적으로 아무런 효과가 없어요. 이런 업체에서는 여러분한테 "블로그를 보고 사람들이 많이 가니까 이 지역의 상단에 노출해드리겠습니다. 그런데 이건 바로 되는 게 아니고 우리와 재계약을 하기 전 1년 안에는 그렇게 만들어드릴게요!" 이렇게 말할 거예요. 정말 그렇게 될까요? 안 됩니다. 그런·집이 한두 군데가 아닌데, 그렇게 따지면 다 맛집이 되어야겠죠.

블로그, 인스타그램 홍보 같은 걸 믿고 유동인구도 없는 구석진 자리에 들어가려고 하면 안 됩니다. 인터넷 홍보만 믿고 '임대료가 저렴하고 좀 외진 데서 홍보를 잘하자'라고 생각하는데, 돈도 많이 들고 시간도 너무 많이 뺏깁니다. 그리고 저는 인터넷 맛집은 진정한 의미의 맛집이 아니라고 생각해요. 잠깐 반짝할 수는 있지만 길게 갈 수는 없다고 생각합니다. 그래도 굳이 인터넷 홍보를 해보고 싶다면 인스타그램에서 지역 맛집을 소개해주는 채널이 있습니다. 그런 채널 중 '좋아요'가 가장 많은 곳을 찾아 한 번쯤 실험이라 생각하고 맡겨보세요. 이런 채널에서 한 번 홍보하는 데 드는 비용이 70만 원 정도입니다.

그런데 너무 많은 걸 기대하지는 마세요. 보통 사진과 함께 간단한 홍보 문구 한 번 올려주는 것으로 끝입니다. 그러면 실제로 인스타그램을 보고 왔다며, 손님들이 몇 테이블 오긴 옵니다. 이것이 과연 홍보 효과인지, 아닌지는 여러분이 판단해야 합니다. 이런 식으로 홍보를 한번 했더니, 계속 손님들이 이어지고 덕분에 매출이 올라서 돈이 아깝지 않다면 상관없어요. 하지만 손님이 늘긴 늘어도 대개 이런 홍보는 일회성으로 끝나는 경우가 많아서 진정한 홍보라고 생각하지 않습니다.

배달의민족 앱을 활용하는 법에서 다시 설명하겠지만, 저라면 인스타그램 홍보보다는 오늘 이 시간부터 앞으로 한 달 동안 최대 주문이 매일 10개 이상 더 들어올 수 있도록 배달의민족 울트라콜을 여섯 개 더 찍겠습니다. 최소한 이걸 하나 찍었을 때 하루에 주문이 두 개는 더 들어오니까요. 그럼 70만 원이 안 되는 돈으로 내 주머니에 실질적인 돈이 지속적으로 들어오니까 효과적이잖아요. 이게 더 효율적인 홍보 방법일 수도 있습니다.

임대료가 낮다는 것, 가격 조절이 잘 된다는 것은 건물 주인이 좋은 사람이라서, 요즘 같은 힘든 시국에 식당을 오픈하는 여러분이 안타까워서 사정을 봐주는 게 아닙니다. 현실 세계에는 그런 아름다운 이야기도, 그런 건물주도 없습니다. 여러분이 아니라면 언제 누가 여길 들어올지 모르니까 임대료를 조금 낮춰서라도 꼭 들어오게 하려는 겁니다. 그러니 여기에 속지 말고 제가 말한 방법대로 주변을 정확히 파악하세요.

열흘 정도 유동인구를 파악하고, 여러분이 직접 판단해야 합니다. 그리고 나서 들어가도 된다는 판단이 서면, "주변에 임대가 나온 곳이 많으니 임대료 150만 원을 120만 원으로 깎아주면 제가 계약하겠습니다."라고 말해보세요. 여러분이 주도해서 임대료를 협상하는 게 맞아요. 그리고 그렇게 아낀 돈 30만 원을 매달 모아 더 좋은 위치로 갈 수 있는 권리금을 만든다고 생각하세요.

작은 가게라고 만만하게 보면
큰코다친다

식당 오픈에
들어가는 비용

지금부터는 좀 더 현실적인 이야기를 해보겠습니다. 이제는 진짜 장사를 시작할 때 필요한 것들에 대해 알아봐야 합니다. 일단 인테리어 비용부터 자세히 따져보겠습니다. 물론 여러분이 생각한 인테리어에 대한 로망이 있을 겁니다. 주변의 멋진 가게를 보면 '와, 나도 저렇게 꾸며야겠다' 생각했을 거예요. 하지만 여러분이 오픈하려는 가게와 꿈꿔온 인테리어가 정확히 부합하나요? 그것부터 잘 따져보고 우리는 쓸데없는 비용을 최대한 아껴야 합니다.

인테리어와 기물에 쓴 돈은 나중에 돌려받을 수 없기 때문입니다. 저, 아하부장도 처음 식당을 오픈할 땐 실수도 많았습니다. 100% 제 경험에서 비롯된 조언이니, 여러분도 꼭 참고해서 하나도 새어 나가는 돈 없이 알짜배기 가게를 오픈하길 바랍니다.

인테리어 비용은 무조건
비교 견적을 내서 깎아라

우리는 인테리어 전문가가 아니잖아요. 무슨 자재가 어떻게 얼마나 좋은지 잘 모르니까, 일단 무조건 비용을 깎는다고 생각해야 합니다. 여러분은 건축자재를 보면 뭐가 비싼지, 뭐가 저렴한지 확실히 알 수 있나요? 저도 처음에는 잘 몰랐는데 이제는 대충 보면 압니다. 왜냐하면 저는 윤달식당의 인테리어를 직접 해봤기 때문입니다. 하지만 셀프 인테리어는 절대 추천하지 않아요. 인테리어는 여러분이 직접 하면 안 됩니다. 저는 제 동료들 두세 명한테 월급을 줘가면서 장사도 안 하고 임대료도 내가면서 두 달 동안 했습니다. 세 명 인건비로 한 달에 1,000만 원이 넘는 돈을 두 달 동안 투자한 겁니다.

그때는 제 취향대로 꾸미면 업체에 맡기는 것보다 돈을 아낄 수 있을 거라 생각했지만, 나중에 따져보니 인테리어 업체에 바가지를 쓰고 해도 충분히 할 수 있는 금액이 나왔어요. 이런 이유로 절대 셀프 인테리어는 추천하지 않습니다. 하지만 굉장히 작은 가게, 7~8평 정도에서 페인트칠만 깔끔하게 하고 시작하는 정도라면 셀프로 해도 괜찮습니다. 그런 분들은 도전해보세요. 그런데 가게 평수가 20평이 넘는다면 셀프 인테리어는 하지 않는 게 맞습니다.

인테리어 업체 A부터 C까지 세 군데를 가면 똑같이 말해요. 식당을 열 거라고 하면, 평당 150만 원부터 부릅니다. 여러분이 샘플 사진을 보여주며, "저는 이런 느낌으로 하고 싶어요."라고 말하겠죠. 인테리어 업체 직원들은 사진을 봐도 어떤 자재를 쓰는지, 어떻게 시공을 해야 하는지 자세히 몰라요. 어차피 시공은 목수가 하니까요. 요즘 식당 인테리어를 한다고 하면 대체로 150만~160만 원을 부를 텐데, 어떤 자재를 쓰는지 항목별로 브랜드까지 모두 상세하게 적은 견적서를 받아야 합니다.

인테리어비는 결국 인건비 싸움이기 때문에 목수가 며칠 동안 일할 건지, 처음부터 확실하게 정하세요. "테이블까지 다 만드는 데 일주일 걸려요."라고 했다면, 일주일 이상은 허용하면 안 됩니다. 무조건 약속한 날짜에 끝내도록 해야 해요. 하루만 늦어져도 그게 다 돈입니다. 이 사람들이 일을 착착 진행해서 하루라도 빨리 오픈할수록 이익입니다. 인테리어 업체는 한두 군데만 가지 말고 열군데쯤 가보세요. 그리고 견적을 계속 깎아나가세요. 저라면 평당 110만~120만 원 안쪽에서 모든 걸 해결하겠습니다. 그 정도가 가장 합리적인 인테리어 비용입니다.

여러분이 아는 목수나 페인트 업체가 있다면 인테리어 업체 한 군데서 통으로 견적을 내지 말고, 직접 하나하나 견적을 받는 게 좋아요. 그전에 여러분도 욕심을 조금은 내려놔야 합니다. 어떤 식당에 갔더니 인테리어가 너무 예쁘고 멋져요. 눈이 획획 돌아가지요.

하지만 냉정하게 생각해보세요. 그곳의 인테리어가 지금 여러분이 하려는 식당의 느낌과 정확히 부합하나요? 그러면 얼마가 됐든 간에 그렇게 하면 됩니다.

그런데 일반적인 한식집 아니면 삼겹살집을 할 건데 예쁘고 감성적인 인테리어가 필요할까요. 큰 의미가 없어요. 단호하게 말씀드릴게요. 삼겹살집의 가장 중요한 인테리어는 메뉴판입니다. 삼겹살 1인분이 얼마라고 크게 적은 메뉴판이 여러분의 가장 큰 무기라고 할 수 있어요. 딴 집에서 1인분에 1만 5000원에 파는 걸 여러분은 1만 3000원에 판다면 그것부터 확실히 보여주세요.

개별 견적을 받으면
비용을 절감할 수 있다

식당 인테리어의 꽃은 목수입니다. 목수가 식당의 거의 모든 뼈대를 잡는 역할을 하니까요. 처음부터 목수를 찾아가서 견적을 받으면 비용을 절감할 수 있습니다. 목수는 보통 자잿값을 남기지 않아요. 하지만 인테리어 업체에서는 자잿값을 남겨요. 목수는 자재를 산 다음 여러분에게 영수증을 그대로 전달합니다. 자기는 인건비만 받으면 되니까요. 여러분이 계약한 목수가 정직한 사람이라면 일주일에 할 수 있는 건 일주일에 할 수 있다고 말합니다. 물론 정직하지 않은 목수는 일주일에 끝낼 수 있는 공사를 열흘을 잡을 수도 있어요.

그런데 목수가 페인트칠도 하고, 전기 공사도 하고, 타일도 깔 수는 없잖아요. 목수는 인테리어 업체로 가거나 자기가 알고 있는 페인트공, 전기공, 타일공에게 연락할 겁니다. 정말 비용을 아끼고 싶다면 목수 따로, 페인트 따로, 전기 따로 다 개별 견적을 받고 계약을 하는 게 가장 좋습니다. 이렇게 하면 평당 인테리어 비용을 120만 원에서 100만 원 안쪽까지 떨어트릴 수 있습니다.

주방 설비는
얼마나 들까

주방 설비 역시 발품을 많이 팔아야 합니다. 어떤 업체를 선택하느냐에 따라 가격이 천차만별, 극과 극이에요. 주방 선반을 예로 들어볼까요. 선반도 싼 것부터 비싼 것까지 종류가 무척 다양합니다. 가장 기본적인 선반은 저렴하지만, 비싼 선반은 서랍이 열려서 그 안에 밧드도 넣을 수 있어요. 그런데 이게 무조건 좋은 것도 아닙니다. 어떤 업종이냐에 따라 쓸데없는 옵션일 수도 있어요. 차라리 싸구려 김밥 냉장고를 사서 밧드를 깔고 편하게 재료를 수납하는 게 나을 수도 있습니다. 그러니 쓸데없는 데는 돈을 쓰지 마세요. 꼭 필요한 게 아니라면, 가장 기본적이고 저렴한 걸 구입하세요.

요즘은 냉장고도 원하는 사이즈에 맞게 특수 제작이 가능합니다. 주문 제작을 해도 기성품과 가격에서 크게 차이가 나지 않아요. 아마 10만 원 이쪽저쪽에서 차이가 날 거예요. 그러니 공간을 잘 활용하고 싶다면 냉장고도 원하는 사이즈로 주문 제작하는 방법도 고려해보세요. 선반도 자투리 공간을 잘 활용하려면 원하는 사이즈로 맞추는 게 좋습니다. 주방 선반 같은 가구는 보통 주방 설비 업체와 계약한 공장에서 용접도 하고 스테인리스를 잘라서 만들어요. 완성품으로 나오는 것도 주문 제작과 공정이 크게 다르지 않습니다.

주방 설비는 밥솥부터 냉장고까지 어떤 제품을 구매하느냐에 따라 가격이 천차만별입니다. 주방에 필요한 집기를 저렴하게 구입할 수 있는 팁을 알려드리면, 업체에 가서 어떤 평수에서 무슨 식당을 할 건지 말하고, 비슷한 규모의 다른 식당 기물 리스트를 달라고 하세요. 규모가 큰 주방업체는 식당 오픈을 많이 진행했기 때문에 데이터를 모두 가지고 있어요. 리스트를 받은 다음 "어느 식당이에요? 한번 다녀와서 결정할게요."라고 말하면 다 알려줍니다. 직접 그 식당에 가서 먹어보고 그 집의 기물이 마음에 들면 그대로 따라 사면 됩니다. 마음에 안 드는 자잘한 건 바꾸면 되고요.

여러분이 뭘 사야 하는지 'A to Z'는 주방업체에 다 있습니다. 하지만 주방업체에 가서 "여기 그릇이 너무 예뻐요. 20개 살 건데 싸게 해줘요." 이렇게 하면 안 됩니다. 내가 필요한 물건을 모두 한꺼번에 구입해서 전체 금액에서 10~20% 정도 크게 깎으세요. 그릇 몇 개, 수저 몇 개 산 다음 깎으려고 하면 초짜란 걸 알아보고 서비스 몇 개 챙겨주고 끝납니다. 전체 견적서를 받은 다음 다른 업체 몇 곳에 가

162

163

서 견적을 얼마까지 낮춰줄 수 있는지 물어보세요. 업체 중 가장 마음에 드는 곳이 있다면, 다시 가서 "사장님, 저 다른 곳에서 견적을 이만큼 깎았어요. 그런데 여러 곳에 다녀봤지만 여기가 가장 마음에 듭니다. 사장님도 친절하고 AS도 잘 해주실 것 같아요. 그러니 이 가격까지 좀 낮춰주세요."라고 해보세요.

보통 냉장고를 비롯해 주방에 필요한 집기와 설비까지 모두 발주를 하면 1,000만 원은 기본으로 씁니다. 그러면 아마 주방업체에서는 여러분이 제시하는 견적에 맞춰줄 겁니다. 이렇게 깎아보고, 비용을 더 아끼고 싶다면 여주 도자기 아울렛 같은 곳에 가보세요. 그릇은 여주 도자기 아울렛이 품질이 좋으면서 저렴한 것이 많아요.

그런데 주방업체 견적에서 그릇 비용이 빠질 경우 20%까지 깎을 수 있는 걸 10%밖에 못 깎을 수도 있어요. 한 업체에서 구매하는 금액이 클수록 할인 폭도 커집니다. 전체 제품을 사고 할인받는 금액과 여기저기서 나눠 샀을 때 할인받는 금액을 꼭 비교해보세요. 또 한 가지 알려드리자면, 추후 AS를 생각한다면 타 지역에 있는 업체가 아닌, 식당이 있는 지역의 업체를 이용하는 것이 좋습니다.

테이블은
두께를 따져라

테이블에 대해서는 단도직입적으로 말씀드릴게요. 테이블이야말로 가장 기본적인 식당용 테이블을 구입하면 됩니다. 저는 윤달식당을 열었을 때 테이블에 힘을 많이 줬어요. 제가 산 테이블은 상판이 세라믹이었는데, 이게 정말 비싸거든요. 김치찌개도 이런 테이블에서 먹으면 더 고급스럽고 좋을 거라 생각했어요. 김치찌개, 된장찌개 같은 투박한 음식에 감성적인 인테리어라는 반전 이미지를 노린 겁니다. 그런데 여러분은 이런 선택을 절대 하지 마세요. 저는 테이블에만 500만 원을 쓴 바보였어요. 손님들은 이 테이블이 세라믹인지, 플라스틱인지 관심도 없고 기억도 못합니다. 여러분 식당에 가장 어울리는 가장 저렴한 것을 구입하세요.

하지만 테이블 상판의 두께는 꼭 따져봐야 합니다. 상판 두께가 두꺼울수록 가격도 비싸지는데, 상판 두께를 T라고 해요. 어떤 식당을 하느냐에 따라 다르겠지만, 테이블 상판의 두께는 2.5T만 되어도 괜찮아요. 이보다 얇으면 쓰면서 문제가 생길 수도 있어요. 테이블은 상판 두께 2.5T 이상의 가장 기본적인 제품을 쓴다, 이것만 기억하면 됩니다.

간판에는
돈을 쓸까, 말까

저는 간판 가게에 가서 사장님을 도와드리면서 간판이 만들어지는 과정을 모두 지켜봤습니다. 간판 겉면이 어떤 재질인지, 글씨를 몇 개 따는지는 제작비에 큰 영향을 미치지 않아요. 하지만 그 뒤 전구를 어떤 걸 몇 개 쓰느냐에 따라 가격이 확 달라집니다. 간판도 특이하고 예쁘게 하려면 얼마든지 할 수 있어요. 저는 개인적으로 조명을 잘 넣은 간판에 타일을 붙인 걸 좋아하는데, 그런 간판을 2.5m 길이로 제작하려면 1,000만 원 정도 듭니다. 예쁘고 특이한 거 다 필요 없고, 가장 기본적인 스타일로 하면 비용을 많이 아낄 수 있어요. 하지만 간판에도 돈을 쓰지 말라는 말은 하지 않겠습니다. 간판은 어쩌면 여러분의 얼굴이기도 하니까요. 이건 여러분의 판단에 맡기겠습니다.

전체 비용은 예상 금액보다 넉넉하게 잡아라

인테리어와 주방 설비, 홀 설비까지만 갖추면 장사할 준비가 거의 끝납니다. 큰돈이 들어가는 작업이 거의 끝난 걸까요? 지금부터는 에어컨은 어떤 제품을 몇 개나 설치할 것인지 생각해야 합니다. 보통 천장에 다는 시스템 에어컨이 300만 원 정도 할 거예요. 가게의 평수에 따라 몇 개를 설치해야 하는지 따져봐야겠죠. 에어컨은 중고 제품으로 살 수도 있지만, 가전제품을 중고로 사면 자주 문제가 발생해서 중고보다는 새 제품을 추천합니다.

또 메뉴판도 만들어야겠죠. 요즘은 메뉴판에 들어가는 음식 사진만 찍어주는 데 150만 원 정도 받아요. 메뉴판 제작까지 해주는 게 아니라 사진만 찍어주는데도 그 정도 듭니다. 포스기도 한번에 구입할 건지, 아니면 임대로 매달 3만 원씩 지급할 것인지 결정해야겠죠.

포스기는 중고로 구입해도 괜찮습니다. 이 밖에도 음식물 쓰레기 처리는 어떻게 할 건지, 세스코에 가입은 할 건지 자잘한 문제가 남아 있죠. 이런 세세한 것들이 전체 비용의 20~30%는 차지합니다. 그러니 전체 비용을 처음부터 넉넉하게 잡는 게 정신건강을 위해서도 좋습니다.

저는 인테리어와 설비에 쓸데없는 비용을 쓰면 안 된다고 생각합니다. 없어도 별 문제가 없는 건 안 하는 게 맞아요. 조금이라도 효과가 있는 게 아니라면 의미가 없어요. 그런 데다 돈 쓰지 마세요. 여기저기 견적을 받으러 다니는 게 굉장히 귀찮겠지만, 발품을 얼마나 많이 팔았는지에 따라 전체 비용 대비 30~40% 정도는 차이가 날 수도 있다는 점을 다시 한번 말씀드립니다. 조금 귀찮더라도 열심히, 부지런히 뛰세요. 인테리어와 기물에 쓴 돈은 나중에 돌려받을 수 있는 게 아닙니다. 조금이라도 아껴서 우리는 권리금을 만들어야 해요. 그래야 실패할 가능성을 조금이라도 줄일 수 있기 때문입니다.

기물은 처음부터
좋은 걸 사라

식당 기물, 똑똑하게
장만하는 법

인테리어 공사 시작과 함께 식당에 필요한 기물도 하나하나 구입해야 하는데, 처음 식당을 오픈하는 분들이라면 이것 역시 막막하게 느껴질 겁니다. 우리 식당에 필요한 기물은 뭔지, 어디에서 사야 할지, 새 제품과 중고 제품 중 무엇을 선택해야 합리적인지, 어떻게 비용을 절감할지, 어떤 것에 힘을 주고 어떤 것은 힘을 좀 빼도 될지 여러분은 감이 잡히나요? 지금부터는 기물을 구입하는 구체적인 요령을 좀 더 자세히 짚어보겠습니다.

저렴한 걸 사도 되는 것과
비싼 걸 사야 하는 것을 구분하라

소모품이라서 계속 갈아줘야 하는 기물은 비싼 걸 살 필요가 없습니다. 가위를 예로 들어볼까요. 우리 가게가 삼겹살집이라서 가위가 중요한 역할을 한다면, 날이 잘 드는 비싼 가위를 장만해야 합니다. 고기를 자르는 데 날이 무뎌서 잘 잘리지도 않고 힘도 많이 들어간다면 손님 입장에서는 얼마나 짜증이 날까요. 고깃집에서 쓰는 가위는 퀄리티가 좋은 제품을 구입하는 것이 좋아요. 하지만 고깃집이 아니라면 식당에서 일반적으로 휘뚜루마뚜루 쓰는 가위는 고장이 잘 나고 날이 쉽게 무뎌지므로 비싼 것보다는 저렴한 걸 사서 자주 갈아주는 게 좋습니다.

스테인리스 재질의 주방 용기는 변형이 거의 없어서 잘 닦기만 하면 오래 쓸 수 있어요. 이런 기물은 교체 주기가 짧은 소모품이 아니므로, 돈을 너무 아끼려 하지 말고 적당한 가격선에서 제품의 품질을 고려하는 것이 맞습니다. 플라스틱 주방 용기는 저렴한 제품을 여러 개 구입해서 자주 바꿔주는 게 좋아요. 플라스틱 용기는 금세 낡고 쓰다 보면 아무리 잘 닦아도 표면이 지저분해져요. 플라스틱 용기는 저렴한 제품을 사서 편하게 쓰다 자주 갈아주면 좋습니다.

기물은 주방업체에서 한꺼번에 사서 비용을 확 깎는 게 가장 좋다고 생각합니다. 여주 도자기 아울렛은 예쁘고 화려한 그릇보다는 식당에서 무난하게 쓸 수 있는 그릇을 구입하기에 좋아요. 원래 가격도 저렴한 편인데, 식당을 오픈할 거라고 말하면 서비스도 잘 챙겨줍니다. 그릇만 따졌을 때 100만 원 정도에 테이블 15개 이상은 넉넉히 채울 수 있을 겁니다. 그런데 주방업체에서 그릇까지 한꺼번에 구입하지 않고 그릇만 빼면 총 기물 가격이 낮아지므로 그만큼 할인율도 떨어집니다. 이런 부분까지 모두 따져보고 어디서 어떻게 구입할지 생각해보세요.

냉장고는
이렇게 선택하자

냉장고는 브랜드가 다양하지만 사실 기능과 성능은 비슷비슷합니다. 하지만 작동 방식에 따라서는 가격에서 큰 차이가 나기도 해요. 예를 들어, 작동 방식에 따라 성에가 잘 끼는 것과 잘 끼지 않는 것 등 성능이 달라집니다. 냉장고는 10년 이상 쓸 수 있는 가전입니다. 중고 가전 매장에 가면, 10년 된 제품도 나오는데 관리가 잘된 제품은 여전히 잘 돌아가고 가격도 저렴해서 인기가 좋습니다. 이런 제품을 구입한다면 판매하는 업체가 얼마나 믿을 만한지, AS까지도 정확하게 알아보고 판단하세요. 그럼 실패가 없을 겁니다.

새 냉장고를 사려면 대략 120만 원 정도는 들 거예요. 그런데 중고로 사면 저렴한 제품은 60만 원에도 구입할 수 있습니다. 중고 제품은 중고 제품 전문점에서 AS를 책임지는지, 아니면 주방업체에서 살 것인지도 잘 알아보고 결정해야 합니다. 주방업체에서 구입하는 게 가격이 조금 더 비쌀 수 있는데, 그 이유는 AS를 확실히 책임지기 때문입니다. 제가 만약 중고 냉장고를 산다면 기대심을 아예 내려놓고 최대한 저렴하고 작동이 잘되는 걸 사겠습니다. 이런 제품은 학교 급식을 만드는 주방을 철거하는 과정에서 찾을 수 있습니다.

학교에서 사용했던 제품은 대체로 상태가 굉장히 양호해요. 학교 주방은 위생 관리가 철저해서, 중고 냉장고라 해도 음식 냄새가 전혀 나지 않는 제품도 많습니다. 하지만 이런 제품을 취급하는 업체는 학교 주방에 있던 물건을 빼서 여러분에게 전달하는 역할만 합니다. 청소도 여러분이 직접 해야 하고, 고장이 나면 수리할 곳도 직접 찾아야 합니다. 대신 가격은 정말 저렴합니다. 정말 싼 제품은 35만~40만 원에도 구입할 수 있어요.

보통 중고 매장에서 연식이 3~5년 된 제품이 이 정도 가격이라면, 학교 주방에서 나온 제품은 2~3년 된 것도 이 가격에 살 수 있어요. 하지만 이런 제품은 쉽게 잡을 수 없어요. 운이 좋으면 모르겠지만, 미리 예약을 걸어뒀다가 구입해야 할 수도 있습니다. 여러분이 원하는 사양의 제품이 항상 있는 게 아니므로 미리 예약을 걸어두는 게 좋습니다. 중고 냉장고를 각각 50만 원에 세 대 구입하면 총 150만 원입니다. 새 냉장고는 한 대에 120만 원 정도 하니까 한 대만 살 거면 새 제품을 사도 큰 부담이 되지 않지만, 냉장고가 여러 대 필요하다면 당연히 값이 저렴한 중고 제품을 구입하는 게 경제적이겠죠.

중고 가전은 어떤 가게나 단체에서 쓰던 걸 바로 확보해서 청소를 하고 수리한 다음 판매할 때가 많은데, 이런 경우는 새 제품을 사는 것과 가격 면에서 큰 차이가 없어요. 새 제품을 120만 원에 살 수 있는 걸 중고 제품은 85만 원에 판매하는 겁니다. 싸긴 싼데 가격에서 큰 차이가 없어요. 그런데 비슷한 중고 제품을 50만 원에 살 수 있다면 비용을 확 아낄 수 있어요. 이렇게 가격경쟁력이 있지 않으면 저는 중고 제품은 웬만하면 사지 않을 겁니다. 어떤 분들은 그릇까지 중고로 사더라고요. 제가 생각하기에, 장사할 생각이 없는 게 아닌가 싶습니다. 여러분은 가게를 정말 아끼면서 운영할 거잖아요. 애정을 갖고 애착을 갖고 할 거라면 돈을 아낄 때는 아끼고, 쓸 때는 확실히 써야 합니다.

포스기는 중고 제품을 임대해서 돈을 절약한다

배달을 할 때 꼭 필요한 실링기도 매우 비싸요. 저는 실링기 안의 몰드와 부속품까지 90만 원 정도 줬습니다. 기계 자체는 50만 원도 안 되는데 부속품까지 사면 가격이 확 올라갑니다. 자동 실링기는 더 비쌉니다. 200만 원 정도 해요. 중고 실링기는 폐업하는 가게에서 찾을 수 있습니다. 제품이 괜찮으면 중고라도 구입하면 되겠죠. 제가 사용하는 실링기는 순간적으로 열이 나는 방식이거든요. 내가 당겨야만 열이 발생하기 때문에 일단 안전합니다. 순간 전력이 더 많이 나오기는 하는데, 계속 불을 켜놓는 방식보다는 낫습니다. 그런 실링기는 30만 원도 안 해요.

이런저런 편의를 고려할 때 돈을 두세 배는 더 줄지언정 조금 더 마음에 들고 편한 걸 쓰는 게 좋지 않을까요. 30만 원짜리 실링기도 써봤지만 너무 마음에 들지 않고 불편해서 더는 쓰고 싶지 않더라고요. 지금 제가 쓰는 제품은 만족해하며 쓰고 있어요. 반드시 새 제품이 아니더라도 좋은 제품을 중고로 구입하는 게 좋긴 할 것 같아요. 정답은 없지만 자주 교체하는 물건이 아니라면 중고든 새 제품이든 퀄리티가 좋은 제품을 사는 게 맞습니다.

중고로 사도 되는 것은 딱 하나, 포스기입니다. 포스기는 대부분 임대를 해요. 저도 임대로 사용하고 있고, 임대를 써도 전혀 문제가 안 됩니다. 중고 제품은 월 2만 2,000원, 새 제품은 월 3만 3,000원씩 내는데 중고를 사용할 경우 매월 1만 1,000원을 아낄 수 있어요. 포스기는 새 제품이라 해서 손님들이 보는 것도 아니고, 게임을 할 것도 아니고, 단순히 매출 입력 정도만 하기 때문에 성능은 중요하지 않아요. 그리고 고장이라도 나면 바로 교환할 수 있습니다. 어차피 월 사용료를 내니까요.

손님들이 직접 사용하는 것에는
돈을 써라

손님들한테 보이는 것, 손님에게 필요한 것은 각별히 신경을 써야 합니다. 처음에 말씀드린 것처럼 내가 삼겹살집을 하는데 내구성도 좋고 날도 좋고 앞으로 오래 쓸 것 같은 가위가 2만8,000원이에요. 4,000원짜리 가위도 충분히 잘 들고 좋은데 굳이 비싼 가위를 쓸 필요가 있을까요. 그런데 고기를 썰어보면 알아요. 손님들이 써봤을 때 "와, 이 가위 너무 좋다." "이거 탐나는데." 할 만한 가위를 쓰는 게 좋아요. '이 집은 가위도 이렇게 신경 쓰고 있구나' 하는 인상을 손님들에게 심어줄 수 있기 때문입니다.

불판도 마찬가지입니다. 고기 한 번 굽고 판을 갈고, 고기 두 장 굽고 판을 가는 제품이 아니라 좋은 불판을 써야 합니다. 이런 건 절대 단가가 낮다고 좋은 게 아닙니다. 값이 비싸면 비싼 만큼 가치가 있어요. 손님들한테 나가는 것, 손님들에게 보여주는 것, 손님들이 직접 사용하는 것입니다. 그럼 좋은 제품을 어떻게 찾느냐고요? 요즘은 유튜브가 답이에요. 여러분이 사고 싶은 가위 모델명만 유튜브에 치면 가위에 대한 정보를 모두 찾아볼 수 있어요.

누군가가 먼저 사용해보고 리뷰를 올려뒀어요. '와! 이런 것까지 리뷰가 있네' 하며 깜짝 놀라기도 합니다. 더이상 주방업체에 가서 직원을 붙잡고 물어볼 필요도 없습니다. 물건을 사러 가기 전에 유튜브로 검색해보면 대충 가격도 알 수 있고, 성능도 확인할 수 있어요. 물론 광고도 있겠지만, 일단은 원하는 제품에 대한 정보를 확인해볼 수 있어요. 냉장고가 궁금하다면 '업소용 냉장고'만 쳐도 정보가 끝도 없이 나와요. 유튜브는 이제 모든 정보의 바다가 되었습니다. 그러니 반드시 검색을 해보고 구입하세요. 저는 얼마 전에 유튜브에서 '육절기'를 검색해보았는데, 제가 사고 싶은 육절기의 모델명 350과 450의 차이를 몰랐어요. 가격 차이가 왜 나는지도 몰랐는데, 유튜브를 통해 그 이유를 확실히 알 수 있었습니다.

저는 새 제품이든, 중고든 제품의 질을 따져보고 좋은 제품을 살 거예요. 좋은 제품을 사려는 이유는 이런 기물 때문에 생기는 변수를 줄이고 싶어서입니다. 당장 써야 하는 제품에 갑자기 문제가 생겨서 일이 꼬이고, 동선이 꼬이는 게 너무 싫거든요. 그래서 그런 변수를 겪지 않기 위해 유튜브로 미리 검색도 해보고, 주방업체에도 자주 가서 직접 둘러보기도 합니다. 주방업체에서 본 제품을 인터넷에서 구입하는 게 물론 가격이 더 쌀 겁니다. 하지만 인터넷에서 구입한 제품은 AS가 잘 안 됩니다. 또한 매장에서 바로 출고되는 게 아니라 창고에서 보관하다 나가는 거라 상태가 어떤지도 정확히 알 수 없어요. 하지만 주방업체에서는 가격은 조금 비싸지만 책임지고 AS를 해줍니다.

이제 오픈이 점점 가까워지고 있습니다. 하지만 서두르지 마세요. 여러분의 가게가 오픈하는 날만 기다리고 있는 사람은 없습니다. 한 달 있다 가게를 열든, 6개월 있다 열든 누구도 기다리지 않아요. 그러니 조급하게 생각하지 말고 꼼꼼하게 준비하세요. 그게 살아남는 길입니다.

만사는 불여튼튼

운영 허가를 위한
신고 절차 제대로 알기

지금부터는 식당을 열 때 필요한 신고 절차에 대해서 알아보겠습니다. 제가 했던 그대로만 해도 하루 이틀이면 충분히 가능할 것입니다. 겉보기에는 복잡해 보이지만, 어렵지 않아요. 일단 식당을 할 거라면 병원에 가서 보건증(건강진단결과서)을 먼저 발급받으세요. 그리고 영업신고증을 받습니다. 그런 다음 사업자등록을 하고 장사를 시작하면 됩니다. 영업신고증을 내면 구청에서 한번 가게를 방문할 거예요. 가게를 둘러보며 몇 가지 질문도 합니다. 뭔가 꼬투리를 잡으려는 게 아니라 혹시 준비되지 않은 부분이 있는지 확인하러 오는 겁니다. 너무 긴장하거나 기분 나쁘게 생각하지 마세요.

각종 신고는 미리
확실하게 해두자

만약 여러분이 가게에서 만든 김치, 깍두기 등의 반찬류를 판매하고 싶다면 '즉석식품제조업 신고'를 꼭 해야 합니다. 이것도 어렵지는 않아요. 필요한 서류 한 장을 작성해서 관할 기관에 제출하면 됩니다. 반찬 종류에 따라 항목이 달라지긴 하지만, 이 부분도 담당 공무원한테 물어보면 설명을 들을 수 있습니다. 중요한 건, 내가 하려는 일에 맞춰 반드시 신고부터 먼저 해야 한다는 겁니다.

예를 들어, 고기가 들어가는 음식인데 익히지 않은 상태에서 비조리로 판매할 경우, '축산물유통가공업 신고'를 해야 합니다. 인터넷으로 판매할 거라면 '통신판매업 신고'를 해야 합니다. 다른 회사에서 만든 제품을 납품받아 판매하는 거라면 매장에서 팔든, 인터넷에서 팔든 '유통전문판매업 신고'를 해야 합니다.

이런 신고를 하려면 왔다 갔다 하는 시간은 조금 걸리지만 어려운 일도 아니고 비용이 많이 들어가는 것도 아닌데, 귀찮고 번거롭다는 이유로 미루었다가 나중에 큰 문제가 될 수 있어요. 지금 당장은 필요 없어도 나중에 필요할 경우를 대비해 미리 신고를 해두는 게 좋아요. 식당을 운영하려면 기본적으로 '즉석식품판매제조업 신고'는 꼭 해두세요. 내가 만든 김치나 반찬이 너무 맛있어서 손님들이 사고 싶다고 하면 일단 팔고 싶거든요. 이럴 때 욕심이 앞서 신고도 하지 않은 상태에서 팔면 문제가 됩니다.

반찬을 사겠다는 그 손님은 믿을 수 있을까요? 만에 하나 손님이 신고라도 하면 어떡하려고요? 어떤 일을 하든 법을 위반하면 안 됩니다. 신고 절차가 귀찮고 까다롭게 느껴져서 '나는 프랜차이즈를 해야겠다'는 생각이라면 그런 걱정은 하지 마세요. 어려울 게 하나도 없어요. 다만 한 가지 복잡한 게 있는데, 우리가 법을 지키려고 노력해도 애매한 부분이 있긴 해요.

예를 들어, 내가 밀키트를 판매하고 싶어서 관할 지자체에 전화해서 밀키트에 대해 물어보잖아요. 그럼 공무원들도 밀키트가 뭔지 잘 몰라요. 법규가 확실히 정해져 있지 않은 것도 있고, 아직 계도 기간인 것도 많아요. 고기의 비율이 전체의 60%가 넘지 않으면 축산물과는 상관없으니, 밀키트에 대한 '즉석제품제조원 신고'만 하면 된다고 합니다. 그런데 이게 좀 애매한 해석입니다. 내가 삼겹살 1kg을 파는데 양념 400g을 함께 줘요. 이때 양념량을 조금 늘려서 410g만 줘도 고기는 60%가 넘지 않잖아요. 삼겹살 550g과 소스 450g이니까요. 이러면 법에 걸리지 않는다는 말입니다.

구청에 방문해서 애매한 부분에 대해 물어보면 공무원 다섯 명이 하는 말이 전부 다 달라요. "전 여기까지 이렇게 듣고 왔어요. 내용이 좀 다른데요?"라고 하면 그들도 잘 몰라요. 이럴 때 가장 안전

한 방법은 대화나 통화 내용을 모두 녹음해두는 겁니다. 혹시 일어날 수 있는 문제에 대비해서 증거를 남겨두는 거죠. 그래야만 담당 공무원한테 안내받은 대로 했는데 왜 문제가 되느냐고 당당하게 물을 수 있습니다.

밀키트는 고기 함량이 60%만 넘지 않으면 문제가 되지 않아요. 하지만 제가 확인한 것도 100% 믿으면 안 됩니다. 저는 이렇게 확인했지만, 여러분의 가게가 위치한 지역에 따라 다를 수도 있어요. 그러니 관할 기관에 반드시 확인하세요. 조리해서 나가는 제품은 아무런 문제가 없어요. 비조리 제품인 경우를 말씀드리는 겁니다. 여러분이 매출을 올리기 위해 매장에 쇼케이스 냉장고를 갖다 놓고 가게에서 파는 음식을 포장해서 진열하고 싶어요. 그런데 쇼케이스 냉장고를 두려면 이것도 구청에 따로 신고를 해야 합니다.

사실 지자체에서 정한 규정이 합리적이지 않은 경우가 많아요. 저 역시 지금까지도 의아하게 생각되는 부분도 있어요. 구청이나 시청 직원들이 식당을 경영해본 게 아니잖아요. 실제로 식당 업무가 어떻게 이뤄지고 진행되는지 잘 몰라요. 여러분도 식당을 하다 보면 도대체 이런 법률이 왜 존재하는지 비합리적으로 느껴질 때가 많을 거예요. 예를 들어, 정육점에서 냉동 고기를 받았어요. 냉동 고기는 꼭 냉동실에만 둬야 한다는 거 아세요? 여러분은 이걸 썰어야 하잖아요. 그러려면 해동이 필요해요. 얼음처럼 꽁꽁 언 고기를 자를 수는 없으니까요. 육절기가 있는 가게도 있지만, 없는 곳도 많잖아요.

그럴 때 이 고기를 냉장고에 넣는 게 불법이에요. 냉동식품이 냉장고에 들어가려면 스티커로 몇 월 며칠 몇 시에 받은 상품이고, 몇 월 며칠 몇 시에 냉장고에 넣었다는 것과 해동을 위한 목적이라는 것까지 스티커에 모두 적어 붙여둬야 해요. 고기 10kg을 산 건데 누가 일일이 이런 작업을 하겠어요? 아무도 안 해요. 100kg쯤 구입하면 할 수도 있겠죠. 실제로 제가 예전에 근무했던 호텔에서는 고기가 1톤씩 들어오면 냉장고에 있던 기존 식자재를 모두 빼고 스티커를 붙여가면서 그렇게 했던 적도 있었습니다.

하지만 일반 식당에서는 고기의 양도 많지 않고, 그런 것까지 지키는 가게도 거의 없다고 보면 됩니다. 법대로 하면 가장 좋겠지만 실제로 할 수 없는 것도 있어요. 여러분이 식당을 해보면 지킬 수 없는 것들이 많아요. 여러분은 대체로 법을 잘 지킬 거니까 제가 걱정하지 않아도 되겠지만, 간혹 악의적으로 손님들이 신고를 하는 경우도 있습니다. 서비스가 마음에 안 들거나 기분이 나쁠 때 국민신문고에 전화해서 이 식당의 위생이 엉망이다, 나오지도 않은 머리카락이 나왔다고 신고합니다.

그러면 지자체에서는 무조건 점검을 나와요. 그게 법입니다. 점검을 나와서 각종 신고 서류를 보고 서류상 특별한 문제가 없으면 보통은 그냥 넘어가거나 원만한 해결을 위해 중재 역할을 합니다. 여러분의 허점을 잡기 위해 나오는 건 아니니까 너무 겁낼 필요는 없습니다. 실제로 머리카락이 나왔는지, 음식이 상했는지, 음식 상태가 어땠는지 확인하지 않아요. 다행히 저는 이런 일을 한번도 겪은 적이 없지만, 식당을 운영하는 이상 피할 수 없는 통과의례라고 생각합니다.

말도 안 되는 일로 신고를 당하면 멘탈이 무너질 수도 있는데, 식당 운영에 필요한 모든 신고를 정확하게 했고 서류까지 잘 갖고 있으면 걱정하지 마세요. 그리고 우리는 화재보험을 들 거잖아요. 무슨 문제가 생기면 보험으로 해결하면 됩니다.

편법은 금물!
정도를 지켜야 오래갈 수 있다

어떠한 경우에도 법을 어기지 않도록 노력해야 합니다. 법을 어기면 식당이 오래갈 수 없고, 원하는 결과를 낼 수도 없어요. 위생교육도 빼먹지 말고 잘 들으세요. 요즘은 인터넷에서 가능하기 때문에 어렵지 않아요. 식당을 하면서 '현금으로 결제하면 10% 할인해드려요' 혹은 '현금영수증은 안 돼요' 이런 건 절대 하면 안 됩니다. 편법으로 뭔가를 하려고 하면 꼭 문제가 생깁니다. 세금 낼 거 다 내고 돈을 벌어야 그게 진짜 장사고 진짜 수익입니다. 차라리 좋은 식자재를 어떻게 하면 더 싸게 구입할지 고민하고, 포장 용기는 어떤 걸 사용할지, 어떻게 하면 직원을 더 효율적으로 활용할 수 있을지 그런 걸 더 고민해야 합니다.

아무리 작은 식당을 운영하더라도 이런저런 불합리한 상황에 부닥칠 수밖에 없어요. 그럴 때 슬기롭게 대처할 수 있는 방법을 생각해야지, 요즘 세상에 편법은 안 통합니다. 필요한 서류가 다 갖춰져 있고, 평소 매장 관리도 철저히 잘해왔다면 전혀 문제될 게 없어요. 하지만 준비가 안 되어 있으면 걱정이 클 겁니다. 여러분이 잘못한 게 아닌데도 여러분을 시기해서 문제를 일으키는 사람도 있을 수 있어요. 그러니 필요한 서류나 보험은 꼭 미리미리 준비해놓으세요.

일반 음식점의 영업허가 과정

❶ 가게를 계약한다.

❷ 한국외식산업협회(www.kfoodedu.or.kr)에 가입해서 식품위생교육(온라인 수강 가능)을 듣고 '식품위생교육 이수증'을 발급받는다.

❸ 내가 계약한 가게가 지하수를 사용하는 건물에 위치한다면, '수질검사성적서'를 준비한다. 지하수를 사용하지 않는 경우엔 수질검사가 따로 필요 없지만, 간혹 수도세 영수증을 준비해야 하는 경우도 있다.

❹ '소방안전시설 완비 증명서'를 준비한다. 2층 이상(100m² 이상인 경우), 지상층(주요 출입구가 지표면과 바로 이어지지 않는 경우), 지하층(66m² 이상인 경우)일 때 필요하다. 소방본부 홈페이지에서 지역별 소방청 등록 공인 설비 업체의 정보를 확인한 후 인근 업체에 연락한다(설비 업체 방문 → 소방서 서류 심사 → 설비 업체 공사 → 소방서 현장점검). 만약 이 과정이 어렵고 복잡하게 느껴지면 가게를 계약한 공인중개사에 문의하는 게 좋다.

❺ LPG를 사용할 경우, '액화석유가스 사용시설 완성검사 증
명서'를 준비한다. LPG 설비 회사나 설치 기사에게 문의한
다. 도시가스를 사용하는 경우 서류를 준비할 필요는 없다.

❻ 병원에서 보건증을 발급받는다. 식품위생업소 및 식품제조
업, 위생 분야에 종사하는 영업주와 종업원은 건강진단을
받고 보건증을 발급받아야 한다. 흔히 보건증으로 부르지만
정식 명칭은 '건강진단결과서'이다. 가까운 보건소나 의원
또는 병원을 방문하여 발급받는다.

❼ 신분증, 가게 임대차 계약서, 식품위생교육 이수증, 보건증
(건강진단결과서)과 위 ❸❹❺번에 해당할 경우 그에 필요한
서류를 구비하여 관할 구청을 방문한다. 일반 음식점 영업
신고 후 사업자등록증을 발급받는다.

즉석판매제조가공업 신고 과정

식당에서 만든 반찬, 김치 등을 손님에게 판매하려면 즉석판매
제조가공업 신고가 필요하다. 단, 가게의 주방과 홀이 분리되
어 있어야 허가가 나온다(시청에서 확인). 일반적인 식당은 대부
분 홀과 주방이 나뉘어 있으므로 허가가 가능하다.

❶ 영업신고증, 보건증(건강진단결과서), 식품위생교육 이수증을
   준비한다.
❷ 관할 구청에 전화해서 내가 판매할 음식에 대해 문의한 후
   '제조방법설명서'를 다운받아 작성한다.
❸ 위의 서류가 모두 준비되면 신분증을 들고 시청 식품안전
   과로 가서 신청한다.

유통전문판매업 신고 과정

다른 제조사에서 만든 상품에 내 상품명과 라벨을 새롭게 부착해서 판매할 경우 필요한 과정이다. 신고를 위해서는 사무실과 창고가 분리되어 있어야 하는데, 홀과 주방이 있다면 네 벽면이 막히고 문이 달린 방이 하나 따로 있어야 허가를 받을 수 있다. 또한 창고는 판매할 물건을 보관할 수 있는 장소여야 한다. 냉장식품을 판매할 경우 냉장고를 구비해야 한다.

❶ 식품위생교육 이수증, 식품영업신고서, 임대차 계약서를 준비한다.

❷ 위의 서류 세 가지와 신분증을 들고 시청 식품안전과로 가서 신청한다(즉석판매제조가공업과 유통전문판매업은 관할 지역이 어디냐에 따라 구비 서류가 조금씩 다를 수 있으니 먼저 시청 식품안전과로 전화를 해서 문의하는 것이 좋다).

축산물유통전문판매업,
식육판매업,
축산물즉석제조가공업
신고 과정

비조리 고기류를 판매할 때 필요한 과정이다. 밀키트를 만들거나 매장에서 생고기나 양념육을 포장 및 판매, 배달할 경우 업태, 업종에 식육판매업을 추가하고 축산물유통전문판매업과 축산물즉석제조가공업 신고까지 해야 한다. 자세한 사항은 관할 구청 산업교통과 농축협팀에 문의하는 것이 가장 빠르다. 속 시원한 답변을 얻기는 힘들고 누구와 통화하느냐에 따라 답변이 달라서 헷갈리기도 하지만, 일단 이 세 가지 신고를 모두 해두면 걱정을 내려놓을 수 있다. 유통전문판매업과 마찬가지로 가게에 창고와 사무실 공간이 분리되어 있어야 허가가 가능하다.

직원이 가장 큰 리스크다

현명한 직원 고용
노하우

창업에 대한 고민을 끝냈다면, 이제는 가게를 함께 꾸려나갈 팀이 필요합니다. 앞서 1인 식당에 관해 이야기할 때도 잠깐 언급했지만, 식당은 절대 혼자 운영할 수 있는 업종이 아닙니다. 혼자 하는 건 매출이나 확장 등에서 한계가 빤히 보이기 때문에 멀리 가기 위해서는 반드시 팀이 필요합니다. 식당을 여는 건 여러분이지만, 가게의 간판이 되는 건 여러분이 아닌 직원들입니다.

요즘 자영업은 직원 리스크가 80% 이상이라고 말할 만큼 직원들을 고용하고 교육하고 유지해 나가는 게 정말 고되고 힘듭니다. 좋은 직원도 많지만 여러분의 가게에 큰 타격을 줄 수 있는 것도 직원들입니다.

어떤 사람을, 무엇을 보고
뽑아야 할까?

식당의 매출을 올리는 것도 중요하지만, 그보다 더 중요한 것은 쓸데없는 돈이 새어나가지 않아야 합니다. 쉽게 말해, 한 사람의 인건비만 아껴도 그만큼의 수익을 주머니에 그대로 가져갈 수 있어요. 쓸데없이 돈을 쓰지 말라고 하면, 왜 직원한테 쓰는 돈이 쓸데없는 지출이냐고 묻는 분도 있겠죠. 직원들한테 쓰는 돈은 물론 큰 가치가 있습니다. 그런데 어떤 직원을 쓰느냐가 정말 중요합니다. 여기서 가게의 승패가 갈릴 수도 있어요. 직원을 잘못 쓰면 아무리 비용을 효율적으로 관리해봤자 소용이 없어요. 여러분이 애써 아낀 돈이 직원들 손에서 술술 샐 수 있습니다.

저는 직원을 뽑는다면 첫 번째는 냉정하게 인상을 볼 겁니다. 잘생기고 예쁜 게 중요한 게 아닙니다. 대한민국 5천만 국민의 캐릭터가 다 달라요. 5~10분 잠깐의 인터뷰로 상대방의 성격을 모두 파악할 수는 없어요. 우리는 대략 상대방이 어떤 성향인지 짐작할 뿐입니다. 또한 첫인상이 다 맞아떨어지지도 않아요. 따라서 짧은 인터뷰로 그나마 판단할 수 있는 건 '외모가 주는 이미지'입니다.

식당은 서비스 업종입니다. 그런데 직원의 인상이 너무 험악하거나 호감이 가지 않는다면 우리 가게에 전혀 도움이 되지 않아요. 일을 잘하는지 못하는지는 일을 해봐야 알 수 있으니, 일단 인상이 좋고 말투가 친절한지를 봐야 합니다. 이런 사람이 우리에게 필요합니다. 손님들은 홀에서 어떻게 서비스하고 응대하느냐에 큰 영향을 받습니다. 그들이 얼마나 손님을 편안하게 해줄 수 있는지, 얼마나 친절하게 응대하는지가 중요합니다.

식당의 진정한 간판은 직원이며, 식당을 식당답게 만드는 가장 좋은 인테리어는 '바글바글 채워진 손님들'입니다. 인테리어가 아무리 후져도 손님들이 가득가득 홀을 채우고 있다면, 그게 가장 완벽한 인테리어입니다. 이 아름다운 인테리어를 완성하기 위해서는 손님들에게 친절하고 상냥하게 응대하는 직원들이 반드시 필요합니다.

경력자와 초보를 뽑는 시기가
각각 다르다

처음 창업을 했고, 내 장사는 처음이라면 초보보다는 경력자를 쓰는 게 좋아요. 내가 뽑은 사람이 실제로 일을 잘하고 못하는지는 직접 해보기 전까지는 알 수 없어요. 또한 경력이 있다고 해서 반드시 일을 잘하는 것도 아니에요. 하지만 경력이 있는 사람은 적어도 식당이라는 곳이 어떤 시스템으로 돌아가는지는 알고 있어요. 오픈은 어떻게 하고 마감은 어떻게 하는지 알고, 사장이 어떤 매뉴얼을 제시했을 때 이걸 무조건 따라야 한다는 것도 잘 알고 있어요.

반면 초보자는 처음에는 그냥저냥 따라오는 것 같지만, 불과 한 달도 지나지 않아 식당의 시스템에 의문을 가집니다. 싱크대를 매일 닦으라고 하면 왜 매일 닦아야 하는지 이해를 못합니다. '싱크대는 어차피 쓰고 나면 또 지저분해지는데 왜 매일 깨끗이 닦아야 하지?'라는 의문을 가지는 순간, 이건 합리적이지 않다고 생각하고 일을 대충 하기 시작합니다.

여러분은 매뉴얼과 규칙을 만들고 직원은 그것을 지키기 위해 존재하는 사람입니다. 각자 해야 할 일이 다릅니다. 여러분이 직원들한테 일일이 상황을 설명하고 이해시킬 필요는 없어요. 그런 의미 없는 일에 힘을 뺄 이유가 없어요. 물론 직원들도 일을 하다 보면 합리적인 의문을 가질 수는 있어요. 예를 들어, 어떤 음식을 만들 때 간장과 설탕이 매번 똑같은 비율로 들어가요. 그럼 "간장과 설탕을 미리 섞어서 소스로 만들어두고 쓰는 건 어떨까요?"라고 제안할 수도 있죠. 이게 좋은 선택이라면 받아들이고, 안 되는 이유가 있다면 설명해줄 수 있습니다.

하지만 "왜 싱크대를 매일 닦아야 해요?"라고 묻는 건 이유를 설명할 필요도 없는 일입니다. 초보자들은 대개 몇 개월도 버티지 못하고 태도가 점점 변해가요. 하지만 경력자는 원래 했던 일이고, 어떤 음식점에 가도 비슷하다는 걸 잘 알고 있어요. 월 6회 휴무에 하루 아홉 시간을 근무한다고 했을 때 직원 한 명의 월급이 240만 원 정도 될 거예요.

1, 2년 정도 경력이 쌓여도 급여가 크게 올라가지는 않아요. 한국은 요식업 서비스 경력을 인정하지 않는 대표적인 국가일 겁니다. 내가 2년 경력이 있어봤자 경력이 없는 사람과 급여는 큰 차이가 없습니다. A라는 가게와 B라는 가게는 완전히 다르기 때문에 새로운 곳에서는 또다시 적응해야 하기 때문입니다.

　　초보보다는 경력자가 우리 식당에서 빨리 적응할 수 있다는 장점이 있는 거지, 그렇다고 무조건 일을 잘하는 것도 아닙니다. 하지만 내가 처음 가게를 열었고, 좀 더 빨리 시스템이 자리 잡게 하고 싶다면 일단은 경력자를 고용하세요.

　　식당이 완전히 자리를 잡고 시스템을 제대로 갖춘다면, 초보자도 뽑아야 할 때가 자연스럽게 옵니다. 직원 수를 늘려야 할 경우 고정비용도 그만큼 증가하기 때문에 경력자만 고용하는 건 부담스럽습니다. 그리고 초보에게도 기회를 줘야 하는 게 맞습니다. 하지만 아직 자리를 못 잡았는데도 초보자에게 기회를 준다는 건 어불성설입니다. 여러분은 기회를 주는 게 아니라 그들의 도움을 받아야 하는 입장입니다. 여러분이 직원을 가르쳐야 하는 게 아니라 직원과 함께 식당을 만들고 키워가야 합니다.

　　내가 정해놓은 매뉴얼 안에서 모두 함께 협력하며 같이 걸어가는 거지, "웍은 이렇게 잡는 거야." "재료는 이렇게 볶는 거야."라며 요리 학원처럼 교육할 시간이 없어. 그건 에너지 낭비, 시간 낭비일 뿐입니다. 그렇게 해서는 초반 오픈빨도 제대로 못 받을 수 있어요.

이런 사람은
무조건 피해라

　　　　　　면접에서 절대 뽑으면 안 되는 유형이 있어요. 바로 '일을 배우러 왔다는 사람'이에요. "왜 여기에서 일하려고 하세요?"라고 물으면, "저도 나중에 식당을 운영해보려고요." 또는 "여기가 음식이 맛있으니 잘 배워두려고요."라고 대답하는 분들입니다. 이런 사람은 뽑으면 안 됩니다. 그냥 거르세요. 이렇게 말하는 사람치고 열심히 하는 사람을 본 적이 없어요.

　딱 한 달 열심히 하고 내 갈 길이 아니라며 관두는 경우가 대부분입니다. 그만두는 것도 순식간이에요. 여러분의 사정 같은 건 전혀 개의치 않아요. 처음에는 뭐라도 할 것처럼 "가르쳐만 주시면 뭐든 할게요."라고 말하지만 절대 아닙니다. 저는 이런 분들이 가장 위험한 유형이라고 생각합니다.

　우리는 식당에 일하러 오는 사람이 필요한 거지, 일을 배우러 오는 사람을 뽑는 게 아니에요. 왜 급여를 줘가면서까지 일을 가르쳐야 하나요? 이런 분들은 앞뒤가 다른 경우가 너무 많아서 한 달만 지나도 요령을 피우는 게 눈에 보여요. 제 경험을 구체적으로 설명하면 웍은 반드시 밑바닥까지 닦아야 하거든요. 이걸 아무리 매뉴얼이라 말해도 나중에는 닦지 않는 게 눈에 바로 보이더군요.

무조건 3개월의
수습 기간을 둬라

이 사람이 일을 잘할지, 못할지 느낌으로만 알 수 있나요? 실제 일하는 모습을 보기 전까지는 절대 알 수 없어요. 한두 달 봐서도 판단하기 이릅니다. 이런 이유로 직원을 뽑을 때는 무조건 3개월의 수습 기간을 두세요. 면접을 볼 때 "3개월 후 직원으로 고용할 수 있지만, 3개월간은 아르바이트와 똑같이 수습 기간입니다."라고 미리 설명해주세요. 3개월을 함께 일해보고도 여전히 애매하면 1개월 더 아르바이트 기간을 연장하세요. 이렇게 했을 때 이 사람한테 기대할 수 있는 부분이 있다면 그때 직원으로 고용하세요. 3개월을 함께 일하고도 확신이 들지 않으면 계속 아르바이트로 쓰거나 작별해야 합니다.

겨우 한 달 정도 일했는데, '이 친구 일하는 게 괜찮으니 직원으로 써야겠어' 이렇게는 하지 마세요. 최소 3개월은 아르바이트로 고용하고, 그다음에 직원으로 고용해야 인건비를 아낄 수 있는 것은 물론, 서로 잘 맞지 않을 때 그나마 수월하게 이별할 수 있습니다. 처음부터 직원으로 고용하면 나중에 원만하게 이별할 수가 없어요. 이 사람은 100% '부당해고를 당했다'며 고용노동청으로 갈 거고, 여러분은 여기저기 불려다니며 굳이 겪지 않아도 되는 일을 겪어야 합니다.

마지막으로, 5인 이하 사업장은 직원을 대상으로 가입하는 4대보험도 만만하게 봐서는 안 됩니다. 그에 따른 비용이 어마어마해요.

여러분이 직원 두 명만 4대 보험을 들어도 매달 나가는 돈이 한 달에 130만 원 정도 됩니다. 직원을 고용할 때는 이 부분도 미리 계산해야 합니다.

직원에게는 어떠한 권한도 주지 마라

직원들에게는 어떤 일을 결정할 수 있는 권한을 주지 마세요. 그 이유는 굉장히 명확합니다. 예를 들어 오늘 손님이 늦게까지 이어져서 마감이 제대로 되지 않고, 설거지가 좀 쌓여 있다고 가정해볼까요. 이런 상황에서 단 한 번이라도 "오늘은 그냥 물에 담가두고 내일 아침에 와서 설거지할까?"라고 한다면, 다음부터는 매번 이런 일이 발생할 겁니다. 마감 시간 안에 충분히 끝낼 수 있는 일도 조금씩 느려질 거고, 결국 설거지를 쌓아놓고 퇴근하는 일이 잦아질 거예요. 직원들이 요령껏 일하기 시작하고, 일을 남길 만큼 바쁘지 않았는데도 미뤄두었다가 다음 날 해야 하는 상황을 만들기도 합니다.

설거지를 바로 하지 않고 물에 담가두면 벌레가 생기고 냄새가 나는 등 위생적으로도 좋지 않지만, 식당이 원활히 돌아가기 위해서도 오늘의 일을 내일로 미루는 건 절대 해서는 안 됩니다. 시간이 없다면 직원들을 먼저 보내고 여러분이 혼자 남아서라도 깔끔하게 마무리를 하고 퇴근해야 합니다. 한 번 일을 미루기 시작하면 계속 이런 일이 생깁니다. 직원들은 원래 그럴 수밖에 없어요. 여러분이 고용한 사람은 안 그럴 거 같죠? 해보면 알게 됩니다. 그러니 처음부터 절대 그렇게 하면 안 됩니다.

직원들에게는 여러분이 짜놓은 매뉴얼을 숙지시키고 모든 걸 매뉴얼대로 움직이도록 하세요. 주방에 나왔을 때, 홀에 나왔을 때, 오픈 시 해야 할 일, 영업 중에 해야 할 일, 마감 시 해야 할 일을 적어서 잘 보이는 곳에 붙여두세요. 그리고 처음부터 잘 숙지하게 하세요. 처음 출근하는 사람도 이 매뉴얼부터 익힌 다음 일을 할 수 있도록 하고, 나중에 잘못을 나무랄 때도 메뉴얼에 따라 지적해야 합니다.

매뉴얼을 적어두지 않고 말로만 이야기하면 "아! 제가 까먹었어요." 하면 끝납니다. 그리고 매뉴얼에 근거하지 않고 지적하면, 서로 감정만 상할 수 있어요. 또한 잘못을 지적할 때는 단호하고 분명한 태도로 말하세요. 형처럼, 누나처럼 좋은 말로 잘 타이르듯 이야기한다고요? 그렇게 말해서 알아먹는 사람은 별로 없습니다.

쌀 한 톨이라도 반출을 금지하는
규칙을 세워라

식당에서 발생하기 쉬운 가장 흔한 문제 상황을 말씀드리겠습니다. 식당이라는 특성상 점심시간에 직원들에게 먹고 싶은 걸 직접 만들어 먹도록 하는 경우가 있어요. 그럼 직원들이 처음에는 부담스러워서 딱 먹을 만큼만 만들어요. 하지만 며칠 지나면 네 명이 먹을 분량을 8인분을 만듭니다. 그런 다음 음식을 고스란히 남기고 집에 싸가지도 않고 버립니다. 이런 상황이 반복되면 식자재 원가가 얼마가 됐든 낭비가 발생합니다. 직원들의 행동에 화가 나는데도 "쪼잔하게 먹는 거 가지고 저러네."라는 소리를 들을까 봐 속만 끓이죠.

처음부터 하지 않았다면 이런 상황을 만들 일도, 쪼잔하다는 소리를 들을 일도 없겠죠. 그러니 그런 권한은 절대 주지 마세요. 차라리 식비를 지급하고, 직원들이 우리 가게 음식을 돈을 내고 사먹도록 하는 게 낫습니다. 이 방법이 좋은 이유 중 하나가 여러분이 만든 음식의 양은 적절한지, 맛은 어떤지 손님들의 말만 듣고는 잘 판단할 수 없기 때문입니다. 돈을 내고 사먹지만 식당 관계자이기도 한 직원들이야말로 음식에 대한 '진짜 피드백'을 해줄 수 있어요.

한 직원이 혼자 사는데 집에 먹을 게 없다고 말하면, 안쓰러운 마음에 "김치, 깍두기 맛있으니까 조금 가져가서 먹어." 혹은 "반찬 만들어둔 거 조금 가져가."라고 말하고 싶을 거예요. 여러분은 직원들을 배려하는 마음으로 호의를 베푸는 거지만, 이런 일이 한 번 허용되면 그때부터 식자재나 음식을 당연히 가져가도 된다고 생각합니다. 때로는 몰래 가져갈 수도 있고요. 여러분이 직접 가게를 운영해보면 "아하부장의 말이 맞았구나!" 확실히 느낄 겁니다. 그러니 처음부터 가게에 있는 건 쌀 한 톨이라도 외부로 반출을 금지하는 것이 좋아요.

여러분이 손님상에 특별한 반찬으로 제육볶음을 낸다고 가정해 볼까요. 마감 전에 남은 손님이 세 팀밖에 없다면 그에 맞는 분량을 준비하고, 혹시라도 손님이 더 들어오면 그때 조금 더 볶아도 되겠죠. 그런데 세 팀도 오지 않은 날은 미리 볶아둔 게 아까워서 직원들에게 가져가라고 할 수 있습니다. 그럼 그다음부터는 어떻게 될까요? 세 팀 분량만 볶으면 될 걸, 처음부터 여섯 팀 분량을 볶습니다. 손님 세 팀이 들어오고 마감하면 남은 반찬은 가져갑니다. 이렇게 하면 티가 나지 않을 것 같고, 남은 걸 가져가는 거니 크게 문제가 되지 않을 것 같아서입니다. 처음부터 남지 않게 볶을 수도 있고, 두 번에 나눠 볶을 수도 있지만 나중에 자기가 가져갈 걸 생각해서 볶습니다. 제가 경험해봐서 잘 압니다. 그게 사람 마음입니다.

직원에게 잘해주면
가게가 잘된다?

여러분이 직원들에게 잘해주고 싶은 마음은 충분히 이해합니다. 하지만 우리는 아직 작은 식당을 운영하고 있을 뿐입니다. 대기업을 운영하는 게 아니잖아요. 아직은 그럴 타이밍이 아니에요. 직원복지는 여러분이 일단 잘되고 난 다음 생각해도 됩니다. 지난번에 어떤 방송을 보니 술집을 운영하는 사장님이 두 손 가득 직원들에게 줄 음식을 들고 가며 "이렇게 직원들을 잘 챙기고 직원 한 명이 할 수 있는 일을 두 명이 하게 하니, 그들이 고마워서라도 일을 더 열심히 하고 손님도 많이 데리고 옵니다."라고 말하더군요.

저는 그분 말이 말도 안 된다고 생각합니다. 이 사장님이 거짓말을 하고 있거나 돈을 너무 많이 벌어서 직원을 몇 명씩 뽑아도 괜찮고 선심을 막 써도 되는 상황이겠죠. 하지만 우리는 아직 그럴 때가 아닙니다. 그럴 이유도 없고 그래서도 안 됩니다. 직원 두 명이 해야 할 일이라도, 한 명만 쓰고 여러분이 일을 함께 나눠야 합니다. 그래도 성공할까 말까입니다. 일이 힘들어 보이면 여러분이 최대한 도와주세요. 결론적으로, 여러분이 직원들에게 더 잘해준다고 해서 그들이 더 열심히 하지도 않습니다.

그냥 '이 식당 사장님은 좋은 사람이야'라고 생각할 뿐 더 열심히 일할 생각을 하는 건 아닙니다. 내가 잘해주면 직원들도 똑같이 잘할 거라 기대하지 마세요. 직원들은 여러분 자신도, 여러분의 가족도 아닙니다. 우리는 그들의 도움을 받는 입장이고, 그들은 일을 하고 생활비를 버는 딱 그 정도의 관계입니다. 항상 줄 것은 확실히 주고, 받을 건 확실히 받으면 된다고 생각하세요.

**가게 매출이 이유 없이 떨어진다면
직원 때문일 수도 있다**

여러분은 변함없이 초심으로 열심히 하고 있는데, 직원들 때문에 가게에 타격이 올 수도 있습니다. 예를 들어, 여러분이 별 뜻 없이 한 말에 요리를 담당하는 직원의 기분이 무척 상했다고 가정해볼까요. 일은 일이고 감정은 감정인데, 자신의 감정을 음식에 싣기 시작합니다. 간을 꼭 봐야 하는 음식도 간을 보지 않고 그대로 손님상으로 나갑니다. 그런데 보통 손님들은 이런 경우 컴플레인을 잘 하지 않아요. 제 경우에는 머리카락이 나와도 컴플레인하거나 바꿔달라는 말을 하지 않아요. 대부분의 손님이 귀찮아서라도 간이 조금 싱겁다는 컴플레인은 하지 않을 거예요.

그런데 이보다 더 심각한 경우도 있습니다. 돼지국밥을 시켰는데, 음식에 고기가 없다면 어떨까요? 이때는 당연히 컴플레인을 해야 하지만 저 같은 사람은 하지 않아요. 대신 그 가게에 다시는 가지 않겠죠. 보통은 이런 식입니다. 그래서 음식이 제공되었을 때 손님들한테서 즉각적인 피드백을 받는 게 어려워요. 손님이 차라리 화를 내기라도 하면, 바로 음식 맛을 확인하고 직원한테 말이라도 할 수 있어요. 그런데 손님은 점점 떨어지는데 그 이유를 명확히 모르고 시간만 흘러가는 겁니다. 그래서 저는 손님이 음식을 너무 많이 남기면 직접 먹어보고 확인합니다. 이런 상황까지 가면 문제가 되는 직원은 반드시 다른 사람으로 대체해야 해요. 안 그러면 정말 큰일 납니다.

아직까지는 기회가 있지만, 이런 상황이 지속되면 여러분의 가게는 손도 써보지 못하고 망할 수도 있어요. 물론 고마운 직원들이지만 일할 때는 분명하고 단호하게 지시하세요. "우리 이거 해야 할 것 같은데?" 혹은 "이거 좀 해볼까?" 식의 권유나 질문 대신 "이거 하세요!" 또는 "지금 꼭 해야 합니다."라고 분명하게 지시하세요. 여러분이 목숨 걸고 하는 식당 아닌가요? 직원들을 너무 믿지 마세요. 우리는 철저히 이해관계로 만난 관계일 뿐입니다.

휴게 시간에는 직원들을
가게 밖으로 내보내라

식당의 브레이크 타임은 그냥 있는 게 아닙니다. 요즘은 노동법 때문에 근무 시간을 정확히 지켜야 하고, 그러기 위해서는 직원의 휴게 시간 역시 확실히 보장해야 합니다. 고용주 입장에서도 직원들의 휴게 시간, 즉 브레이크 타임이 없으면 급여 부담이 커집니다. 적절한 급여 수준을 맞추기 위해서도 브레이크 타임은 반드시 필요합니다. 만약 우리 가게의 브레이크 타임이 오후 3시부터 5시까지라면 이 시간에는 직원들을 매장 밖으로 내보내는 게 좋아요. 급여에 식비를 추가로 책정해서 직원들이 식사를 밖에서 해결하게 하는 것이 가장 좋습니다.

밖에서 식사 후 브레이크 타임 종료 시간에 맞춰 들어오도록 하면 노동법을 위반할 일도 없고, 직원들이 휴게 시간을 가지고 이러쿵저러쿵 말이 나오는 것도 방지할 수 있어요. 만약 직원들이 우리 식당 음식을 먹고 싶다고 하면 사서 들고 나가게 하세요. 무조건 이 시간 동안은 문을 잠가야 해요. 냉정하게 들릴 수도 있지만 철저히 지켜야 오해가 없고 스트레스를 받을 일도 없습니다. 직원들한테 식사를 직접 제공하거나 직접 해먹으라고 하면, 직원들은 이미 오후 2시만 되어도 밥을 하기 시작할 겁니다. 2시 반쯤 되면 앉아서 식사를 시작하죠.

그리고 식사가 끝나면 3시부터 5시까지는 또 쉬어야죠. 원래 2시부터 3시까지는 근무시간인데도 식사 준비로 시간을 날려보냅니다. 2시부터 3시까지는 직원들한테 돈을 지불한 시간입니다. 이게 처음에는 한두 번이다 나중에는 습관이 되고 문제가 심각해집니다. 2시부터 3시까지 한 시간 동안 해야 할 일이 많아요. 점심 장사 후 뒷정리도 해야 하고 저녁 장사 준비도 해야 합니다.

그런데 이걸 식사하고 휴게 시간도 지나서 시작하면 당연히 할 일이 너무 많은 것처럼 느껴집니다. 그러면 직원들이 점심을 일찍 먹은 건 생각하지도 않고, "우리 가게는 매일 너무 바빠. 여긴 일할 사람이 항상 모자라."라고 말합니다. 그러니 애초부터 이런 상황은 절대 만들지 않아야 합니다.

1분 1초라도 사장이 먼저 시간을 지켜라

만약 오전 10시부터 근무시간이라면 10시부터 직원들에게 노동의 비용을 지불하는 것입니다. 절대 9시 50분까지 출근하는 건 바라지 마세요. 제 주변에도 그런 분이 많아서 드리는 말씀입니다. "그래도 직장인데 10시부터 업무가 시작이라면 적어도 10분 전에는 나와야지."라는 게 그들의 논리입니다. 그런데 이것도 굳이 지적하자면 노동법에 위반됩니다. 우리는 되도록 문제가 될 일을 만들지 않아야 합니다. 10시가 아니라 9시 50분부터 사람이 필요하면 그때부터 비용을 지불하세요. 이건 너무 당연한 거예요.

여러분이 정해진 시간을 잘 지켜야 직원들한테도 정당한 요구를 할 수 있어요. 여러분도 시간을 제대로 지키지 않으면서, 그들이 브레이크 타임이 3시까지인데 3시 10분에 들어오면 왜 늦었냐고 할 건가요? 절대 그러면 안 됩니다. 직원들이 정해진 시간에 1분 1초도 늦으면 단순히 "죄송합니다."라는 말로만 끝내지 말고 페널티를 줘야 합니다. 자주 늦는 직원은 시간을 정확히 계산해서 한 시간이 모이면 정확히 급여에서 그만큼 빼야 합니다. 그래도 그런 일이 반복된다면 그 직원과는 작별하는 것이 낫다고 생각합니다.

세무법인이나 노무법인을 이용하는 것도 좋아요. 작은 식당 하나를 운영하는 데도 생각보다 법을 따져야 할 일이 많아요. 세무사와 노무사에게 업무를 맡기면 여러분이 골머리 썩을 일이 줄어듭니다. 요즘은 왜 그러는 건지 모르겠지만, 별다른 문제 없이 서로 기분 좋게 퇴직하고도 노동부를 찾아가는 사람이 많아요. 왜 그런지 이유도 없어요. 나중에 얘기를 들어보면 전혀 문제가 될 일이 아니었던 것도 많아요. 그런데도 노동부로 갑니다. 어차피 서로 안 볼 사람이라서 그런 것 같습니다. 무슨 마음으로 그렇게 하는지는 모르겠지만, 여러분이 가게를 운영하다 보면 그런 사람들도 많이 만날 겁니다.

그러니 애초부터 조금이라도 문제가 될 만한 일은 만들지 않는 것이 가장 좋습니다. 정해진 휴식 시간 외에 티타임, 흡연 타임 등도 애매한 부분이니 처음부터 명확히 정하고 넘어가는 것이 좋아요. 흡연에 관해서는 처음 면접 때부터 말해야 합니다. "흡연은 브레이크 타임에만 가능하고 영업시간에는 담배를 피울 수 없습니다. 그래도 괜찮으세요?"라고 꼭 물어보세요. 그게 불편하고 힘든 사람은 우리 가게에 일하러 오지 않겠죠. 그래야만 서로 깔끔하게 정리할 수 있어요.

흡연하는 직원이 담배를 한 시간에 한 대씩 피운다고 했을 때, 흡연 시간을 모두 합하면 하루에 한 시간이 넘습니다. 급여를 지급하면서도 쉬는 시간을 더 주는 겁니다. 이건 비흡연자인 다른 직원과의 형평성에도 어긋나는 부분입니다. 흡연에 관한 규칙이 꼭 있어야하는 더 중요한 이유는 손님이 가장 붐비는 시간대를 생각해보면 명확해집니다. 손님이 한창 들어오는 저녁 6시에 주문이 밀리고 다들바빠서 난리가 났는데, 흡연하는 직원이 "안 되겠다. 나 나가서 담배 좀 빨리 피우고 올게."라며 나가버린다고 생각해보세요. 말이 안 되는 상황이지만 그래도 그렇게 하는 사람이 많아요.

이런 이유로 오전에 한 번 10분, 오후에 한 번 10분으로 규칙을 정해서 지킬 수 있게 해야 합니다. 근무시간에는 최대한 근무지를 이탈하지 않고 자리를 지키는 걸로 해야 합니다. 처음부터 그렇게 하지 않으면 나중에 바로잡기가 너무 힘들어요. 저는 여러분을 위해 이런 말을 하는 거지, 직원들을 위해 이야기하는 게 아니므로, 제 말이 다소 냉정하게 느껴지더라도 반드시 기억하고 지켜야 합니다.

마지막으로 한 가지만 조언하겠습니다. 우리 가게를 위해 일해주는 고마운 직원들이니 가족같이 지내고 싶다고요? 절대 안 됩니다. 나중에 후회하지 말고, 처음부터 직원들과는 적절한 거리를 두세요. 회식을 하더라도 회식비만 지급하고 그 자리는 참석하지 않는 것이 좋아요. 여러분이 직원들의 개인사를 일일이 알 필요도 없습니다.

직원들과 가족같이 지낸다는 건 안 그래도 골치 아픈 식당 일에 더 골치 아픈 일을 보태는 것입니다. 아니, 조금 골치 아픈 정도가 아니라 아예 구덩이를 파서 스스로 들어가는 것과 같아요. 직원을 뽑을 때는 신중하게 결정하고, 아닌 것 같은 사람은 냉정하게 이별하세요. 수많은 스트레스 요인 중 하나를 미리 잘라내는 것입니다.

이것만 알아도
손해는 절대 안 본다

고정비용과
손익분기점 계산법

식당을 유지하기 위해 한 달에 고정적으로 지출해야 하는 비용의 총합을 고정비용이라고 합니다. 월 임대료, 인건비, 배달 대행업체 수수료 등 여러분이 가게를 열었을 때, 그냥 숨만 쉬어도 나가는 돈이 얼마인지 따져보는 겁니다.

우리 식당에서 한 달에 고정비를 얼마나 쓰는지 알아야만 어떤 메뉴를 얼마나 팔아야 하는지 계획을 세울 수 있어요. 고정비용과 손익분기점을 아는 것은 정말 중요합니다. 이걸 처음부터 제대로 따져보지 않으면, 나중에 식당을 시작하고 나서는 너무 늦습니다. 바로잡기가 힘들어요.

고정비용과 손익분기점
계산하는 방법

윤달식당 고정비용		일 매출액	순수입	월 수익
직원 급여(1명)	250만 원	10만 원일 때	−22,223원	−577만 원
아르바이트 급여(4명)	200만 원 (50만 원×4명)	20만 원일 때	−16,523원	−429만 원
월 임대료(월세)	165만 원	30만 원일 때	−10,823원	−281만 원
배달의민족 울트라콜 비용	70만 원	40만 원일 때	−5,123원	−133만 원
배달 대행업체 월 가맹비	10만 원	49만 원일 때	0.0069원	1,800원
세무 노무 대행비	12만 원	50만 원일 때	0.5769원	15만 원
인터넷 월 사용료	5만 원	60만 원일 때	6.2769원	163만 원
포스기 월 임대료	3만 원	70만 원일 때	11,976원	311만 원
세스코 월 이용료	9만 원	80만 원일 때	17,676원	459만 원
정수기 월 이용료	2만 원	90만 원일 때	23,376원	607만 원
합계	총 726만 원	100만 원일 때	29,076원	756만 원

표 1 윤달식당의 고정비용과 월 수익 계산

QR코드를 찍어 우리 가게의 고정비용과
손익분기점, 원가를 계산해보세요.
숫자를 입력하면 자동 계산되는 쉬운 표입니다.

일단 식자재비를 제외한 고정비용을 정확히 뽑아봐야 합니다. 이 표는 윤달식당에서 홀 영업은 중단하고 배달만 했을 때를 기준으로 고정비용을 정리한 것입니다. 물론 저와 여러분의 고정비용 항목이 다를 수 있습니다. 무슨 항목을 어떻게 잡느냐에 따라 다르죠. 여러분이 저보다 더 많은 항목을 잡았다면 고정비용이 더 올라갈 거고, 제가 잡은 것 중 필요 없는 것을 빼면 내려갈 겁니다.

고정비용에서 가장 큰 비중을 차지하는 게 인건비입니다. 직원 1명 급여 250만 원, 아르바이트 총 4명(오전, 오후, 주말)의 급여가 200만 원입니다. 월세 165만 원, 세무와 노무 위탁 비용 12만 원, 배달의 민족 울트라콜 비용이 70만 원입니다. 오토바이 배달 대행업체에 내는 월 가맹비 10만 원, 세스코 유지비 월 9만 원, 인터넷 사용료 월 5만 원, 포스기 임대료 월 3만 원, 정수기 사용료 월 2만 원입니다. 이것 말고도 조금씩 나가는 자잘한 고정비용이 있지만 일단 식당을 운영할 때 필요한 가장 일반적인 항목만 작성해보았습니다. 이렇게 계산했을 때, 모든 비용을 더하면 총 726만 원이 나옵니다.

만약 식당의 하루 수입이 10만 원이라 가정한다면 한 달 기준 577만 8천 원이 적자입니다. 그럼 적자를 보지 않는 손익분기점은 어디일까요? 하루 수입이 49만 원일 경우 1,800원의 이익이 발생하기 시작합니다. 하루 50만 원을 팔면 15만 원이 남습니다. 그럼 '내가 최소 50만 원을 팔아야 본전이구나'라는 판단이 섭니다. 만약 하루 100만 원을 팔면 월 756만 원이라는 순수익이 나옵니다.

여기서 줄일 수 있는 것이 여러 가지가 있죠. 아르바이트 인원을 줄일 수도 있고, 세스코 비용도 뺄 수 있고, 아니면 직원 없이 아르바이트만 두고 운영할 수도 있습니다. 그럼 똑같이 하루 100만 원을 벌어도 한 달이면 1,000만 원 넘게 내 주머니로 가져갈 수 있습니다.

고정비용을 알면
뭘 팔아야 할지 보인다

한 달 고정비용 726만원을 30일로 나눠보면 하루 24만 원, 장사를 하든 안 하든 숨만 쉬어도 나가는 돈이 얼마인지 알 수 있습니다. 하루 24만 원은 무조건 마이너스라고 생각하면 너무 무섭지 않나요? 이 비용만 봐도 장사를 쉽게 생각해서는 안 된다는 걸 알 수 있어요. 오늘 내가 너무 피곤하고 힘들어서 하루 문을 닫았습니다. 장사도 하지 않았고, 매출도 없는데, 고정비용 24만 원은 그냥 날아갑니다. 그러니 쉬고 싶어도 쉴 수가 없어요.

다음 표는 인건비를 최저로 잡은 사례입니다. 직원 없이 사장과 아르바이트 몇 명(인건비 총 200만 원)으로 하루에 33만 원을 팔면 손익분기점이 나옵니다. 하루 매출 50만 원과 33만 원은 느낌이 굉장히 다르죠? 그래서 고정비를 어떻게든 줄이는 것이 중요합니다. 그래야 여러분에게 돌아가는 수익이 확실히 느껴집니다. 또한 고정비용에서는 인건비가 가장 큰 변수라는 걸 알 수 있습니다.

물론 가게의 매출이 확 늘어나는 게 가장 좋겠지만, 매출을 늘리기 위해 직원을 한 명 더 써서 규모를 키워야 한다면 오히려 순수익은 감소할 수밖에 없어요. 우리 식당이 한 달에 120만 원을 더 벌어

윤달식당 고정비용		일 매출액	순수입	월 수익
아르바이트 급여(4명)	200만 원 (50만 원×4명)	10만 원일 때	−22,223원	−327만 원
		20만 원일 때	−16,523원	−179만 원
월 임대료(월세)	165만 원	30만 원일 때	−10,823원	−31만 원
배달의민족 울트라콜 비용	70만 원	33만 원일 때	5,123원	13만 원
배달대행업체 월 가맹비	10만 원	40만 원일 때	0.0069원	117만 원
세무 대행비	12만 원	50만 원일 때	0.5769원	265만 원
인터넷 월 사용료	5만 원	60만 원일 때	6.2769원	413만 원
포스기 월 임대료	3만 원	70만 원일 때	11,976원	561만 원
세스코 월 이용료	9만 원	80만 원일 때	17,676원	709만 원
정수기 월 이용료	2만 원	90만 원일 때	23,376원	858만 원
합계	총 476만 원	100만 원일 때	29,076원	1,006만 원

표2 인건비를 최저로 잡았을 때 윤달식당의 고정비용과 월 수익 계산

도, 직원을 한 명을 더 고용한 인건비가 그보다 크니 순수익은 떨어집니다. 직원을 채용해서 규모를 늘리는 게 무조건 좋은 게 아니라는 겁니다. 내 주머니에 들어오는 돈이 당장 줄어드는데 식당 규모만 늘리는 건 의미가 없습니다.

손익분기점을 완벽하게 계산하면 우리 가게에서 어떤 메뉴를 팔아야 할지 알 수 있어요. 예를 들어, 여러분이 한 끼에 6,000원짜리 메뉴를 파는 기사 식당을 운영한다고 가정했을 때 손익분기점이 늘 딱 떨어져서 버는 게 없을 수도 있어요. 하루에 100명씩 손님이 와서 식당이 바글바글하면 큰돈을 버는 것 같지만, 막상 한 달이 지나 계산을 해보면 전혀 내 손에 남는 게 없습니다.

이제, 단가가 높은 메뉴를 따져볼까요? 테이블 하나당 단가가 5만 원이라고 가정하면, 하루 50만 원의 매출을 올리려면 10팀만 받으면 됩니다. 내가 국밥집을 한다면, 국밥 한 그릇이 보통 8,000원 정도 합니다. 그럼 하루 80만 원의 매출을 올리기 위해 국밥 100그릇을 팔아야 합니다. 여러분의 수익으로 들어오는 금액이 직원이 없다는 가정 아래 700만 원이고, 직원을 한 명이라도 둔다면 250만 원을 빼야 합니다. 그 정도 수익에도 만족한다면 단가가 낮은 음식을 판매해도 괜찮습니다.

여기까지만 읽어도 여러분은 '나는 8,000원 짜리 국밥을 100명에게 팔 거야' 혹은 '테이블당 5만 원짜리 음식을 20명한테 팔 거야'라는 목표를 세울 수 있겠죠. 이런 목표를 세우는 건 굉장히 중요합니다. 여러분은 목표를 정하고 이것을 향해 달려가야 합니다. 그렇다면 저렴한 국밥을 파는 것과 5만 원짜리 음식을 파는 것 중 어느 쪽이 쉬울까요?

목표치를 이루는 건 국밥 100그릇이 더 쉽습니다. 8,000원짜리 국밥은 누구나 만만하게 먹을 수 있는 만족도가 높은 음식이고, 유동인구가 많은 지역에 식당이 위치한다면 점심, 저녁 두 번에 100그릇을 달성하는 게 어렵지는 않을 겁니다. 낮에 60그릇을 팔았다면 밤에 40그릇을 더 팔고 마감하면 됩니다.

그런데 5만 원짜리 음식은 어떤가요? 일단은 단가가 높으니, 이 금액을 기꺼이 지불할 수 있는 타깃층을 노려야 합니다. 식당이 위치한 자리도 중요하고 아이템도 중요합니다. 횟집이나 한우를 판매하는 고깃집 정도가 좋은 아이템이겠죠. 횟집이 사실 가장 손쉽고 멀리 갈 수 있는 아이템이고, 그다음이 비싼 돈을 지불해도 아깝지 않은 소고깃집입니다. 이런 아이템이 아니라면 한 테이블에서 5만 원을 만들어내는 게 정말 힘들어요. 한 테이블에 두 명이 왔을 때 5만 원, 네 명이 왔을 경우 매출이 조금 더 올라가는 메뉴를 잘 고민해봐야 합니다.

아마 쉽게 떠오르는 메뉴가 없을 거예요. 하지만 7,000~9,000원 정도의 음식은 할 수 있는 게 굉장히 많습니다. 고정비용을 내고 손익분기점에 맞춰 팔고 싶은 메뉴와 총매출 단가를 맞춰보세요. 선택은 여러분의 몫이지만 이 과정은 반드시 거쳐야 합니다.

식당 평수, 직원 수, 주민 수에 따라
매출이 보인다

식당 평수, 직원 수, 주민 수를 보면 매출이 어느 정도 보입니다. 윤달식당은 지역주민 수가 8,000명밖에 안 되는 곳에 있습니다. 가구 수는 3,000세대 정도 된다고 하는데, 실제로 제가 느끼기에는 그보다 적었습니다. 유동인구가 너무 없어요. 우리 식당이 아무리 대박이 나도 8,000명이 와서 매일 식사를 하는 건 아닙니다. 같은 지역에 식당이 50개가 있다고 가정해볼까요? 사람들이 매일 외식을 한다고 해도, 여기서 몇 곳이나 살아남을까요? 8,000명이라는 인구를 아무리 돌려봐도 식당 하나당 방문자 수는 빤하게 보입니다.

이런 위치에서는 우리 가게가 배달의민족 맛집 랭킹 1, 2위를 찍어도 사실 별 의미는 없어요. 맛집 랭킹에 올라봤자 실제 주문 수는 얼마 되지 않습니다. 제가 배달의민족에 처음 입점하고 한 달 만에 한식 맛집 랭킹 2위가 됐습니다. 솔직히 너무 놀랐어요. 주문 숫자가 많은 것도 아닌데, 이 정도로 2위를 찍다니요. 순위에 올랐다고 제가 기분이 좋았을까요? 아닙니다. 오히려 이건 뭔가 잘못됐고, 아무리 배달 전문점이라도 결국 수요 자체가 많은 자리에 들어가야 한다는 걸 그때 확실히 느꼈습니다.

자리가 나빠도, 유동인구가 없어도 내가 열심히 하고 홀과 배달을 같이 하면 돈을 조금 벌 수는 있겠죠. 하지만 우리는 그 정도로 만족할 수는 없습니다. 저는 그때 망했다는 생각이 들었습니다. 하루에 배달 주문 건수라고 해봤자 20건, 정말 많았을 때는 50건이에요. 이게 이 동네에서 할 수 있는 최대치였어요. 한때는 제가 윤달식당의 홀을 꽉 채워보기도 했어요. 아침 10시에 오픈해서 저녁 10시 마감 때까지 2인석, 3인석, 4인석 다 채워가면서 음식을 팔아도 최대 매출 160만 원이 한계였습니다. 유동인구가 없는 지역의 식당에서 할 수 있는 한계입니다.

윤달식당처럼 가게 평수 40평에 테이블 10개로는 어떤 종목을 파느냐에 따라 물론 다르겠지만 배달까지 했을 때 하루 매출 200만 원 이상은 불가능합니다. 매출을 그 이상 내고 싶었다면 처음부터 동선을 확보하고 홀의 테이블 수도 늘렸어야 했어요. 일정 평수, 일정 테이블 수에서 보이는 한계치가 분명히 있습니다. 윤달식당 정도의 규모에서는 그 이상은 갈 수가 없어요. 물론 매일 200만 원을 이 정도 규모에서 직원 없이 판다고 가정하면 돈방석에 앉을 수 있어요. 하지만 같은 규모에서 직원을 두고 한다면 한계가 명확해 보입니다.

윤달식당이 만약 테이블당 단가가 높은 아이템을 팔았다면 이야기는 또 달랐을 것입니다. 예를 들어, 테이블당 단가가 5만 원 이상 나오는 횟집이었다면, 아마 하루 300만 원 이상의 매출도 냈을 겁니다. 그만큼 어떤 음식을 파느냐도 중요합니다. 배달 역시 인구수 8,000명으로 할 수 있는 건 별로 없어요. 맛집 랭킹 1위를 하든 2위를 하든 의미가 없어요. 여기가 그만큼 배달 건수가 없는 동네라는 것만 증명하는 셈입니다.

만약 여러분이 들어가고자 하는 위치의 배달 시장이 어떻게 형성되어 있는지 알고 싶다면, 방법을 알려드리겠습니다. 일단 배달의민족 앱을 켜세요. 그리고 확인하고 싶은 지역의 맛집 랭킹을 누르세요. 그런 다음 실제로 이 가게의 리뷰가 몇 개나 올라오는지, 주문 건수 누적이 얼마나 되는지 잘 살펴보세요. 그리고 이 식당에 직접 가보세요. 식당에 두 시간 정도 앉아서 술 한잔하면서 홀에는 손님이 몇 명 있고 배달의민족 주문이 몇 개나 울리는지 보세요. 점심, 저녁 시간이 피크타임이라 생각하면 됩니다. 이 정도의 치밀함은 있어야 합니다.

단순히 '맛집 랭킹 1위를 하다니, 대단하네?' 할 건 아닙니다. 애초에 수요가 많지 않은 지역이라면 허울만 좋은 빈껍데기일 가능성이 큽니다. 매출이 높다고 돈을 버는 것도 아닙니다. 횟집의 경우를 생각해볼까요. 광어 1kg의 도매가가 2만 원 정도라고 쳤을 때 보통 원가를 25% 정도로 잡아야 하니, 원가의 4배인 8만 원에 팔면 될까요? 그런 값비싼 횟집은 동네에서는 망할 가능성이 높아요. 보통 동네 횟집에서는 4만 원 정도에 팝니다. 회 한 접시의 원가만 50%인 셈입니다. 그런데 상관없어요.

이 경우 회 한 접시에 2만 원의 이윤이 발생하니까요. 반대로 여러분이 국밥을 파는데 국밥 한 그릇의 원가가 4,000원이고, 판매가는 8,000원이라면 2만 원의 이윤을 얻기 위해 국밥 5그릇을 팔아야 합니다. 그러므로 원가는 낮아져야 하고 가격은 좀 더 올라가야 합니다. 마진폭이 넓어져야죠. 하지만 회는 마진폭이 그렇게까지 크지 않아도 됩니다. 회나 한우 같은 메뉴는 워낙 마진이 크기 때문에 원가 대비 마진폭이 줄어들어도 됩니다. 하나를 팔아도 마진율이 높은 것은 회나 한우지만 국밥이 더 대중적인 음식이기 때문에 더 많이 팔 수는 있습니다. 이런 부분을 잘 생각해봐야 합니다.

벌고 싶은 금액에 따라
메뉴를 정하라

여러분이 10평짜리 가게를 한다고 가정해볼까요. 앞서도 말했듯이 가게의 평수에 따라서 벌 수 있는 금액은 어느 정도 한계가 있습니다. 매출이 가게 평수와 테이블 수에 따라 정해져 있다고 해도, 우리는 그 이상을 벌고 싶잖아요. 그럼 그에 맞게 메뉴를 선택해야 합니다. 하루에 70만 원을 벌어서 한 달에 700만 원을 가져가겠다는 목표를 정했다면 그에 맞춰 10평짜리 가게를 70만 원까지 벌 수 있도록 세팅해야 합니다. 같은 조건에서 같은 고정비로 하루 매출을 올리고 싶다면 무조건 단가가 높은 초밥, 회, 소고기구이, 족발, 보쌈 등을 선택해야 해요.

저는 윤달식당에서 '훈연철판보쌈'을 판매했습니다. 철판에 야채를 중화식으로 볶아서 깔고 그 위에 동파육 양념을 한 삼겹살을 보쌈처럼 삶아서 올렸어요. 훈연기를 이용해 훈연 향이 배도록 하고 토치를 이용해 겉면을 바삭하게 익혔습니다. 손님들한테 인기도 많고 잘 팔리는 음식이긴 했지만 손이 너무 많이 갔어요. 처음 잡아놓은 고정비용대로라면, 사람을 더 쓰지 못하고 혼자서 만들어야 하는데, 그렇게 할 수가 없었어요.

인건비까지 지출하면서 이 메뉴로 100만 원, 150만 원을 벌 수 있을까요? 그런 시스템을 만드는 건 여러분의 몫이지만 분명 한계는 있습니다. 여러분이 원하는 매출과 실제 수익, 고정비용과 가게의 규모 등 한계점을 뛰어넘고 싶다면 무조건 단가가 높은 음식을 팔아야 합니다.

욕심을 내려놓고 손님 한 팀 한 팀에 최선을 다하라

식당이 처음부터 잘될 거라는 욕심은 조금 내려놓고 1년 후부터 대박이 터질 수 있도록 세팅하는 것이 중요합니다. 여러분이 동네 장사를 한다면 동네 사람들에게 인정받을 수 있는 시간이 필요합니다. 여러분이 식당을 오픈했다고 손님들이 기다렸다는 듯이 몰려들진 않아요. '언제 한번 가봐야지' 하고는 1년이 지나서 올 수도 있고, 6개월이 지나서 올 수도 있고, 자리가 좋지 않으면 그런 식당이 있는지조차 모르고 넘어갈 수도 있죠. 이런 시간을 기다리지 못하고 자신을 옭아매서는 안 됩니다. 그럼 스트레스를 받아서 아무것도 못해요.

손님이 안 오니까 자꾸 뭔가를 줄이려고 하고, 의욕도 떨어지는 모습이 손님 눈에는 보이지 않을까요? 손님들 눈에도 그대로 보여요. 시간이 해결해줄 것을 믿고 욕심을 조금은 내려놓아야 합니다. 초심을 잃지 않고, 손님들의 피드백을 들으며 기다려야 합니다. 이 시간 동안 뭐든지 해보세요. 손님이 오지 않는다고 하루하루를 지루하게 보낼 것이 아니라, 1년 후에 터질 수 있는 준비 기간으로 생각하고 연구도 하고 홍보도 해야 합니다. '인터넷에 뭘 좀 하면 되지 않을까?' 생각한다면 직접 해보세요. 아무것도 시도하지 않는 것과 해보는 것은 완전히 다르니까요.

손님을 기다리기만 할 게 아니라, 포장과 배달이라도 집중적으로 해보는 겁니다. 앞으로 1년 후에 빵 터질 순간을 위해 신메뉴도 연구해보세요. 반드시 더 생산적인 일을 해야 합니다. 우리 가게를 방문한 테이블 한 팀을 최선을 다해서 잡으면 이 사람들이 당연히 다음에 또 오겠죠. 내가 하루에 한 팀만큼은 단골로 만들겠다고 생각한다면, 한 달이면 30팀을 단골로 만드는 겁니다. 1년 뒤면 365팀입니다. 이런 단골들이 기본적인 매출을 깔아주고 여러분 가게의 가장 아름다운 인테리어가 되어줍니다.

앞에서도 말했지만 자리를 가득 채운 손님들만큼 훌륭한 인테리어는 없습니다. '어? 저기는 왜 저렇게 손님이 많지?' 하고 손님들이 저절로 들어오니까요. 그러니 모든 테이블에 최선을 다하세요. '이 손님이 내 첫 손님이자 마지막 손님이다'라는 생각으로 서비스하고 음식을 만드세요. 하루에 한 팀만 잡으면 1년 뒤에는 365팀, 2년 뒤에는 730팀입니다. 그때쯤 되면 여러분의 가게가 완전히 자리를 잡은 거예요. 단골손님이 뭘 좋아하는지 안다면 손님 취향에 맞는 신메뉴도 내줄 수 있고, 눈인사라도 한번 더 건넬 수 있어요. 1년 뒤를 위해서 지금 한 팀이라도 최선을 다한다, 그걸 기억하세요.

초반에는 목표치를
합리적으로 세팅하라

오픈 초반이라면 저는 하루에 50만 원을 벌 수 있게 모든 시스템을 세팅할 겁니다. 하루 50만 원이면 본전치기 아니냐고요? 대신 직원을 쓰지 않고, 저와 아르바이트 한 명만 일하는 시스템으로 고정비용을 낮추겠습니다. 세스코 같은 시스템도 빼버리고, 포스기 이용료도 아깝다면 그냥 집에서 쓰던 컴퓨터를 갖다두고 직접 프로그램을 세팅해서 쓸 수도 있어요. 여러분이 주문을 직접 받아서 입력만 하면 되니까 굳이 포스기가 없어도 괜찮아요. 그런 식으로 고정비용을 계속 줄여나갈 수 있어요. 물론 고정비용을 줄이는 데도 한계가 있긴 하지만, 일단 인건비에서 크게 줄이고, 일 매출을 50만 원 정도만 목표로 잡는다면 순수익 월 300만 원 이상은 충분히 가져갈 수 있습니다.

동네 장사를 했을 때 처음부터 매일 100만 원, 200만 원씩 버는 건 무척 어려운 일입니다. 아니 거의 불가능합니다. 초반에는 목표치를 합리적으로 세팅하고, 가게가 자리를 잡을수록 매출을 점점 올려나간다고 생각하세요. 이렇게 하면 나중에 인원이 더 필요한 시점이 언제인지, 사람을 고용해야 할 정확한 타이밍이 언제인지도 알 수 있습니다. 이렇게 하면 손해 볼 일 없이 원하는 이윤을 가져갈 수 있을 겁니다. 지금은 인건비가 굉장히 중요한 세상이라 저는 최소인원으로 낼 수 있는 매출 50만 원을 목표로 1인 식당을 제시한 겁니다.

고정비용을 꼼꼼히 따져서 손익분기점을 파악하고 직원이나 아르바이트를 고용하는 것이 너무 중요합니다. 이것만 잘해도 손해 볼 일이 거의 없어요. 이제, 여러분은 어떤 식당을 할지, 어떤 메뉴를 선택할지, 얼마를 벌어야 할지 좀 더 구체적으로 알게 되었을 겁니다.

이윤을 제대로
남기는 노하우

장사에서 가장 중요한
원가 계산법

어쩌면 모든 내용 중에서 가장 중요할지도 모르는 부분입니다. 음식의 원가를 계산할 줄 모르면, 아무리 많이 팔아도 이윤을 남기지 못하고 자원봉사만 실컷 하고 몸만 고생하다 끝날 수도 있어요. 우리 가게에서 파는 음식이라면 그 안에 들어가는 식자재 하나하나, 소스에 들어가는 재료 하나하나까지 정확히 알아야 해요.

장사를 한다는 분이 음식에 고춧가루와 마늘을 대충 한 숟갈씩 넣고 "에이, 그거 얼마 되지도 않는데 뭘 따지고 그래?" 이러면 안 됩니다. 정확한 원가를 계산해야 식자재 비율을 알 수 있고, 그래야만 고정비용과 휴무일 등을 고려해서 판매가도 정할 수 있습니다. 이 과정만 정확히 해도 실패 확률이 현저히 떨어지는 게 아니라 완전히 바닥까지 떨어집니다.

원가 계산하기

오른쪽의 원가표는 윤달식당에서 판매하는 '닭볶음탕'을 기준으로 만든 것입니다. 닭, 양파, 대파, 소스 등 닭볶음탕 하나를 만드는 데 필요한 재료를 모두 넣어 보면 여러분이 팔고 싶은 음식의 원가, 판매가, 수익을 계산해볼 수 있습니다. 재료의 공급가는 한 번씩 변동이 발생합니다. 11호 닭을 예로 들면, 닭을 항상 같은 가격에 납품받을 수는 없습니다. 얼마 전까지만 해도 11호 닭 한 마리에 4,000원이었지만, 지금은 5,100원에 납품을 받고 있어요. 공급가가 왔다 갔다 하니까 이 표에 넣을 때는 단가를 거의 맥시멈으로 잡아둬야 나중에 손해 볼 일이 없겠죠. 저는 그래서 5,000원을 넣었어요.

판매가는 여러분이 정하는 겁니다. 여러분이 배달을 하지 않는다면 이 표에 표시한 배달 원가, 배달 비중은 신경 쓰지 않아도 됩니다. 저는 배달도 하기 때문에 넣었지만 배달을 하지 않는 분들은 이 항목들을 지우세요. 저는 배달에 필요한 일회용 숟가락, 젓가락, 배달비, 스티커, 속 비닐봉투, 배달 용기, 겉 비닐봉투 등을 모두 측정했어요. 이것만 해도 비용이 상당합니다.

결국 모두 계산해보면 배달 원가만 4,830원이고, 배달 비중이 판매가의 19.32%를 차지합니다. 굉장히 높은 편이죠. 판매가 1만 원짜

윤달식당 닭볶음탕					
식자재비		배달 비품비		판매가	25,000원
항목	단가	항목	단가	부가세 제외	22,727원
닭(11호)	5,000원	숟가락	60원		
양파	120원	젓가락	45원	부가세	2,273원
대파	120원	속 비닐봉투	15원		
수제비	150원	용기	200원	순수익	10,293원
감자	250원	배달비	4,400원		
무	125원	스티커	10원	식자재 원가	7,604원
당근	120원	겉 비닐봉투	100원		
팽이버섯	400원			식자재 비중	30.42%
소스	937원				
마늘	345원			배달 원가	4,830원
물	2원				
고춧가루	35원			배달 비중	19.32%
				일 목표 판매량	45그릇
				일 매출	1,125,000원
				일 순수익	463,197원

표 1 윤달식당 원가표

리 음식을 기준으로, 한 그릇(1인분)을 팔았을 때 배달 원가는 전체의 25%를 넘어가면 좋지 않아요. 25%를 마지노선으로 맞추기를 권합니다. 25%가 넘어가면 손익분기점이 너무 높아지기 때문입니다. 이 표만 봐도 배달 가격이 홀 가격보다 낮을 수가 없어요. 그러므로 배달을 계획하는 분들은 처음부터 배달 원가와 판매가를 잘 계산하고, 그런 다음 홀의 판매가를 배달가에 맞춰야 해요. 홀에서는 2만 원을 받는 음식을, 배달은 2만5,000원을 받으면 안 되니까요. 그러면 손님들은 "어? 이 집은 가서 먹을 때랑 시켜 먹을 때랑 가격이 다르네. 다음부터는 시키지 말아야겠는걸." 하는 말이 나옵니다.

1일 매출을 계산해보면 부가세를 제외한 금액과 부가세를 포함한 금액을 확인할 수 있고, 그 아래 순수익도 확인할 수 있습니다. 여기서 순수익이라는 건 말이 순수익이지 고정비용이 하나도 들어가지 않은 것입니다. 저는 배달비를 넣었지만, 배달비를 빼면 배달 비중이 0%가 되므로 쭈욱 떨어집니다. 1일 판매 목표가 만약 2만5,000원짜리 닭볶음탕 한 그릇이라면, 식자재 원가는 7,604원이고, 순수익이 1만293원입니다. 이건 식자재 비중이 30%일 때의 계산인데, 식자재 비중은 어떤 음식을 얼마에 파느냐에 따라 27~33%까지 조정하는 게 맞다고 생각합니다. 닭볶음탕 한 그릇의 판매가로 2만2,000원을 넣으면 하루에 한 그릇을 팔았을 때 1일 순수익은 1만2,300원이고, 하루에 최고 30그릇을 판다면 매출이 66만 원, 순수익은 37만1,880원이 나옵니다.

윤달식당의 고정비용표을 적은 표입니다. 저처럼 여러분도 고정비 항목을 하나하나 빠짐없이 적어보세요. 예를 들어, 직원 한 명, 아르바이트 네 명, 월세, 배달의민족 울트라콜 비용, 세무 노무 비용, 배달 대행업체 가맹비, 세스코 이용료, 인터넷 사용료, 포스기 월 임대료, 정수기 월 임대료 등입니다. 분명히 이것보다 더 많이 들어

(월 4회 휴무, 식자재 비율 30%, 카드 수수료 4% 기준)

윤달식당 고정비용		예상 일 매출	일 순수익	월 순수익
직원 급여(1명)	250만 원	10만 원	−222,231원	−5,804,000원
아르바이트 급여(4명)	200만 원	20만 원	−16,523원	−4,348,000원
월 임대료(월세)	165만 원	30만 원	−10,823원	−2,892,000원
배달의민족 울트라콜 비용	70만 원	40만 원	−55,231원	−1,436,000원
배달 대행업체 월 가맹비	10만 원	50만 원	769원	20,000원
세무 노무 대행비	12만 원	60만 원	0.5769원	1,476,000원
인터넷 월 사용료	5만 원	70만 원	6.2769원	2,932,000원
포스기 월 임대료	3만 원	80만 원	11,976원	4,388,000원
세스코 월 이용료	9만 원	90만 원	17,676원	5,844,000원
정수기 월 이용료	2만 원	100만 원	23,376원	7,300,000원
합계	총 726만 원	150만 원	29,076원	14,580,000원
일 평균 고정비용	279,231원	200만 원	840,769원	21,860,000원
손익분기 일 매출	498,626원	300만 원	1,400,769원	36,420,000원

표 2 고정비용 계산하기

갈 거라고 생각합니다. 모든 비용을 빠짐없이 적어 금액을 입력하면, 한 달에 얼마가 나가는지 고정비용이 나와요. 그러면 일평균 고정비용도 알 수 있어요. 여기서는 일평균 고정비용이 24만 2,000원이 나옵니다. 여러분이 장사를 안 하고 문을 닫아도, 숨만 쉬어도 24만 2,000원씩 매일 나간다는 뜻입니다. 하루만 가게 문을 닫아도 24만 2,000원을 그냥 날리는 거예요.

보통 식당은 문을 잘 안 닫으니까 우리 가게도 한 달에 휴무가 없는 걸로 가정했어요. 그러면 손익분기점에 이르는 하루 매출액은 44만 2,000원이 나옵니다. 그런데 나는 일주일에 한 번은 문을 닫고 쉬고 싶어서 한 달에 네 번을 휴무로 정한 다음, 식자재 비율을 30%, 카드 수수료는 카드사마다 다르기 때문에 평균 4%로 잡아서 10만 원 치 음식을 판다면 하루 일 수익이 마이너스 22만 원이에요. 그럼 손익분기점은 어딜까요? 내가 50만 원 치의 음식을 파는 시점이란 걸 확인할 수 있고, 이때 순수익은 769원입니다.

그러니까 한 달에 네 번 휴무를 할 경우 최소 50만 원은 팔아야 그때부터 수익이 발생합니다. 월 4회를 휴무로 하고 하루 100만 원을 팔았을 때 식자재 비율이 30%이고, 카드 수수료가 4%일 때는 100만 원 팔았을 때 월 730만 원의 순수익을 가져갈 수 있어요. 150만 원을 팔면 1,450만 원을 가져가요. 그런데 50만 원을 팔면 달랑 2만 원을 가져가요. 이 구간이 손익분기점, 여러분이 팔아야 하는 최소 매출인 셈입니다.

하루 목표 매출을 알면
내가 뭘 팔아야 할지 보인다

식자재 비율을 30%로 잡고, 월 순수익을 500만 원 정도 가지고 가고 싶다면 하루에 85만 원 정도는 팔아야 합니다. 이걸 알면 내가 뭘 팔아야 할지 알 수 있어요. 내가 뭘 팔아야 할지 안다는 건 하루 80만 원의 매출을 올리기 위해 어떤 메뉴를 팔아야 하는지 따져볼 수 있다는 뜻입니다. 6,000원짜리 해장국이나 7,000원짜리 덮밥을 팔았을 때 100만 원까지 매출을 올리려면 얼마나 힘든지 이제 감이 잡히죠? 따라서 내가 원하는 매출에 이르려면 항목을 조정해야 합니다. 식자재 비율이 너무 높다면 30%로 잡지 않고, 25%로 조정할 수 있습니다.

또한 고정비용의 지출이 크니 휴무 없이 운영하는 걸로 바꾸면 계산은 완전히 달라집니다. 원자재 비율 25%에 휴무 없이 운영하면 손익분기점이 확 내려갑니다. 하루 40만 원에 2,000원을 버는 구간이 손익분기점이 되죠. 반면 하루에 100만 원을 번다면 한 달 순수익을 1,000만 원 넘게 가져갈 수도 있어요. 술집은 식자재 비율을 25%로 잡고 월 순수익을 1,000만 원 넘게 가져갈 수 있고, 소고기구이집은 식자재 비율을 더 높이고 단가를 그만큼 높게 측정해서 수익을 확 높일 수도 있습니다.

이런 점을 참고해서 여러분 가게에 해당하는 항목을 넣어보세요. 저는 직원도 넣고 아르바이트도 넣었잖아요. 나는 직원을 안 쓰고 아르바이트만으로도 충분해, 월세도 165만 원이 아니라 80만 원이야, 배달의민족 울트라콜도 많이 찍지 않을 거고 3개 정도만 찍어서 월 25만 원 정도만 지출할 거야, 세무와 노무도 내가 알아서 할 거야, 세스코도 필요 없어, 정수기도 가장 저렴한 걸로 할 거야, 포스기도 임대하지 않고 내가 프로그램을 직접 만들어서 사용할 거야, 이런 식으로 고정비용을 조정한다면 하루 목표 매출액은 훨씬 더 줄어들겠죠.

하루 20만 원만 팔아도 하루에 13,667원, 월 수익은 41만 원이 나옵니다. 이럴 때는 메뉴가 달라져도 돼요. 내가 하루에 50만 원만 팔아도 한 달에 590만 원을 가져가는 시점이 나옵니다. 이때는 덮밥을 팔아도 되고 분식집을 해도 됩니다. 이런 식으로 여러분에게 맞는 항목을 하나하나 적어보세요.

손익분기점을 파악하면
실패 확률이 확 떨어진다

고정비용을 어떻게 줄이느냐, 원가 세팅을 어떻게 하느냐, 휴무는 며칠로 하느냐에 따라 손익분기점이 완전히 달라지는 것을 확인할 수 있어요. 인건비를 직원 없이 아르바이트 두 명으로 잡고, 식자재 비율도 분식이나 덮밥 같은 건 솔직히 20%만 잡아도 되거든요. 그러면 손익분기점은 뚝뚝 떨어져요. 여러분이 어떤 메뉴를 팔 것인지 생각해보세요. 나는 국밥 8,000~9,000원짜리를 팔 건데, 인건비는 어떻게 정할 거고 월세는 어떻게 낼 건지 말이죠. 그런데 내가 원하는 순수익이 무조건 월 1,000만 원은 돼야 한다면 국밥이 답이 아닐 수도 있어요. 소고기나 회, 보쌈 등 판매가가 높은 음식을 선택해야 할 수도 있어요.

'아이템을 정했고 자리를 정했으니까 이제 뛰어들기만 하면 돼.' 이렇게 생각하지 말고 꼭 한번 표에 여러 항목을 대입해보고 손익분기점과 타산이 잘 맞는지, 내가 누군가를 위해 자원봉사를 하려는 건 아닌지 반드시 확인해야 합니다. 그러고 나서 시작해도 늦지 않아요. 이것만 알아도 실패 확률이 현저히 떨어지는 게 아니라 완전히 바닥까지 떨어집니다.

마지막으로 꼭 기억해야 할 것을 정리해보았습니다.

첫 번째, 가게 문을 닫아도 나가는 고정비용을 철저하게 계산해야 합니다.

두 번째, '남들이 이 가격을 받으니까 나도 이만큼은 받아야지' 하면 절대 안 됩니다. 모든 가게의 고정비용이 제각기 다르기 때문입니다. 그에 맞춰 판매가를 정해야 합니다.

세 번째, 음식 한 그릇에 고정비용과 마진을 반드시 녹여야 합니다. 그렇게 최종 판매가를 정하세요.

네 번째, 배달을 한다면 배달에 들어가는 모든 비용, 즉 포장 비용과 리뷰 이벤트 비용까지 판매가에 모두 녹여야 합니다.

다섯 번째, 식자재 원가 20%, 25%, 30%, 35% 이렇게 각각의 경우를 따져보세요. 어떤 경우가 가장 합리적이고 여러분한테 잘 맞는지 꼭 확인해야 합니다.

여섯 번째, 홀 장사도 하고 배달 장사도 한다면 반찬에 들어가는 원가와 반찬 용기값까지 모두 계산해야 합니다. 소스도 마찬가지입니다. 완벽하게 맞출 수는 없지만 어느 정도 감안해서 계산해야 합니다. 그렇지 않으면 의외로 반찬값과 소스값에서 무너져요. 한 달 동안 드는 반찬값과 소스값도 절대 무시할 수 없는 수준입니다. 반드시 꼼꼼하게 계산해보세요.

모르고 당하면 재앙이지만
미리 알면 피해갈 수 있다

실전에서 만나는
변수와 그 해결법

이번에는 식당을 오픈하면서부터 겪는 다양한 변수에 대해서 말해볼까 합니다. 실제로 장사를 하면서 정말 많은 문제에 부딪히게 됩니다. 실제로 해보지 않고서는 절대 알 수 없는 문제도 많습니다. 가게를 운영하며 그때 그때 해결하면 되지 않느냐고요? 아닙니다. 장사를 시작하고 나서 아는 게 아니라 하기 전에 알아야 합니다.

그래야만 처음부터 실수를 줄여나갈 수 있어요. 실수가 실수로만 끝나면 상관없지만, 보통 이런 실수를 해결할 때는 생각보다 큰 비용이 들어가고, 이것 때문에 제대로 장사도 해보지 못하고 휘청하는 경우가 많습니다. 실패의 확률을 조금이라도 낮춰야 성공에 더 가까워질 수 있다고 이야기했죠. 변수가 뭔지 제대로 파악해야만 대비도, 해결도 잘할 수 있습니다.

첫 번째 변수,
음식물 쓰레기 처리 문제

　　　　　　　　　　　　처음 식당을 오픈하면서 음식물 쓰레기를 처리하는 방법까지 생각하는 분이 있을까요? 그런데 어쩌면 가게 주변에 쓰레기를 버리는 곳이 없을 수도 있고, 너무 멀리 떨어져 있을 수도 있어요. 음식물 쓰레기 버리는 곳이 식당에서 100m만 떨어져 있어도 굉장히 힘들어집니다. 음식물 쓰레기야 까짓것 양손에 들고 한두 번 나르면 되지 않냐고요? 이게 하루 이틀이면 괜찮은데, 매일매일 무거운 쓰레기를 들고 나르다 보면 굉장히 고되고 힘들어요. 또한 주변에 음식물 쓰레기를 버리는 장소를 찾기 힘든 곳도 많아요.

　주민들의 민원 등 여러 가지 상황이 있을 거예요. 식당 주변에 음식물 쓰레기를 처리할 수 있는 장소가 있는지, 전용 봉투에 담는다면 그걸 모아둘 수 있는 공간이 있는지 꼭 확인해야 합니다. 아니면 음식물 처리기통을 구입하는 것도 하나의 방법입니다. 이 통은 6만5,000원에 구입할 수 있고, 음식물 쓰레기를 처리하는 사설 업체에서 수거해가므로 내가 직접 옮기거나 처리할 필요가 없어 편리합니다. 그런데 문제는 이 통을 가게 근처에 놓을 곳이 있느냐입니다. '내 가게 앞에 두는데 무슨 상관이야?'라고 생각할 수 있지만, 가게 앞에 바로 두면 손님들이 보기에 지저분해 보이고, 그렇다고 구석진 자리에 두면 냄새가 너무 납니다.

윤달식당이 있는 건물은 4층이 주거 공간이었어요. 그래서 음식물 쓰레기 냄새가 난다는 주민들의 불만이 많았어요. 음식물 처리기 통은 가게 입장에서는 편하고 좋은데, 민원 문제가 발생할 가능성이 큽니다. 이걸 놓을 수 있는 적당한 공간이 있는지 확인하고, 주변에 펜스를 쳐서라도 해결이 가능한지 잘 알아봐야 합니다. 음식물 쓰레기통을 사용하면 업체마다 수거해가는 가격이 다 달라요.

어떤 곳은 리터당 100원, 비싼 곳은 리터당 200원까지 해요. 저는 매월 26만 원 정도를 지불하고 사용했어요. 말이 26만 원이지, 윤달식당처럼 작은 식당에서 음식물 쓰레기 처리 비용으로만 26만 원을 쓴다는 건 문제가 있죠. 제가 김치나 깍두기 같은 걸 직접 만들다 보니 쓰레기가 많긴 했어요. 채소 쓰레기 부피가 엄청나서 음식물 쓰레기 봉투에 넣으려고 했더니 잘 안 되더라고요. 그래서 통을 썼더니 비용이 너무 많이 나왔어요. 식당을 하다 보면 이렇게 자잘하게 고민하는 변수가 많이 생깁니다.

20리터짜리 음식물 쓰레기 봉투 한 장의 가격은 저렴한 만큼 이게 가장 합리적이긴 해요. 하지만 쓰레기가 굉장히 많이 나오는 가게라면 처음에는 직원들한테 음식물 쓰레기를 갖다버리라고 하면 투덜대며 하겠지만, 나중에는 직원들이 가게를 그만두는 가장 큰 원인이 될 수도 있어요. 저는 결국 음식물 처리기통에서 음식물 쓰레기 봉투로 바꾸고, 김치를 담글 때 생배추 대신 절인 배추를 사용했어요. 그랬더니 쓰레기가 확 줄어서 처리 비용이 1만 원 정도밖에 안 나왔어요. 음식물 쓰레기통을 봉투로 바꿔서 아낀 25만 원을 절인 배추를 사는 데 썼어요. 이게 가장 효율적인 방법이었습니다.

두 번째 변수, 도시가스 변경 문제

윤달식당은 도시가스를 사용했어요. LPG는 관만 있으면 언제든지 사용할 수 있지만, 도시가스는 마음대로 변경할 수 없어요. 도시가스관의 동선을 변경하려면 해당 지자체에 일단 신고를 해야 합니다. 왜냐하면 지자체에서는 처음 영업 신고를 할 때 제출했던 설계도를 가지고 있어요. 그걸 그대로 사용해야 하는데 혹시 점검을 나왔는데 설계도와 다르다면 문제가 됩니다. 벌금까지 물어야 해요.

더 쉬운 예를 들자면, 동선 계산을 잘못해서 한쪽에 튀김기를 놓고, 다른 쪽에 간택기(업소용 가스레인지)를 놓고, 그 옆에 낮은 레인지를 뒀어요. 그런데 일을 하다 보니 낮은 레인지가 필요없는 겁니다. 그래서 간택기를 하나 더 놓으려고 하면 도시가스관이 바뀌기 때문에 다시 신고를 해야 하죠. 도시가스관을 설치하는 분들에게 이미 신고는 했으니까 바꿔달라고 하면 해주기는 합니다. 하지만 법을 어기는 것이니 나중에 무슨 일이 일어날지 모릅니다.

정식으로 도시가스관을 교체하려면 신고하는 데만 50만 원 정도 들고 도시가스를 설치할 때 가스보증보험을 들어야 하니까 100만 원이 또 들어요. 이건 보증금이니까 날아가는 돈은 아니지만 어쨌든 생각하지 못했던 돈이 드는 건 맞습니다. 어떤 업종을 하든 주방 설계는 처음부터 정말 신중하게 해야 합니다. 그렇지 않으면 변경할 때마다 아까운 돈이 훨훨 날아가버립니다.

세 번째 변수,
전기 용량 문제

매장에서 쓰는 전기는 사업자용이기 때문에 집에서 쓰는 가정용 전기와는 용량이 다릅니다. 사업자용 전기라고 가정용 전기에 비해 저렴한 것은 아닙니다. 대부분 가게 평수 15평을 기준으로 전기 용량이 나눠져 있는데, 최소 단위인 5kW(킬로와트) 정도가 기본으로 들어갑니다. 건물 주인은 전기 용량을 처음부터 크게 잡을 이유가 없어요. 그게 다 돈이니까요. 윤달식당처럼 업소용 냉장고 다섯 대, 일반 냉장고 네 대, 육절기와 진공포장기, 에어컨과 조명까지 사용하는 가게는 전기 용량 5kW 정도로는 턱없이 부족할 수 있어요.

이제 두 가지 문제가 발생합니다. 먼저 뭘 좀 하려고 하면 차단기가 내려가요. 간판불을 켤 때도 내려가고 에어컨을 켜도 내려갑니다. 그다음은 비용입니다. 전력량을 늘려야 하는데, 제 경험으로는

1kW를 증설하는 데 20만 원 이상 들어갔어요. 저는 15kW를 증설했으니, 비용이 300만 원 정도 들었습니다. 그 이후로는 전기 사용에 아무런 문제가 없었어요. 처음 장사를 시작하는 분들은 전기 용량에 대해 잘 알지 못할 거예요.

인테리어 공사를 시작할 때, 전기를 다루는 분들에게 "우리 가게는 가전제품을 이만큼 둘 건데, 어느 정도 용량이 필요할까요?"라고 물어보세요. 가게 조명을 달고 간판을 다는 분들이 정확히 알고 있습니다. 많은 분들이 한전에 전화를 해서 물어보는데, 한전에서는 우리가 아무리 설명해도 필요한 용량을 잘 몰라요. 용량 증설에 비용이 얼마나 드는지만 안내할 뿐입니다. 우리가 만물박사처럼 모든 걸 알고 시작하는 게 아니므로 여기저기 미리 물어보는 게 가장 좋습니다. '어떻게든 되겠지. 귀찮아서 신경 못 써!' 하다 돈 들어가고 시간을 뺏기고 나서야 후회막급이죠. 귀찮고 번거롭더라도 하나하나 정확하게 체크해야 합니다.

네 번째 변수,
주변 이웃과의 갈등과 민원 문제

또 다른 변수는 보통 여러분 주변에서 일어날 겁니다. 저는 처음부터 사람들이 잘 들어오지 않을 만한 건물 1층에 윤달식당을 냈습니다. 그래서 2층, 3층에는 임차인이 들어오지 않을 거라 생각했어요. 실제로 1년 동안은 아무도 들어오지 않았어요. 그런데 1년이 지나자 2층에 보험회사가 들어왔고, 3층에는 전기 관련 업체가 들어왔습니다. 저희 가게 앞에 파레트(화물 운반용으로 쓰이는 넓적한 플라스틱 받침대)도 잔뜩 쌓아놓곤 했어요. 저는 윤달식당 제품을 택배로 보내야 하기 때문에 박스를 싸야 합니다. 그랬더니 박스 싸는 테이프 소리가 너무 시끄럽다고 민원을 넣었어요.

저도 그때는 화가 나서 그분들한테 "왜 우리 집 발코니를 예쁘게 꾸몄더니, 여기에 파레트를 갖다 두셨어요? 당장 치우세요!"라고 했고, 서로 감정이 많이 상했습니다. 이런 일은 수도 없이 생깁니다. 이런 문제를 여러 번 겪으면서 깨달은 건, 현명하게 말하면 해결이 안 되는 게 없다는 겁니다. 무턱대고 싸우지 말고 좋은 말로 해결해서 잘 지내는 것이 가장 좋다는 겁니다. 웬만하면 주변에 적을 만들지 마세요. 안 그래도 싸울 일도 많고, 안 그래도 힘든 세상이잖아요. 이 정도는 큰 문제가 아니니까 무조건 원만하게 해결하세요.

심지어 저는 이런 일도 겪었습니다. 저희 가게 앞에 있는 원룸 건물에 사는 분들이 윤달식당 간판불이 너무 밝아서 잠을 못 잔다는 거예요. 시청에서 연락이 왔는데, 주민들이 너무 밝아서 잠을 못 자겠다는 민원이 들어왔대요. 저는 조명을 끄지 않아도 법에 걸리지는 않아요. 식당에서 간판도 못 켜면 가게를 어떻게 알리나요. 간판도 법이 정한 규격에 맞췄는데 간판을 끄고 장사를 하라는 게 말이 되나요. 시청 공무원에게 "그럼 간판불을 끄고 장사하라는 건가요?"라고 물었더니, 그건 아니고 시간을 잘 조정해서 해결하라고 하더군요.

그래서 새벽 2~3시까지 켜뒀던 조명을 그냥 밤 11시에 껐습니다. 민원을 넣은 분들이 잘 주무시라고요. 내가 한발 양보하면 해결할 수 있어요. 하지만 불합리하다 생각되는 일은 절대 양보하지 마세요. 무조건 다 양보하면 사람들은 그게 당연한 줄 아니까요. 여러분은 식당을 운영하는 동안 지겹도록 불합리한 일을 겪어야 합니다. 또 매너가 좋은 분들만 손님으로 오지 않아요. 대한민국에 5,000만 명이 사는데 5,000만 명의 성격이 모두 달라요.

이 밖에도 식당을 오픈하면 생각지도 못한 일들이 밀려올 거예요. 주변 사람들과의 트러블, 손님과의 갈등은 어느 정도 예상할 수 있는 문제지만 전기, 가스, 음식물 쓰레기 같은 것은 대부분 미처 생각지도 못했을 거예요. 이런 디테일한 부분도 꼼꼼하게 체크해야 앞으로가 편해집니다. 특히 주방 동선과 세팅은 처음부터 정말 신중하게 설계하고, 도시가스는 절대 다시 설치하는 일이 없도록 해야 합니다.

순간순간 불합리한 일들 때문에 지치고 힘들더라도 요식업은 원래 이런 거니까, 이런 일을 하나하나 해결해 나가면서 '재미'라고 생각하세요. 무슨 일이든 긍정적인 태도가 가장 중요하지만, 장사는 더욱 그렇습니다. 우리 함께 힘을 냅시다!

가족과도
잘 지내기 힘든 식당

가족 같은 직원은
절대 없다

가족과 함께 식당을 운영할 수도 있고, 가족의 도움 없이 직원을 고용해서 가게를 운영하는 분도 있습니다. 여러분은 어떻게 할 건가요? 가족 중 누군가는 내가 힘들 때 가게에 나와 도와줄 거라 기대하거나, 피 한 방울 안 섞인 남보다는 그래도 가족들과 함께 일하는 게 마음 편할 거라 생각할 수도 있습니다.

직원을 고용해서 가게를 운영할 거라면, 여러분은 그들과 어떤 마음, 어떤 태도로 지내고 싶은가요? 식당을 오픈하는 순간부터 집에 있는 가족보다 더 오랜 시간을 함께 보낼 사람들이 함께 일하는 직원들입니다. 직원을 고용하지 않는다면, 파트타임 아르바이트라도 매일매일 봐야 하는 사람들입니다. 직원들과의 관계에서도 주의해야 할 점이 아주 많습니다.

직원과는 확실한 선을 지키고
가족과는 되도록 함께 운영하지 마라

직원은 그냥 직원일 뿐, 여러분의 가족도, 분신도 아닙니다. 여러분이 자리를 비울 때 여러분처럼 생각하고 여러분처럼 움직여주는 존재가 아니라는 말입니다. 직원들과는 무조건 일정 부분 거리를 둬야 합니다. 친하게 지내는 형 동생 사이, 이런 건 절대 하면 안 됩니다. 그렇게 지내는 순간, 여러분의 가게는 내리막길을 타게 됩니다. 친한 사이일수록, 믿는 사이일수록 서로 존중하고 서로의 직급에 대한 차이를 인정하고 존중해야 합니다. 여러분은 사장이고, 그들은 여러분이 고용한 직원입니다. 그 선만큼은 철저히 지키세요.

그렇다면 가족끼리 운영하는 가게는 잘될까요? 결론부터 말씀드리면, 전혀 그렇지 않다고 생각합니다. 가족이기 때문에 오히려 싫은 소리를 하기 힘듭니다. 가족 구성원의 성격이 모두 다르기 때문에 생각하는 것도 다르고 서로 트러블이 생겼을 때 해결하기도 굉장히 힘듭니다. 직원들보다 더 어렵죠. 가까운 사이니까요. 가족들끼리 식당을 운영하면 나보다 가족들의 목소리가 점점 더 커져요. 성격과 가치관이 서로 부딪힐 때 직원이라면 얼마든지 변할 수 있어요. 직원은 사장이 만든 룰을 따르는 사람들이니까요. 하지만 가족은 그렇지 않아요.

누구보다 믿을 수 있는 게 가족이지만 가게에서는 다릅니다. 아무리 작은 가게에서도 주방에서 일하는 사람, 홀에서 일하는 사람 서로의 역할을 속속들이 잘 몰라요. 그러다 보니 각자 내가 더 많은 걸 알고 있고, 내가 훨씬 더 어려운 일을 한다고 생각해요. 서로의 입장을 모르니까 트러블이 생길 수밖에 없어요. '우리는 돈독한 가족이니까 괜찮을 거야.' '가족끼리 정말 그런 일이 일어나겠어?'라고 생각하세요? 직접 해보면 딱 두 달 만에 '아하부장이 왜 그런 소리를 했는지 알겠다' 할 겁니다. 가족이랑 틀어지면 언제든지 풀 수 있다고 생각하지만, 실제로는 아닙니다. 가족끼리 감정이 상하면 되돌리는 데 시간이 더 오래 걸립니다.

내 가게는 내가 책임진다.
책임 전가는 금물

여러분이 차린 가게에 손이 부족하다고 가족까지 끌어들이지 말고, 차라리 혼자 감당할 수 있는 더 작은 가게를 내는 게 낫습니다. 아무리 사소한 일이라도 여러분이 시작한 거라면 여러분이 끝까지 책임져야 합니다. 가족과 함께 운영하다 잘못되면 실패를 꼭 가족의 탓으로 돌리는 경우가 많아요. 처음부터 책임을 전가할 대상을 만들면 안 됩니다. 그건 너무 비겁한 일이에요. 잘한 것도 여러분의 책임이고 못한 것도 여러분의 잘못입니다. 책임을 돌리는 대상이 가족이 되면 안 됩니다. 그럴 거면 아예 시작하지 마세요. 아주 사소한 일도 풍선처럼 커지게 됩니다.

가족이 모이면 장사가 잘될 때나 장사가 조금 덜될 때나 모두 이윤 때문에 100% 문제가 발생합니다. 직원들과는 이윤 때문에 트러블이 생길 일은 없잖아요. 여러분이 보너스를 주든 안 주든 그건 여러분의 판단이니까요. 그런데 가족이 동업을 하면 1,000원 한 장 때문에라도 결국은 문제가 생깁니다. 그래도 생판 모르는 남보다는 가족과 함께 운영하고 싶다면, 부부끼리 하는 건 추천합니다. 마음이 잘 맞는 부부끼리 식당을 하면 손님들이 느끼기에도 '이 가게는 부부끼리 하는구나. 그래서 음식도 맛있고 서비스도 좋구나' 하는 긍정적인 효과를 누릴 수 있어요.

부부는 한 방향을 보고 가기 때문에 힘든 일이 생기면 서로 위로해줄 수도 있기 때문에 심리적으로도 안정감을 느낄 수 있어요. 하지만 부모님이나 형제, 자매는 엮으려고 하지 마세요. 그들이 여러분을 도와줄 수는 있겠지만, 그들에게 기대려고 해서는 안 됩니다. 가족들에겐 그들만의 삶이 있습니다. 여러분이 하는 일은 여러분이 책임져야 합니다. 가족을 생각하지 않고 벌이는 일은 결국 가족을 등 돌리게 만듭니다. 엄마가 집에 계시니까 서빙이나 주방 일이라도 좀 도와주시겠지 하는 기대는 처음부터 절대 하면 안 됩니다.

아내 역시 가게 일을 하고 싶어 하지 않으면 처음부터 완전히 배제해야 합니다. '내가 이렇게 바쁘고 힘들고 어려운데 집에서 애만 본다고?' 하는 생각을 할 거면 장사를 하지 않는 게 낫습니다. 왜 가족의 삶을 여러분이 바꾸려고 하나요. 그러면 안 됩니다. 잘 한번 생각해보세요. 힘든 일을 끝내고 나서 여러분의 지친 몸과 마음을 달래줄 수 있는 건 결국 가족밖에 없습니다. 그런 소중한 사람들을 등 돌리게 하지 마세요.

꿈과 비전을 직원들한테 떠벌리지 마라

　　　　　　　　　그 어떤 직원도 여러분처럼 생각하지 않습니다. 가끔은 직원들이 가게를 위해 정말 고생하고 있구나 하고 느껴지는 순간도 있습니다. 실제로 좋은 직원도 굉장히 많아요. 하지만 사람을 제대로 파악하려면 최소 1년 정도는 겪어봐야 합니다. 그 후에 결정해도 늦지 않아요. 그전까지는 절대 여러분의 꿈이나 비전을 함부로 이야기하지 마세요. 꿈은 여러분이 혼자 꿔야 합니다. 그들에게 허황된 희망을 주지 마세요. 나는 이렇게 할 거야, 저렇게 할 거야 계획도 말하지 마세요. 여러분의 가게가 완벽하게 자리를 잡으면, 그때 내가 어떤 꿈을 갖고 있는지 이야기하고 함께 해보자고 하세요.

그전에 괜히 실없는 사람이 될 필요는 없습니다. 앞으로 우리 가게는 이렇게 될 거고, 가게 확장은 이렇게 할 거고, 월급은 이렇게 줄 거고, 직급은 어떻게 달아줄 거고, 함께 열심히 해서 나중에는 프랜차이즈 매장이 50개, 100개가 될 거라는 그런 꿈은 혼자 꾸는 게 맞습니다. 직원들한테 고마우면 월급을 올려주세요. 월급을 많이 주는 것이 직원들한테는 꿈의 실현이에요. 지금 이루지도 못하고 해줄 수도 없는 것을 먼저 말하지 마세요. 말만 안 해도 실없는 사람이 될 일은 없는데, 굳이 그런 상황을 만들 필요가 없겠죠.

처음부터 꿈은 여러분이 꾸고 직원들은 서포트를 해주는 겁니다. 여러분의 꿈이 현실이 되었을 때 그 영광을 누리는 사람도 여러분입니다. TV나 신문기사에서 나오는 것처럼 직원들한테 많은 권한을 주는 것은 완전히 성공했을 때의 일입니다.

직원들에 대한 보상은
기준을 두고 정기적으로 하라

직원들에게 보너스를 많이 주면 어떻게 될까요? 당연히 호의가 계속되면 권리가 됩니다. 가게가 생각보다 큰 매출을 달성하면 함께 일하는 직원들이 너무 고마워서 보너스라도 주고 싶은 마음이 들 겁니다. 이번 달 목표로 했던 매출이 1,000만 원이었어요. 그런데 1,200만 원의 매출을 냈어요. 그러면 직원들에게 보너스를 조금씩 줄 수도 있어요. 물론 너무 아름다운 그림입니다. 하지만 이것 역시 가게가 자리를 완전히 잡고 난 후의 상황이지, 처음에 잠깐 벌었다고 아직 투자금도 채 뽑지 못했는데, 그렇게 해서는 안 됩니다.

사실 직원들이 하는 일은 정해져 있어요. 더 열심히 하고 말고, 더 힘들고 말고 할 게 없어요. 자신들이 어떤 일을 해야 하는지 충분히 알고 있기 때문에 감정적으로 다가갈 필요는 없습니다. 지금 여러분이 들떠서 보너스를 지급했어요. 그런데 그다음 달에 더 큰 매출을 올렸다면, 또 보너스를 지급할 건가요? 직원 입장에서는 지난달에도 보너스를 받았으니, 이번 달에는 또 얼마를 주려나 하는 기대를 할 수도 있어요. 월급 이외의 돈을 더 줄 거라는 기대를 갖게 만든 건, 여러분이 기분에 취해 베푼 호의 때문입니다. 그때 보너스를 지급하지 않았다면 그럴 일은 없었을 거예요.

이건 무조건 여러분의 잘못이지, 직원들 잘못이 아닙니다. 직원들 입장에서는 당연히 이번 달도 지난달처럼 열심히 했고, 이윤도 남았으니 기대를 할 수밖에 없죠. '우리 사장님은 직원들한테 인심이 후한 사람이구나'라고 생각할 거예요. 그런데 이런 기대를 깨고 보너스를 지급하지 않으면 '사장님이 변했네. 이젠 자기만 생각하네' 이런 뒷말이 나옵니다. 일도 열심히 안 해요. 이런 상황은 절대 만들면 안 되겠죠. 이게 다 제 경험담이니까 여러분은 이런 실수를 하지 않았으면 합니다.

저는 우리 식당이 한 달에 얼마나 버는지 전 직원이 다 알 수 있게끔 오픈합니다. 하지만 이게 바람직한 일은 아닙니다. 전체 수익은 여러분만 아는 게 오히려 규모가 작은 가게에서는 좋을 수도 있어요. 매출을 직원들에게 알리는 게 어려운 일은 아닙니다. 직원들이 알아도 상관은 없지만, 매출이 늘어난 것에 어떤 보상을 해야 한다는 부담감을 느낀다면 차라리 공개하지 않는 게 낫습니다.

직원들에 대한 효과적인 보상은 명절 보너스를 다른 가게보다 많이 주거나, 주기적으로 월급을 올려주는 게 낫습니다. 정기적으로 월급을 올려주면 '아, 내가 올해는 이 정도 했으니까 내년에는 월급이 더 올라가겠지?' 하는 기대심리로 더 열심히 일합니다. 하지만 월급과 관련 없는 보너스를 뜬금없이 주면 이상한 기대심만 높아집니다. 특정한 날을 정해 보너스를 넉넉하게 지급하면, '와, 여긴 다른 가게보다 명절 보너스를 많이 주네'라며, 더 오래 근무하고 열심히 일하게 됩니다.

그 누구도 아닌
자기 자신을 위해 일하라

여러분은 누구를 위해서 일을 하나요? 가족? 아내? 아이? 저는 전적으로 제 자신을 위해 일합니다. 가족을 위해서 일하지 않아요. 나 아닌 다른 누군가를 위해 일한다는 건 능동적이지 않기 때문입니다. 가족을 위해서 일한다고 하면, 힘들 때마다 가족을 핑계로 댈 수 있어요. "내가 너희 때문에 얼마나 힘들게 일했는지 알아?" 가족들은 여러분에게 그렇게 해달라고 요구한 적이 없어요. 그들은 여러분의 가족이지만, 개개인이 모두 다른 사람입니다.

사랑하는 사람들을 돌보려면 일단 나부터 잘되고, 나부터 행복하고, 나부터 성공해야 합니다. 누굴 위해서가 아니라, 여러분 자신을 위해서 일해야 합니다. 누군가를 도와주고 싶어도 여러분이 일단 잘돼야 합니다. 가족을 위해서가 아니라, 여러분 자신만의 꿈을 꾸고 자신만을 위해서 '나는 우리 가게가 자리를 잡고 나서 일주일에 최소 두 번은 낚시를 갈 거고, 캠핑을 갈 거야', '난 시스템을 잘 만들어서 내가 며칠 자리를 비워도 가게가 잘 돌아가게 만들 거야. 그때까지는 힘들어도 고생하는 거야' 이런 꿈을 꾸세요.

사람은 원래 이기적인 존재라서 나 자신을 위해 고생하는 건 괜찮아도 다른 사람을 위해 고생한다고 느끼면 마음속에 원망이나 억울함이 자리를 잡아요. 자신을 위한 꿈이 아닌 다른 누군가를 위한 꿈은 자꾸 의욕을 떨어지게 만듭니다. 그러니 오로지 여러분의 꿈과 성취감을 위해서 일하세요. 여러분이 더 열심히 일하는 이유를 이렇게 생각해보세요. 원래 두 명이 해야 할 일을 나 혼자 해서 너무 힘들 때, '내가 꼴랑 250만 원 더 벌려고 이렇게 열심히 일하고 있어. 이게 다 너희 때문이야!'가 아니라 '나는 미래에 몰고 다닐 멋진 차를 위해 지금 이렇게 열심히 뛰어다니는 거야'라고 생각하면 두 명이 할 일을 나 혼자 해도 힘들지 않아요.

내가 곧 드림카를 타고 다닐 건데, 뭐가 억울해요. 열심히 일하고 그만큼 좋은 걸 누린다면 그보다 행복한 일이 어디 있겠어요. 제가 농담으로 자동차 이야기를 했지만, 다른 것도 많잖아요. 여러분이 좋아하는 취미 생활을 생각해봐도 좋아요. 나는 카메라가 너무 좋은데, 나중에는 한 달에 250만 원씩 카메라에 돈을 쓸 수 있다면 얼마나 좋을까요. 이게 가장 큰 포인트가 될 겁니다.

지금까지도 그랬고 앞으로도 그렇고, 저는 제 자신만을 위해 일할 겁니다. 제가 잘되면 사랑하는 가족도 당연히 함께 잘되어 제 옆에 있을 거예요. 저는 늘 앞으로의 내가 어떤 모습으로 살아갈 것인지, 그것만 생각하고 살 겁니다. 여러분도 미래의 모습을 머릿속에 계속 그려보세요. 여러분이 투자하는 시간과 노력은 반드시 합당한 대가로 돌아올 겁니다. 우리 목표를 한번 잡아보죠. 그리고 먼 훗날 "와! 우리가 굉장히 엄청난 걸 이뤘구나!" 이렇게 말할 수 있는 모습으로 만날 수 있기를 바랍니다.

홀에 집중할 것인가,
배달에 집중할 것인가

우리 가게를 키우는
다양한 방법

가게가 어느 정도 궤도에 오르면 매출을 좀 더 늘리는 방법, 가게를 키우는 방법에 대해서도 고민할 거예요. 사실 이런 고민을 할 정도라면 여러분은 이미 어느 정도는 성공 단계에 이르렀다고 봐도 무방할 겁니다. 배달 시장이 커지기 이전부터 가게를 잘 운영하고 유지해온 분들이라면, 지금처럼 홀에 집중할 것인지, 배달까지 확장할 것인지에 관해서도 많이 고민할 것입니다.

요즘은 배달이 필수인 시대지만, 여러 가지 상황을 따져봤을 때 배달까지 확장하지 않는 게 나은 경우도 분명 있습니다. 그럼 배달을 하지 않아도 가게를 키우는 다른 방법은 없을까요? 가게를 확장하는 방법, 매출을 늘리는 방법이 배달만 있는 건 아닙니다. 작은 가게는 작은 가게대로, 큰 가게는 큰 가게대로 방법은 있습니다.

인력을 충원해야 한다면
배달은 하지 않는 게 낫다

이미 식당을 운영하고 있는데, 배달도 한번 도전해보려고 마음먹었다면 배달 때문에 처음부터 인력을 늘리지는 마세요. 기존의 인원만으로 할 수 있는 최대한의 것을 하고, 주문이 너무 밀려들어서 도저히 안 되겠다는 결론이 서면 그때 직원을 충원하면 됩니다. 한 사람 몫의 인건비를 더 쓰고도 이윤이 남는다면, 이미 성공한 거예요. 그런데 주문량이 늘어서가 아니라 애초에 동선을 잘못 짰기 때문에 인력을 늘려야 한다면 그건 큰일인 거예요. 장사 하루이틀 할 게 아니라는 가정하에 차라리 동선 세팅을 바꾸는 게 더 싸게 먹힐 수도 있어요.

지금 식당을 운영하는 분들 중에는 배달 같은 건 아예 고려하지 않는 분도 많을 거예요. 홀에서 내가 원하는 이윤을 충분히 내고 있는데 배달을 꼭 해야 하냐고 묻는다면, 저는 배달을 하지 말라고 할 거예요. 그냥 기존에 하던 대로 잘 유지하라고 할 겁니다. 가게를 확장하는 방법, 매출을 늘리는 방법이 배달만 있는 건 아닙니다. 매장을 늘리는 방법도 있어요. 지금 신방동에서 잘되는 식당을 불당동에도 갖다놓는 거죠. 사람들이 "와! 여기 맛집인데 우리 동네에도 왔다!"라고 할 수 있도록요.

한 곳에서 이미 성공 궤도에 오른 식당은 다른 곳에서도 잘될 가능성이 높습니다. 왜냐하면 이미 잘되는 세팅을 완성했기 때문에 장소가 바뀐다고 안 될 수가 없어요. 굳이 무리해서 배달로 골치 아픈 것보다 이게 더 낫습니다. 배달의 가장 큰 단점 중 하나가 익명성입니다. 우린 음식을 주문한 사람이 누군지 몰라요. 어떤 분들은 리뷰도 정말 심하다 싶을 정도로 날립니다. 우리가 최선을 다하고 최고의 음식을 만들었어도 먹는 사람의 입맛이 전부 다르기 때문에 불만이 나올 수밖에 없어요. 그걸 가지고 손님들한테 뭐라 할 수도 없습니다.

결국 지금까지 쌓아온 가게의 좋은 이미지가 배달로 인해 타격을 받을 수도 있습니다. 또한, 배달에 너무 힘을 쏟다 홀에서의 서비스 질이 떨어진다면, 그것이야말로 정말 돌이킬 수 없는 일이 됩니다. 배달 때문에 250만 원 월급을 주는 직원을 한 명 더 고용했어요. 그럼 배달로 250만 원 이상의 순수익이 나오도록 만들어야 해요. 배달 원가를 계산해보면 이렇게 하는 것도 쉽지 않습니다. 일회용 숟가락부터 용기, 포장용 비닐까지 갖춰야 할 게 한두 가지가 아닙니다. 250만 원까지 수익을 못 뽑으면 고생한 의미가 없습니다.

250만 원 월급을 주는 직원을 뽑아서 월급을 빼고도 여러분의 주머니에 순수익으로 그만큼을 더 가져갈 수 있다면 고려해봐야겠죠. 아르바이트 두 명을 써도 100만 원은 인건비로 나가는데, 차라리 배달을 포기하고 100만 원으로 차를 바꾸는 게 낫지 않을까요? 세금

감면도 되고 너무 좋잖아요. 반은 농담이지만 반은 진심입니다.

최소 투자로
매장을 늘려나가자

만약 배달과 포장만 할 거라면 당연히 앞에서도 말씀드렸던 것처럼 투자비가 아주 적어야 합니다. 보통 작은 술집을 오픈하는 데 권리금 없이도 최소 7,000만~8,000만 원은 들어갈 거예요. 그런데 배달 전문점은 투자비가 2,000만 원 정도밖에 되지 않으니까, 술집을 오픈할 비용으로 배달 전문점을 네 곳까지 오픈할 수 있겠죠. 물론 아무리 배달 전문점이라고 해도 처음부터 가게를 네 곳이나 한꺼번에 오픈하고 유지하는 건 초보 창업자에게는 무리예요. 경력자라 해도 무리고, 장사의 신이라고 해도 무리예요.

그러므로 일단 하나를 잘 만들어서 시스템이 갖춰질 즈음 하나씩 매장을 늘리는 것, 주변 동네마다 들어가는 걸 목표로 설정하면 됩니다. 비용은 다른 업종의 3분의 1, 4분의 1밖에 안 들어가기 때문에 여러 곳을 목표로 삼고 시작하는 거죠. 만약 첫 번째 가게가 대박이 터졌다면 어떨까요. 여기가 이렇게 잘되는데 굳이 또 다른 가게를 해야 할까요? 저, 아하부장이라면 합니다. 우리는 꿈이라는 걸 갖고 살기 때문에 그렇게 도전하는 게 맞다고 생각합니다.

만약 여러분이 가게를 하나하나 늘려나가 다섯 곳쯤 직영점을 갖고 있다면 프랜차이즈를 생각 안 할 수가 없어요. 주변에서 프랜차이즈 가맹은 안 받냐는 문의도 들어올 거예요. 그런데 이때 잘 생각해야 합니다. 프랜차이즈는 유통마진으로 돈을 버는 시스템입니다. 유통마진으로 돈을 벌려면 프랜차이즈 가맹점을 적어도 100개는 가지고 있어야 합니다. 그러니 그런 꿈은 꾸지 말고 현실에 충실하면서 매장을 늘려가는 걸 목표로 하면 됩니다. 나는 생각지도 못했는데 가게가 잘되어서 여기도 내고 저기도 내고가 아니라 처음부터 확장의 목표를 가지고 첫 번째 가게를 잘 세팅하는 게 중요합니다.

스마트폰 하나로도
내 가게를 확장할 수 있다

번화가에 권리금을 주고 들어가지 못할 바에는 배달밖에 답이 없어요. 스마트폰 하나로 모든 걸 해결하는 요즘 같은 세상에는 특히 더 그렇습니다. 동네 장사는 배달 매출이 50%는 차지할 거예요. 극단적인 예를 들자면, 내가 신방동에 가게를 오픈했는데, 신방동 사람들이 잘 오지 않아요. 가게 위치가 안 좋아서일 수도 있고, 코로나19 때문일 수도 있고, 여러 가지 이유가 있겠지만 어쨌든 손님이 없어요.

이런 상황에서도 우리는 어떻게 확장을 할 수 있느냐! 바로 배달의민족으로 확장하는 겁니다. 깃발을 여러 동네에 꽂으면 되니까요. 가게는 눈에 띄지 않는 구석에 있지만, 배달은 여유가 된다면 얼마든지 깃발을 여러 개 꽂아서 늘릴 수 있어요.

그러면 거기서 들어오는 매출이 상당합니다. 어느 정도냐 하면 윤달식당에서는 홀에 손님이 아무리 많이 와도 수익은 배달과 거의 50대50의 비율입니다. 배달은 이제 더이상 옵션이 아닙니다. 그러므로 처음 식당을 오픈하는 분들이라면 꼭 배달까지 생각해서 동선과 인력을 세팅했으면 좋겠어요. 권리금을 아주 많이 주고 매력적인 장소에서 고깃집이나 술집 컨셉트를 잘 잡아서 하면 그게 훨씬 더 성공할 가능성이 높지만, 그런 장사를 원하지 않는 분도 많으니까요. 아니면 처음이니까 조금 신중하게 도전하고 싶고, 무턱대고 큰돈을 투자하기도 겁난다면 만만한 비용으로 배달부터 해보는 겁니다.

지금 장사를 하고 있는 분들도 홀에 손님이 안 온다고 막막해하지 말고 배달 세팅을 어떻게 해야 할지, 그로 인해 어디까지 뻗어나갈 수 있을지 고민해보세요.

아하부장의
1,000만 원 투자법

저는 이렇게 하겠습니다. 1,000만 원으로 망하든 잘되든 해볼 수 있는 세팅을 하는 겁니다. 솔직히 딱 1,000만 원으로 시작하는 건 현실적으로 어렵습니다. 1,000만 원으로 오픈을 위한 세팅은 할 수 있어요. 하지만 중요한 건 그 뒤가 없다는 거예요. 식당을 운영하면서 필요할 때마다 돈을 써야 하는데, 그렇게 할 수 있는 돈이 없는 거예요. 가게가 처음부터 잘되지는 않으니까요. 물론 처음부터 잘되면 너무 좋겠지만 그렇지 못한 경우가 더 많죠. 그 기간을 버틸 수 있는 여유 자금이 너무 없다는 게 문제입니다. 그래서 현실적으로 말씀드리면, 적어도 1,500만 원에서 2,000만 원 정도는 투자를 하는 게 맞습니다.

하지만 제가 상징적으로 '1,000만 원'을 말하는 건 딱 오픈까지 필요한 비용, 즉 인테리어나 기물에 1,000만 원 이상을 쓸 필요가 없다는 것을 강조하고 싶어서입니다. 어떤 업종을 하느냐에 따라 다르지만, 여러분이 하려는 게 떡볶이집이나 분식집이라면 더더욱 돈을 쓸 이유가 없어요. 최소한의 비용으로 기물과 인테리어를 세팅해야 합니다. 저라면 그런 데 쓸 돈을 아끼고 아껴서 배달 용기부터 남들과 차별화한다든지, 올인원 시스템을 만든다든지, 포장용 봉투를 세련되게 수정한다든지 하겠습니다.

손님들이 음식 포장을 풀었을 때 마치 선물을 받은 것처럼 느껴진다면 좋아하지 않을 사람이 없으니까요. 제 경험으로 윤달식당에서 포장을 바꾸고 나서 반응이 너무 좋았습니다. 깔끔하고 예쁜 걸 싫어할 사람은 아무도 없습니다. 왜 이 식당은 쓸데없이 포장에 돈을 써서 음식값을 올리는 거지 하는 생각을 하는 사람은 없습니다. 납득할 수 있는 합리적인 가격에 포장까지 세련되고 깔끔하면 좋지 않을까요. 여러분은 저보다 훨씬 더 창의적인 것을 생각해보고, 전국에 여러분의 매장이 깔릴 수 있는 그런 꿈을 설계하면 좋겠습니다. 기회를 여러분의 것으로 만드세요!

아무리 강조해도 부족한

배달 앱
100% 활용법

배달의민족과 요기요, 수도권 쪽에서는 쿠팡잇츠 정도가 우리가 사용하는 배달 앱의 핵심입니다. 그 외에는 직접 전화 주문을 받는 정도가 전부입니다. 예전에는 배달 음식점만 소개한 두꺼운 책자가 있어서 그걸 보고 사람들이 주문했지만, 지금은 그런 게 거의 없어졌어요. 시대가 바뀌었어요. 이제는 무조건 스마트폰 하나로 다 되는 세상입니다. 우리는 배달 앱을 제대로 활용할 줄 알아야 합니다. 일단 배달을 하기로 마음먹었다면 배달 앱에 대한 공부는 꼭 해야 합니다. 배달 앱의 장점과 단점을 살펴보고, 최소의 비용으로 최대의 효과를 누릴 수 있는 방법을 모색해봐야 합니다.

배달 앱도 우선순위를 따져서
시작하라

제가 경험한 결과를 바탕으로 말씀 드리면, 일단 배달의민족을 먼저 하고 요기요를 나중에 하는 게 좋아요. 요기요는 내 가게가 A지역에 위치한다면 A지역을 중심으로 배달 반경이 넓어지는 시스템입니다. 내가 임의로 다른 곳을 선택하고, 거기서부터 반경을 넓힐 수 있는 게 아닙니다. 저는 요기요에서는 큰 효과를 못 봤지만, 배달이 많이 들어오는 좋은 상권(예를 들어, 오피스텔촌과 아파트촌 사이의 상권)에 위치한 가게라면 요기요가 반경을 펼쳐주는 역할을 톡톡히 합니다. 하지만 윤달식당처럼 상권이 발달하지 않은 지역에 위치한 가게에서는 요기요를 통한 주문은 거의 기대할 수 없습니다.

한 가지 흥미로운 사실은 윤달식당이 배달의민족에서 맛집 랭킹에 오르니, 요기요 직원분이 먼저 연락을 하더군요. "요기요는 1년 동안 수수료 없이 무료로 입점할 수 있도록 해드리겠습니다." 같은 구미에 당기는 조건과 함께요. 저는 배달의민족에 먼저 집중하고, 요기요는 수수료를 내지 않고 무료로 입점할 수 있을 때 들어갔어요. 물론 이건 지역마다 차이가 있을 수 있습니다.

배달의민족,
깃발은 무엇이며 효과가 있을까

배달의민족을 이용하려면 '깃발을 꽂는다'는 개념부터 이해해야 합니다. 깃발이라는 건 하나당 8만8,000원의 요금을 내면 내가 원하는 지역에서 주문을 받을 수 있도록 노출해주는 시스템입니다(울트라콜이라고도 부릅니다). 한식, 양식, 분식 등 카테고리가 세부적으로 나누어져 있으므로 내가 지정한 카테고리 안에서 깃발을 꽂은 1.5km 반경까지 노출이 가능합니다. 우리 가게가 유동인구가 별로 없는 지역에 있어도, 배달의민족을 이용하면 이 단점을 극복할 수 있어요. 사람이 많은 지역에 깃발만 잘 꽂아두면 이곳 사람들도 내 손님으로 만들 수 있기 때문입니다. 하지만 배달비 출혈이 크긴 합니다.

번화가 쪽이나 경쟁이 심한 지역에서는 업체 하나당 깃발을 20개씩 꽂기도 합니다. 깃발을 꽂을 수 있는 최소 거리인 300m마다 하나씩 깃발을 촘촘하게 꽂는 거예요. 그러니 영세한 업체가 깃발 두세 개 꽂는 건 경쟁이 될 수 없죠. 배달 시장 또한 무한 경쟁 시대에 돌입한 겁니다. 하지만 깃발만 많이 꽂는 게 항상 정답은 아닙니다. 깃발을 많이 꽂으면 주문은 당연히 많이 들어오겠죠. 그런데 그만큼 수익이 남느냐, 이것도 잘 따져봐야 합니다.

처음엔 무조건
깃발 10개는 찍고 시작하라

여러분이 배달 수요가 많은 자리에 가게를 열었다면 무조건 처음에는 깃발 10개 정도는 꽂고 시작하는 게 좋다고 생각합니다. 왜냐하면 오픈 초반에는 우리 가게에 대한 리뷰가 없기 때문이에요. 만약 프랜차이즈인 교촌치킨을 한다면, 이 브랜드가 이미 잘 알려져 있으므로 처음부터 주문이 잘 들어올 겁니다. 교촌치킨을 먹고 싶어서 앱을 켜는 사람들은 배달료를 생각해서라도 가장 가까운 매장을 찾기 때문입니다. 하지만 프랜차이즈가 아닌 일반 식당을 하려는 분들에게는 리뷰가 매우 중요합니다. 리뷰도 하나 없는 신생 업체에 주문하는 손님은 거의 없어요.

따라서 초반에는 일단 리뷰가 쌓이길 기다려야 합니다. 그리고 조금씩 주문이 들어오고 리뷰가 달리기 시작하면 그때부터는 '리뷰 100개'를 빠르게 달성할 수 있는 방법을 모색해야 해요. 음식을 주문한 사람이 모두 리뷰를 다는 것도 아니고, 심지어 리뷰 이벤트를 해도 리뷰를 다는 사람은 세 명 중 한 명꼴입니다. 최근 리뷰는 100개까지 확인이 가능한데, 그 정도까지는 빠르게 달성해야 고객들이 봤을 때도 '아, 여기는 맛있는 집인가 보다. 사람들이 많이 시키네'라고 생각하겠죠.

리뷰가 달랑 몇 개만 달려 있어도 새로 생긴 업체니까 호기심에 시켜볼 수는 있습니다. 하지만 그런 메뉴는 몇 가지로 정해져 있습니다. 예를 들어, 떡볶이 같은 분식은 워낙 경쟁업체가 많기 때문에 여기저기 돌아가며 다 시켜볼 수 있어요. 하지만 보통은 주문량이 늘고 리뷰 수가 늘 때까지 기다려야 합니다. 깃발을 달랑 하나 찍어놓고 그걸 언제 기다리겠어요. 무조건 10개 정도는 찍고 기다려야 효율적이죠. 저는 가게가 위치한 지역의 인구가 4만 명이 넘는다면, 무조건 깃발 10개 정도는 찍고 시작하는 게 좋다고 생각합니다.

그런 다음 어디서 주문이 많이 들어오고, 어디서 주문이 들어오지 않는지 정확하게 분석해봐야 합니다. 다이소에 가면 색깔별로 된 동그란 스티커를 팔잖아요. 지도를 크게 출력해서 주문이 들어올 때마다 스티커를 다 붙여놓는 거예요. 그럼 한눈에 어디서 가장 주문량이 많은지 파악할 수 있죠. 이 정도 정성이 있으면 성공할 수 있어요.

A쪽에는 깃발이 2개나 있는데도 주문이 안 들어온다면, 이 깃발을 딴 데로 옮겨야 한다는 판단이 섭니다. 주문이 잘 들어오는 B쪽으로 옮기거나, 내가 아직 깃발을 찍어보지 않은 곳으로 가야 해요. 여러분의 예상으로는 오피스텔촌에서 주문이 더 많이 들어올 것 같아서 깃발을 꽂았는데, 실제로는 아파트 단지에서 더 많이 들어온다면 깃발을 빠르게 이동시켜야 합니다. 깃발은 1분에 한 번씩, 1초에 한 번씩 여러분이 원하는 때 언제든지 옮길 수 있어요.

리뷰에 목숨을
걸어야 하는 이유

사람들은 배달 앱을 켜면 가장 먼저 평점과 별점을 확인합니다. 배달도 매장과 똑같아요. 손님을 감동시키고 만족시켜야만 재주문도 들어오고 리뷰도 잘 달립니다. 손님의 마음을 읽고 다른 집보다 더 특별한 걸 준비한다면 잠깐 다른 가게로 갔다가도 여러분의 가게로 돌아올 수밖에 없어요. 어차피 그 지역의 식당은 한정적이니까요. 리뷰 이벤트를 잘하면 큰 효과를 볼 수 있어요. 예를 들어, 리뷰를 올린 분들을 위한 선물로 잡채처럼 누구나 좋아하는 음식을 준비할 수 있어요. 오뚜기 옛날당면 같은 건 4kg짜리 하나에 1만 원도 안 하거든요. 이걸 맛있게 만들어서 리뷰 이벤트 선물로 드리는 겁니다.

손님들이 리뷰를 쓸 수밖에 없게 만든다면 리뷰는 저절로 쌓이고 주문은 계속 늘어납니다. 단순히 음식량을 늘린다든지, 반찬 수를 늘린다든지 하는 거로는 손님들을 감동시키지 못해요. 특히 저는 배달에서 반찬은 최대한 줄이거나 아예 빼라고 말하고 싶어요. 인건비 등을 생각하면 반찬은 포인트로 딱 2가지 정도만 제공하는 게 좋아요. 김치가 자신 있으면 김치, 깍두기가 자신 있으면 깍두기로 하나를 구성하고, 나머지 하나는 임팩트 있게 잡채나 샐러드로 나가는 겁니다.

리뷰 이벤트 선물로 반찬 개수를 늘리는 분도 있는데, 평소 반찬이 3종만 나가다 5종으로 늘린다고 감동하는 것도 아니고 손님들은 당연하게 받아들여요. 이벤트 선물 같은 느낌이 나지 않으니까요. 그냥 '반찬이 늘었네?'라고만 생각할 가능성이 커요. 처음부터 반찬이 없었던 가게라면, 리뷰 이벤트 기간에만 '반찬 5종'을 묶어 홍보하는 것도 좋아요. 이건 효과가 확실해요. '리뷰 이벤트에 참여하면 반찬 5종이 나갑니다' 하는 게 훨씬 효과적입니다. 아 다르고 어 다르다는 걸 생각하고 사람들이 좋아하는 걸 찾아서 이벤트 선물로 걸어보세요.

리뷰가 100개 정도 달리면 그때부터 주문량이 확연히 늘어나는 게 보입니다. 처음부터 꾸준히 그래프가 올라가는 게 아니라 100개 정도 쌓일 때까지는 그래프가 완만하게 올라가다 100개가 넘기 시작하면서부터는 갑자기 가파르게 올라가요. 이럴 때 우리 가게에 주문한 손님들을 감동시키기 위해 최선을 다한다면 손님들은 다시 가게를 찾을 거고, 여러분의 가게가 지역 맛집으로 거듭날 수 있어요. 대신 계산도 잘해야 합니다. 배달 요금도 자주 인상되고, 포장 용기 값도 계속 오르니까요. 배달에 돈이 더 많이 들어갑니다. 그러니 처음부터 판매가 계산을 잘해야 해요.

배달을 시작한 지 6개월이 넘었는데 리뷰가 1,000개가 되지 않는다면 여러분이 리뷰 이벤트를 잘못하고 있는 거예요. 상권이 잘 형성되어 있다면 6개월에 리뷰 1,000개는 당연히 넘어야 합니다.

우리 가게의 상권에 맞는
깃발 수를 파악하라

깃발 10개를 찍고 데이터를 분석한 다음 깃발을 하나씩 빼는 것도 우리 가게의 상권을 분석하는 좋은 방법입니다. 저도 처음에는 깃발 10개를 찍었습니다. 당연히 효과가 좋았겠죠? 나중에 깃발 2개를 줄였어요. 그런데 신기하게도 매출은 똑같았어요. 깃발을 또다시 2개 줄여도 매출은 똑같았습니다. 지금은 깃발을 5개만 찍어요. 그런데 예전과 비교해서 크게 달라진 게 없어요. 깃발이 줄었는데 왜 매출은 똑같을까요? 단골이 형성되어서일까요? 아닙니다. 그것보다는 배달의민족 손님은 우리 가게의 손님이라기보다 앱 손님일 뿐이기 때문입니다.

앱을 이용하는 손님들이 수많은 가게 중 하나를 선택하는 겁니다. 우리는 그곳에 입점해있을 뿐입니다. 앱을 이용하는 사람들이 여러분의 손님이라 생각하는 건 착각입니다. 결국 우리 가게는 시장이 5개 정도밖에 안 되는 거예요. 따라서 우리 상권에 맞는 깃발의 개수를 잘 파악하고, 주문이 들어오지 않는 지역은 깃발을 옮기든지 빼는 걸 요령껏 해야 합니다. 배달의민족에서 울트라콜 깃발 10개면 총 88만 원인데, 너무 비싼 거 아니냐고요? 만약 그렇게 생각한다면 이 앱은 처음부터 이용하지 않는 게 맞습니다.

자본주의에는 공짜가 없어요. 무한 경쟁만 있을 뿐입니다. 그런데 저는 그 비용을 지불하는 게 하나도 아깝지 않아요. 왜냐하면 이런 앱이 아니었다면 배달은 꿈도 못 꿨을 테니까요. 앱을 이용하는 비용이 아까워서 배달을 포기하는 것보다는 비용을 지불해서라도 시장을 넓히는 게 더 발전적이지 않나요?

배달비는 원가에
적절히 녹여라

배달 앱을 이용하는 비용도 원가에 적절히 녹여야 합니다. 배달의민족을 처음 시작할 때 포장, 매장, 신규, 쿠폰, 세스코 등 붙일 수 있는 딱지는 다 붙이는 게 좋습니다. 새로 입점했다면 신규, 포장도 가능하다면 포장, 매장에서 식사가 가능하면 매장, 쿠폰이 있으면 쿠폰, 세스코 가맹점이라면 세스코 위생업체라는 딱지가 붙어요. 이 딱지들이 많이 붙어 있으면 사람들이 클릭할 수 있는 빈도수도 높아집니다. 새로 생긴 집인데 한번 시켜볼까? 근데 쿠폰도 있네? 포장도 되고 매장에서도 먹을 수 있네? 그럼 여기는 매장도 있다는 거네? 배달시켜서 먹어봤는데 메뉴도 마음에 들고 맛도 있다면 다음에는 매장에도 방문하는 겁니다.

이렇게 연결이 가능하니까, 붙일 수 있는 딱지는 다 붙여야 합니다. 쿠폰도 요령껏 잘 활용해보세요. 2만 원 이상 주문하면 1,000원 할인 쿠폰을 쓸 수 있게 하고, 이것도 처음부터 원가에 녹여둔다면 1,000원 할인으로 주문율을 높일 수 있어요. 매장에서 손님이 직접 음식을 수령하는 '포장'의 경우, 2,000원 할인 조건을 달아도 좋아요. 어차피 배달비가 안 나가니까요. 이렇게 계산해서 원가를 맞춰보면 쿠폰(할인)을 훌륭한 마케팅 도구로 활용할 수 있습니다.

피자헛이나 미스터피자 같은 곳을 보세요. 웬만하면 30% 할인, 40% 할인이란 조건을 붙이지 않나요? 처음부터 높은 가격을 측정해놓는 거예요. 사람들이 거부감을 느끼지 않을 정도까지 가격을 올려놓고 대신 할인을 갖가지 방식으로 해주는 겁니다. 사람들은 할인을 정말 좋아하거든요. 우리는 이런 노하우를 배워야 합니다.

세트 메뉴도 잘 생각해보세요. 냉정하게 계산해보면 4,000원만 받아도 되는 사이드 메뉴의 판매가를 6,000원으로 설정해둡니다. 사이드 메뉴만 보면 너무 비싸죠. 그런데 메인 메뉴 1만 원 짜리와 사이드 메뉴를 세트로 묶어서 2,000원을 할인해주는 척하는 거예요. 그러면 원래 사이드 메뉴는 4,000원만 받아도 되니까, 할인해주는 것처럼 1만4,000원을 다 받은 셈이죠. 그런데도 사람들은 세트 메뉴라서 싸게 먹었다고 생각해요. 마트에서 흔히 볼 수 있는 '1+1 행사'와 비슷한 방법입니다.

처음부터 가격에 모두 녹여놓고 1+1이란 미끼를 던지는 거예요. 옆에 절반 가격의 단품이 있지만, 이상하게 1+1을 사고 싶은 게 사람 마음입니다. 이런 마케팅 기법도 잘 활용해보세요. 많은 걸 배울 수 있습니다. 하지만 요즘은 원가에 이것저것 녹이는 게 어려워요. 왜냐하면 배달비가 너무 올랐거든요. 부가세까지 더해서 기본요금이 4,400원입니다. 손님들은 배달료 4,000원부터는 비싸다고 생각해요. 서울 한복판은 어떨지 잘 모르겠지만 웬만한 곳은 배달료 4,000원부터 거부감을 느낍니다.

배달비를 솔직하게 오픈할 게 아니라, 차라리 배달비가 5,000원이라면 그중 2,000원을 원가에 녹이고 3,000원만 배달비로 받는 것도 방법입니다. 윤달식당을 기준으로 했을 때, 가장 먼 지역은 배달비가 6,500~7,000원이 나옵니다. 손님들에게 배달비가 7,000원이라고 솔직히 오픈하면 아무도 주문하는 사람이 없을 거예요. 이런 지역은 내가 손해를 보고 가는 수밖에 없어요. 심지어 저는 배달비를 원가에 녹이지 않았어요.

배달비를 음식 가격이나, 원가에 계산해서 녹이지 않고, 인건비를 제대로 측정하지 않으면 어떻게 될까요? 어쩌면 당연한 결과지만, 내 주머니에 남는 게 없어요. 처음부터 원가에 배달비를 잘 녹였다면 주문이 어디서 들어오든 상관없이 마음 편하게 주문을 받을 수 있죠. 그러니 정말 현명하게 생각해야 합니다. 이건 소비자를 속이는 게 아닙니다. 소비자가 원가 계산하는 것까지 간섭할 수는 없어요. 소비자는 마음에 들지 않으면 음식을 시키지 않으면 되고, 마음에 들면 시키면 되는 거예요.

정직하게 배달료를 오픈하고 운영하는 곳이 한 군데라도 있을까요? 배달료 4,000원 미만은 모두 거짓말이라고 생각하면 됩니다. 당연한 거죠. 지금 배달 기본요금이 4,400원이니까 4,400원 미만의 배달비는 모두 거짓말인 셈입니다. 요즘은 가게의 총매출 대비

40~50%가 배달에서 나와요. 그럼 용기값부터 배달비까지 원가에 녹여서 나는 이 메뉴 하나를 팔았을 때 마진을 얼마 남길 거야, 1만 원짜리 한 그릇을 팔아서 2,000원은 남길 거야, 이런 식으로 미리 잘 계산한다면 배달도 굉장히 매력적인 장사가 될 수 있습니다.

리뷰 이벤트는 어느 정도 강제성이 필요하다

리뷰 100개가 정말 중요하다고 앞서 강조했습니다. 리뷰 수를 빨리 올리기 위해 리뷰 이벤트를 많이 하는데, 강제성이 없는 리뷰 이벤트는 보통 손님 세 명 중 한 명꼴로 리뷰를 달아요. 윤달식당에서 이벤트를 진행한 대로 리뷰가 달렸다면 지금 몇 천 개가 넘어야 해요. 그런데 사람들이 생각보다 리뷰를 잘 달지 않아요. 오늘 리뷰 이벤트에 참여한다는 고객이 분명 15명이 넘었는데 확인해보면 겨우 5명 달고 끝입니다. 강제성이 없는 자율 이벤트는 이행률이 정말 낮습니다. 저 역시 리뷰 이벤트를 강제성 없이 했습니다.

그런데 새로운 가게를 연다면 그렇게 하지 않을 것 같아요. 그때는 안심번호를 해제하고 손님의 핸드폰 번호를 알려달라고 할 거예요. 실제로 이렇게 하는 곳은 리뷰가 많아요. 손님 입장에서도 전화번호를 오픈하면, 리뷰를 쓰지 않으면 전화가 올 거라고 생각하는 겁니다. 어떤 가게에서는 손님의 전화번호를 받으면서 "리뷰 작성 확인 전화를 드리겠습니다."라고 미리 말하기도 합니다.

전화까지 해서 "고객님, 리뷰를 달지 않으셨는데, 작성 부탁드립니다. 고객님의 리뷰가 저희에게 큰 도움이 됩니다." 이렇게 이야기하면 손님들도 웬만해서는 리뷰를 달아줍니다. 저라면 안심번호를 해제하고 휴대폰 번호를 공개한 손님들에게 쿠폰을 보내고 쿠폰이 5개, 10개가 되면 서비스 음식을 보낼 겁니다. 리뷰를 달아도 선물을 받는데, 안심번호를 해제했더니 특별한 선물을 또 받는 거죠.

강제성은 있지만 손님들이 기분 나쁘게 느끼지 않을 수 있는 방법이 될 수 있겠죠. 다섯 번만 시키면 서비스 음식을 선물하고, 전화번호로 포인트도 알아서 쌓아준다니 마다할 손님이 없을 겁니다. 리뷰 이벤트에 강제성을 띠든 안 띠든 그건 여러분의 선택이지만, 어떤 식으로든 리뷰 이벤트를 잘해서 리뷰를 짧은 시간 안에 100개 이상 쌓고, 곧바로 몇 천 개씩 쌓아야 해요. 그렇게 할수록 주문율은 쑥쑥 올라갑니다.

리뷰 하나하나에
멘탈을 놓지 마라

리뷰 하나하나에 멘탈을 놓으면 안 됩니다. 이건 사실 제 경험이기도 합니다. 배달을 시작하고 초반에 리뷰가 50개도 달리지도 않았는데, '별점 1점'도 함께 달렸어요. 그때 '내가 뭘 잘못했지?' 하는 생각도 많이 했습니다. 전 매장에서 일어나는 컴플레인에 대해서는 아예 통달했거든요. 그런데 배달에서 이런 일을 겪으니까 멘탈이 세게 깨지더라고요. 이런 일을 겪을 때는 이거 하나만 기억하세요.

여러분이 잘했다, 잘못했다, 맛이 없다, 맛이 있다 그런 게 문제가 아니에요. 그냥 손님의 입맛과 우리 음식이 안 맞으면 1점이 붙는 거예요. 손님도 스트레스를 풀어야 하거든요. 회사에서 힘들게 일하고 와서 음식을 시켰는데 내 취향이 아니라면요? 그냥 1점을 누르는 겁니다. 그러니 별점에 크게 의미를 두지 마세요. 리뷰에 달리는 요청 사항이라든지, 이건 좋았는데 이런 건 조금 보완했으면 좋겠다는 건의는 꼼꼼히 듣고 반영해야 합니다.

그런데 단순히 맛이 별로라서 1점! 이런 것에 상처받을 필요도 없고 여러분이 아무리 관리를 잘해도 이런 별점 테러는 계속 일어납니다. 제가 아는 사장님은 리뷰 테러를 한 손님에게 직접 음식을 잔뜩 싸들고 찾아갔어요. "고객님이 쓴 리뷰 때문에 영업이 힘들어졌습니다. 만족시켜드리지 못해서 죄송합니다. 제가 준비한 음식을 맛있게 드시고 기분 푸세요. 그리고 리뷰는 삭제 부탁드립니다." 이렇게까지 해야 할까요? 해야 할 수도 있죠. 우리는 목숨 걸고 장사하는 거니까요.

그게 좋은 선택인지, 나쁜 선택인지는 저도 잘 모르겠습니다. 하지만 저는 그렇게까지 하지는 않을 것 같습니다. 그런 일에 멘탈을 털리느니 더 생산적인 일을 고민하겠습니다. 예를 들어, 리뷰 이벤트를 안 하고도 리뷰를 쌓는 법을 연구해보겠습니다.

맛집 랭킹의 실체와
숍인숍 활용법

여러분이 배달의민족 앱을 켜고 특정 지역의 최근 주문 수를 확인했는데 맛집 랭킹 1위라는 식당의 최근 주문 수가 3,000+ 정도밖에 안 된다면 하루 주문은 15건 밖에 되지 않습니다. 그런 지역에는 들어가면 안 됩니다. 이곳은 상권이 안 되는 곳입니다. 홀에서라도 터지지 않으면 조용히 문을 닫아야 하는 곳입니다. 맛집 랭킹은 누가 더 깃발을 많이 꽂고 얼마나 싼 가격에 음식을 빨리빨리 찍어서 보낼 수 있느냐에 달려 있다고 생각합니다. 음식을 파는 사람은 어쩔 수 없이 어느 정도의 출혈을 감수해야 합니다. 아무리 많이 팔아봤자 남는 게 별로 없는데도 맛집 랭킹 경쟁을 계속해야 할까요? 저는 이 부분에 대해서는 의문이 큽니다. 수익이 남지 않는 장사는 하면 안 된다고 생각하기 때문입니다.

저는 배달 전문 식당 혹은 일반 식당에서 매장에 손님이 너무 없어서 고민이라면 배달의민족을 이렇게 활용해보면 좋겠어요. 여러분이 하고 싶은 음식이 너무 많고, 가게에 튀김기 등 설비도 충분하다면 사람들이 절대 피해갈 수 없는 메뉴를 다 해보는 거예요. 여러분이 떡볶이도 잘하고, 카레와 오므라이스, 돈가스도 잘하고 순두부찌개도 엄청 잘해요. 이 모든 걸 한꺼번에 다 묶으면 어떻게 될까요?

가게의 색깔이 없어지고 주문 수도 줄어들겠죠.

그 이유가 뭘까요? 한국인이 좋아하는 전문점, 전문가의 느낌이 나지 않으니까요. 이 모든 걸 한꺼번에 묶을 게 아니라, 몇 개씩 세트로 묶어 세 가지 매장(숍인숍)을 해보는 거예요. 배민 깃발을 10개 찍고 싶은데 가게 하나만으로는 어려울 것 같다면 전략을 바꿔서 A. 돈가스+카레, B. 순두부+떡갈비, C. 치즈떡볶이 이런 식으로 세 가지 매장을 내서 한 곳에 깃발을 꽂는 거예요. 이 중 어느 게 터질지 모릅니다. 안 되는 건 버리고 잘되는 것만 깃발을 밀어줘도 좋겠죠.

왜 세 가지를 따로 찍느냐 하면 어떤 게 터질지 아무도 모르기 때문입니다. 모든 메뉴를 다 묶어버리면 전문점 느낌이 안 나서 주문이 안 들어오기 때문에 세 가지로 나눠서 묶는 게 핵심입니다. 여러분이 요리에 능통해서 카레, 떡볶이, 순두부같이 공통점이 없는 요리도 뚝딱뚝딱 해낼 수 있다면 이렇게 한번 해보세요. 그게 아니면 어떻게 해야 할까요? 내가 지금 A라는 식당을 하고 있는데, 매장 운영과 배달을 함께 하고 있어요. 그런데 여기에 아무리 전력을 투자해도 매출이 잘 나오지 않아요. 그럴 때 숍인숍을 세 개 정도 해서 잘되는 걸 키우는 겁니다.

내가 여력만 있다면 A, B, C를 하나씩 순서대로 해봐도 됩니다. 어차피 한 매장이니까 고정비용이 똑같잖아요. 그러므로 내가 하고 싶은 걸 해보는 것도 나쁘지 않아요. 대신 기억해야 할 게 숍인숍이란 내 가게 안에 입점한 또 다른 가게잖아요. 숍인숍의 작업은 최대한 간단해야 해요. 메뉴를 구성할 때 이것도 넣고 저것도 넣고 내가 해보고 싶은 걸 너무 많이 넣으면 원래 했던 메인이 없어져요. 아예 업종 변경을 하든지, 매장은 문을 닫고 A, B, C 세 가지 배달 매장으로 목숨을 거는 게 아니라면 숍인숍에 너무 힘을 빼면 안 됩니다. 그러면 결국 메인을 버리게 됩니다.

그러니 숍인숍 메뉴는 최대한 간단한 걸로 세팅하세요. 미리 끓여놓은 순두부찌개 소스에 물을 부어 아침에 10인분, 20인분씩 만들어놓고 주문이 들어오면 바로 퍼서 그냥 끓여서 나가기만 하면 식으로요. 거기다 맛있는 공산품 너비아니나 떡갈비 같은 '한 방'을 함께 넣는 거죠. 세트 혹은 콤보로 묶는 거예요. 그럼 일이 굉장히 쉽잖아요. 떡갈비를 직접 굽느냐고요? 아닙니다. 이미 직화된 상태라 전자레인지에 돌리기만 하면 되는 제품이 시중에 많습니다. 심지어 너무 맛있잖아요. 이렇게 해서 원가를 잘 측정한다면 충분히 가능성이 있습니다. 깃발을 잘 찍고 상권이 받쳐준다면 오히려 이게 더 잘나갈 수도 있어요.

포장 용기는
어떤 걸 선택해야 할까

배달에서는 포장 용기도 정말 중요한 역할을 합니다. 처음에는 저도 뚜껑과 용기가 따로 있는 일회용 배달 용기를 사용했어요. 여기에 국물과 건더기를 모두 담으면 반드시 래핑을 해야 합니다. 안 그러면 배달하는 과정에서 다 쏟아지고 난리가 납니다. 99%의 확률로 그런 일이 계속 일어납니다. 그러니 무조건 실링기를 구입해서 모두 실링하세요. 묻지도 따지지도 말고 무조건 '실링'이 답입니다. 일회용 용기는 가게에 별도의 창고가 없다면 적재하기도 힘들어요. 그냥 실링기에 맞춰 용기를 통일하고 반찬 하나, 메인 요리 하나 아니면 몰드 두 개를 따로 해놓고 저렴한 실링기 두 개를 준비해서 꾹꾹 눌러요.

실링을 하면 국물이 흐를 일이 없어서 최소한 포장에 관한 컴플레인은 들어오지 않아요. 실링을 깔끔하게 하고, 가게의 특색이 잘 드러나는 스티커 하나 정도만 잘 붙이면 그게 가성비갑 포장입니다.

배달에는
어떤 반찬이 좋을까

반찬 하면 흔히 떠오르는 김치와 깍두기부터 생각해볼까요. 여러분이 아무리 지구에서 가장 맛있는 김치와 깍두기를 만들어도 남의 집 김치는 안 먹는 사람이 대부분입니다. 그리고 배달 음식에 딸려오는 김치는 무조건 중국산이라 생각해서 쳐다보지도 않고 그대로 버리는 사람도 많아요. 결국 김치는 반찬으로 구성할 필요가 없다는 말입니다. 차라리 조미김 같은 반찬이 인기가 있어요. 배달 음식은 반찬에 절대 목숨 걸 필요가 없습니다. 반찬은 그냥 구색 맞추기 정도로만 생각하세요. 차라리 리뷰 이벤트로 '반찬 5종'을 구성해서 제공한다든지 하는 방법이 좋아요.

음식을 모두 실링하면 일반적인 포장 용기보다 좋은 점이 하나 더 있습니다. 미리 음식을 담은 다음 실링까지 끝내고 나서 냉장고에 차곡차곡 넣어두면 되기 때문에 포장에 인력을 따로 투입할 필요가 없어요. 그러니 반찬도 담을 때 손이 많이 가는 것 말고 미리 간단하게 포장할 수 있는 것으로 구성하는 게 좋겠죠.

배달은 정말 중요한 시장입니다. 배달 시장을 절대 간과해서는 안 됩니다. 지금 창업을 준비하든, 가게를 이미 운영하든 배달에 관해서는 한 번쯤 깊게 고민해봐야 해요. 소비자들은 코로나19 시대에 길들여 있어요. 2년이라는 긴 시간 동안 음식을 배달시키는 생활 패턴에 완전히 익숙해졌습니다. 거리두기 해제로 인한 외식 비율 증가나 고물가의 영향, 배달비 인상 등으로 배달 매출이 다소 주춤할 순 있지만, 이미 자리 잡은 문화는 사라지지 않을 거예요. 요식업에 몸담고 있는 한 우리는 배달 시장이 호황이든 아니든 늘 주시하고 깨어 있어야 합니다.

배달업체 잘못 쓰면
다 된 밥에 코 빠트리는 격

배달업체 선정이
중요한 이유

음식도 정말 맛있게 만들었고, 포장도 정성을 다해서 깔끔하게 잘했습니다. 이제 배달 기사의 역할이 중요합니다. 배달의 마침표를 찍는 역할을 하는 분들이 바로 배달 기사니까요. 그런데 이분들이 오토바이를 타고 가면서 곡예 운전을 하면 어떻게 될까요? 국물이 잔뜩 새서 비닐 봉지가 빨간색이 되었는데도 고객에게 그대로 전달한다면요? 배달이 왜 이렇게 늦었냐고 묻는 고객에게 불친절하게 응대한다면요?

생각하기 싫지만 이 모든 사례가 우리 가게의 일이 될 수도 있습니다. 배달 대행업체 선정도 정말 중요한 이유입니다. 이런 일들을 막을 수 있는 완벽한 방법은 없더라도, 업체를 선정할 때부터 문제가 발생할 확률을 줄여나갈 수는 있습니다.

이벤트 비용도
원가나 고정비용에 녹여라

저는 윤달식당의 배달 현황을 파악하기 위해 표를 만들었습니다. 일단 동네 지도를 크게 뽑은 다음 색깔별 원형 스티커를 사서 주문 1건이 들어올 때마다 어디서 주문이 들어왔는지 표시했습니다. 그런 다음 6개월 정도 지나면 이렇게 현황표로 만들었습니다. 윤달식당은 신방 통정지구라는 곳에 있는데, 실제로 배달 주문이 들어오는 현황을 보면 어떤가요? 포장 10%를 빼면 가게가 있는 신방 통정지구가 반이고, 나머지 지역이 반입니다.

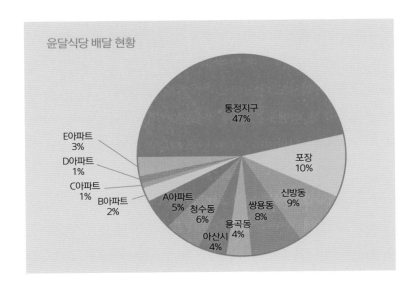

가게가 있는 지역은 신방 통정지구인데, 여기서 배달이 반 정도 들어오고 나머지 지역에서 반이 들어옵니다. 왜 그럴까요? 앞에서도 말했듯 배달 앱의 깃발을 여러 군데 찍었기 때문입니다. 요즘 같은 세상에는 내 지역에 있는 사람만 내 손님이 아닙니다. 배달비를 잘 따져본 다음 배달비 5,000원 안쪽에서 해결할 수 있는 지역은 모두 깃발을 찍어야 해요.

배달 앱에서 리뷰는 정말 중요합니다. 리뷰가 없으면 주문 자체가 들어오지 않아요. 리뷰의 별 5개 역시 굉장히 중요합니다. 별점이 5.0, 4.9, 4.8 정도면 괜찮은데, 우리 가게 별점이 4.2라면 실제로 주문이 잘 들어오지 않아요. 리뷰는 다시 한번 강조해도 지나치지 않아요. 리뷰 이벤트를 할 때 여러분이 선물로 뭔가를 준비할 텐데, 저는 가장 현실적이고 만족감이 좋은 게 샐러드였습니다. 샐러드 채소를 종류별로 준비하고 예쁘게 섞어 신선한 드레싱을 뿌리든가 아니면 드레싱을 따로 작은 용기에 담아 리뷰 이벤트 선물로 보내면 반응이 뜨거웠습니다. 리뷰도 다른 때보다 많이 달렸고요.

우리는 리뷰 이벤트에 들어간 용기값, 포장값도 당연히 계산해야 합니다. 음식 하나하나에 리뷰 이벤트값을 다 녹이거나, 아니면 고정비용에 집어넣어야 합니다. 이번에 리뷰가 20개, 30개씩은 달릴 거라 예상한다면 선물로 나갈 20~30개분의 식자재값, 용기값 등을 하루 고정비용에 넣어야 합니다. 아무리 저렴한 음식을 선물로 제공해도 이건 꼭 해야 합니다. 만약 식자재 마트에서 흔히 구입할 수 있는 저렴한 만두를 튀겨서 선물로 줘도, 만두를 어디에 넣나요? 용기에 넣죠. 그 비용도 어마어마합니다. 리뷰 이벤트 한 건에 700원, 800원이 그냥 날아갑니다.

리뷰 이벤트가 20개가 들어오든, 30개 들어오든 고정비용이나 원가에 모두 녹여두면 리뷰 이벤트를 해도 손해 볼 일이 없어요. 이벤트 비용까지 손님에게 부담시킨다면 식당은 너무 손해를 안 보려는 거 아니냐고요? 요즘 누가 손해 보면서 장사를 하나요? 회사원들도 회사에서 나보다 월급을 많이 받아가는 사람에게 "지금 회사 사정이 힘든데 네 월급에서 몇 퍼센트 떼고 가져가." 이렇게 하지 않잖아요. 여러분은 정당한 돈을 받고 최상의 서비스를 제공하면 됩니다.

1인 배달 전문점, 1인 메뉴 2만 원 안쪽의 저렴한 메뉴를 파는 식당은 반드시 자잘한 비용까지 원가나 고정비용에 녹여야 합니다. 하지만 5만 원짜리 족발이나 보쌈, 4만 원짜리 아구찜 등 마진이 충분히 녹아 있는 메뉴를 파는 식당은 이렇게까지 하면 안 됩니다. 여러분이 마진 세팅을 어떻게 할지 모르겠지만, 1만 원짜리 하나 팔았을 때 마진율을 20%로 잡았다면 하나 팔면 2,000원이 남잖아요. 하지만 족발은요? 족발을 하나 팔면 2,000원이 남나요? 아니죠. 마진율을 20%로 세팅했어도 1만 원이 남잖아요.

그러니까 이런 무거운 메뉴를 팔 때는 마진을 조금 줄여도 돼요. 그러면서 배달비를 낮추면 훨씬 더 경쟁력이 생깁니다. 이런 부분을 잘 따져보고 계산했으면 좋겠습니다. 2,000원 남는 걸 5개 파는 것과 1만 원이 남는 걸 하나 파는 건 다르니까요.

배달 대행업체 선정도
정말 중요하다

배달 대행업체를 잘못 선정하면 다 된 밥에 코 빠트리는 격입니다. 원가 계산도 잘했고, 음식도 정말 잘 만들었고, 용기에 실링도 잘했어요. 손님들 반응도 너무 좋아요. 모든 박자가 딱딱 맞아떨어졌어요. 그런데 문제가 생깁니다. 나는 모든 것을 완벽하게 보냈는데, 배달 기사가 오토바이를 타고 가면서 서커스를 합니다. 무슨 대회라도 나가려는지 막 누워서 운전을 해요. 그러면 어떻게 될까요? 음식이 다 섞이잖아요. 실링을 잘했으니 쏟아지지 않는다고요? 하지만 만약 음식을 2개 이상 한 용기에 담았다면 어떻게 될까요? 다 섞여버리겠죠.

우스갯소리지만 비빔밥집 사장님이 배달 주문을 받았어요. 포장 용기에 예쁘게 밥을 깔고, 손님이 받았을 때 기분 좋게 고명을 하나 하나 정성스럽게 담았어요. 그런데 배달부가 오토바이로 곡예 운전을 하는 겁니다. 손님한테 도착하니 이미 밥이 다 섞여서 진짜 비빔밥이 되어 있어요. 그래서 손님은 밥을 원래 이렇게 다 비벼서 배달하는 줄 알아요. 너무 어이가 없고 웃기는 상황이지만 절대 이렇게 되면 안 됩니다.

배달업체 선정을 정말 잘해야 해요. 이건 배달업체의 문제라기보다는 배달 기사 개개인의 문제일 가능성이 높아요. 윤달식당이 있는 지역에서 가장 유명한 배달업체 세 곳만 이야기해볼게요. 바로고, 생각대로, 리드콜입니다. 그런데 같은 업체라도 지구마다 서비스의 질이 제각기 달라요. 배달 기사들의 구역도 전부 다릅니다. 우리 구역에서 어떤 분들이 어떻게 일하느냐가 중요해요. 하지만 그건 내가 선택할 수 있는 게 아니잖아요. 그래도 업체는 선정할 수 있습니다. 일단 우리 지역의 배달업체를 가급적 다 이용해보는 게 가장 좋아요.

어떤 업체는 배달 기사 연령대가 너무 어리고 오토바이도 막 타서 컴플레인이 자주 들어온다면 빼버리세요. 또 한 업체는 고객들에게 친절하지도 않고 사고가 가끔 있어요. 그럼 빼버리면 됩니다. 그런데 한 업체는 오토바이도 안전하게 타면서 고객들에게도 친절해요. 윤달식당이 있는 동네에서는 생각대로가 그렇습니다. 하지만 모든 생각대로가 다 그렇지도 않아요. 지구마다 각기 다릅니다. 제가 처음 이용해본 업체에서는 배달 기사분이 오토바이를 거의 쓰러트리며 세우더라고요. 그 모습을 보고 저는 공포에 떨었습니다. '곧 내 음식도 저렇게 되겠구나' 생각했어요.

심지어 국물이 가득 새서 하얀색 비닐봉지가 빨간색이 됐는데도 그걸 그대로 손님에게 갖다주는 겁니다. 한숨이 나오지만 우리라고 이런 일을 겪지 말라는 법은 없어요. 그런 일이 벌어지면 저 배달 기사가 나이가 어리니까 안타깝다고, 저들이 벌어야 얼마나 벌겠냐며 그냥 넘어가지 마세요. 배달 사고가 났으면 업체에 전화해서 정당하게 보상받고 다른 업체를 선정하세요.

큰 업체도 있지만 여러분이 있는 지역에만 있는 작은 지역 배달 업체도 많아요. 그 사람들에게도 한번 배달을 맡겨보세요. 심지어 그들은 배달비를 더 싸게 받거나 월 가맹비를 받지 않는 등 조건이 좋은 경우도 많아요. 영세 업체니까 더 열심히 할 수도 있습니다. 좋은 업체가 생각보다 많은데 우리가 잘 알아보지 않아서 모르는 것뿐입니다.

배달업체와 상담할 때는
처음부터 확실하게

배달 대행업체는 정말 잘 선정해야 합니다. 여기서 잘못하면 아무리 잘해도 우리 식당 이미지가 한 방에 끝나니까 꼭 여러 업체를 방문해서 상담해보세요. 처음 상담할 때 "배달 기사들의 나이대는 어떻게 되나요? 사고 처리는 어떻게 하나요? 배달 사고가 나면 바로 환불해주실 건가요? 우리는 포장을 이렇게 하면 될까요?" 하는 질문은 꼭 하고 어떤 답변을 하는지 들어보세요.

우리 가게 음식을 배달 포장한 그대로 들고 가서 업체 측에 보여 줘도 좋습니다. 우리 가게에서는 음식을 이렇게 꼼꼼하게 실링해서 나가니까, 사고가 나면 배달업체 쪽의 책임이란 걸 처음부터 확답을 받고 계약해야 합니다.

이렇게 하면 업체 쪽에서도 할 말이 없어요. 그런데 처음부터 이런 과정 없이 대충 계약하면 사고가 나도 잘못을 인정하지 않는 경우가 많아요. 사고가 나면 대부분 "사장님이 포장을 너무 헐렁하게 해서 저희가…." 이런 식이에요. 아예 처음부터 이런 일이 없도록 하는 게 중요해요. 사실 배달비가 절대 저렴하지 않잖아요. 기본 4,400원입니다. 택시비보다 더 비싸거든요. 그러니까 업체 쪽에서도 우리에게 더 잘해야 한다고 생각합니다.

우리 가게는 왜 안 될까

매출이 오르지 않는
이유 분석하기

지금 가게를 운영하는 분들을 위한 주제이기도 하고, 창업을 준비하는 분들 역시 고민하게 될 문제입니다. 장사가 잘 안 되세요? 내 가게는 왜 안 될까 고민하고 계세요? 여러분은 모두 잘될 거라 믿고, 어떻게든 도움을 드리려고 노력하겠지만 안타깝게도 난관에 부딪히는 분들도 분명 있습니다. 원인이 뭘까요? 제가 그 원인을 모두 알 수는 없겠지만, 제 경험에 비춰 크게 두 가지로 분석해봤습니다.

첫 번째, 첫 단추부터 잘못 끼운 경우

우리 가게의 메뉴 구성과 가격에 문제가 있어서 손님들이 오지 않는 걸까요? 물론 그럴 수도 있지만, 손님이 많지 않아도 한 번 방문했던 손님이 또 방문하고, 꾸준하게 재방문하는 손님들이 있고, 매출이 높지는 않아도 일정하게 이어진다면 거의 100% 자리 탓입니다. 자리가 문제가 있는 거예요. 여러분이 선택한 그 자리가 나쁜 자리다, 좋은 자리다가 아니라 지금 하는 음식 혹은 가게의 특성이 자리와 잘 맞지 않을 수도 있어요. 이런 경우에는 가게가 더 성장하기도, 멀리 가는 것도 굉장히 힘듭니다.

만약 음식에 정말 심각한 문제가 있다면 재방문하는 사람이 거의 없을 겁니다. 여러분이 딱 먹고살 정도는 유지가 되는데, 매출이 올라가지도 않고 내려가지도 않는다면 확실한 단골층은 있다는 거니까요.

두 번째, 메뉴의 구성이 완전히 잘못된 경우

메뉴의 구성이 완전히 잘못된 것일 수도 있어요. 우리 가게가 있는 지역이 사람이 없는 것도 아니고 옆

집은 장사도 잘되는데, 우리 가게만 파리를 날리고 있어요. 음식이 맛있어서, 자신이 있어서 시작했다는 가정 아래 그 지역의 사람들이 원하는 니즈를 찾지 못한 것일 수도 있습니다. 내가 아무리 맛있는 추어탕을 만들어도 추어탕이라는 음식 자체를 소비할 수 있는 손님이 없다면 메뉴 선정이 잘못되었다고 할 수 있어요.

예를 들어, 20대 젊은 층만 가득한 지역에서 누가 추어탕을 먹으러 올까요? 그런데도 뚝심 있게 그것만 하고 있다면 무모한 고집을 부리고 있는 것일 수도 있습니다. 하다 보면 잘될 거라고요? 아닙니다. 처음부터 잘될 지역에 가서 해야 잘되는 겁니다. 예를 들어, 직장인이 많은 지역에서 점심시간에 고급 비스트로 같은 코스 요리를 하겠다고 합니다. 그런데 직장인들에게는 점심시간 한 시간이라는 제한된 시간밖에 없어요. 심지어 한 시간도 아니죠. 왔다 갔다, 물 한잔 먹고 잠깐 앉아 있는 시간을 빼면 밥을 먹는 데 주어진 시간은 단 30분입니다.

그런데 거기서 코스 요리를 하겠다고 해요. 뭔가 상당히 잘못된 것 같죠? 그런 사람이 어디 있냐고요? 없을 것 같지만 주변을 잘 살펴보면 더러 있습니다. 이런 곳에서는 약간의 메뉴 변경이 필요하겠죠. 빠르게 나올 수 있는 한 그릇 요리를 구성한다든가 하는 방법으로요. 코스 요리를 고집한다면 저녁에 밀면 됩니다. 그 주변에 있는 사람들이 어떤 걸 원하는지 반드시 파악해야 해요. 회사가 밀집한 지역에서 이탈리아 레스토랑을 하는데 사람들이 잘 안 온다면, 파스타

소스를 종류별로 3가지 만든 다음 손님이 들어오는 대로 팍팍 볶아서 바로 나갈 수 있는 시스템을 만들든지 해야 합니다. 그런데도 사장님이 고집이 있어서 원래 하던 방식을 바꾸려 하지 않는다면 답이 없습니다.

시장의 크기는
배달 앱으로 판단하라

음식이 맛도 있고 고정 손님들도 오고 매출이 일어나는데, 생각보다 매출이 만족스럽지 않다면 그건 99% 자리의 문제니까 정말 심각하게 자리를 옮겨보는 걸 고민해봐야 합니다. 그렇지 않으면 그 자리에서 계속 똑같은 시간만 1년이고 2년이고 보낼 수 있어요. 왜냐하면 시장이 그만한 크기이므로 지금 오는 손님들이 늘지 않을 게 불을 보듯 뻔하니까요. 그런데 대부분 시장이 그 정도 크기라는 사실을 인정하지 못해요. 저 뒤에 더 큰 시장이 숨어 있다고 생각합니다. 내가 맛집이 되어 전국적으로 유명해져서 여기저기서 온 사람들로 문전성시를 이루는 꿈을 꾸고 있나요?

물론 그렇게 될 수도 있지만, 시간이 오래 걸릴 거예요. 버틸 수만 있다면 괜찮지만, 저는 희망적이지 않다고 생각합니다. 전국에 있는 사람들이 찾아온다고 해도 여러분의 가게가 작으면 어차피 그 많은 손님을 다 감당하지도 못합니다. 이런 경우에는 방법이 하나 있죠. 전국으로 택배를 보내고 배달과 포장의 비중을 늘리는 겁니다.

자리가 잘못되었을 수도 있다는 예시를 한 가지만 더 설명할게요. 우리 가게 주소를 기준으로 이 지역 시장이 어느 정도 크기인지를 보려면 일단 첫 번째는 배달의민족 앱에 들어가서 맛집 랭킹이라는 걸 눌러보세요.

윤달식당이 위치한 지역의 한식 메뉴에서 지금 랭킹 1등은 유명 프랜차이즈 콩나물해장국 식당입니다. 이 식당의 별점이 4.8점, 리뷰는 660개, 최근 사장님 댓글은 670개 정도입니다. 여기서 우리가 봐야 하는 것은 정보입니다. 최근 주문 수가 6,000+인데, 대충 계산해보면 한 달에 1,000건, 하루에 30건 정도의 주문이 들어온 거예요. 지금 이 지역의 맛집 랭킹 1위가 이 정도인 거예요. 하루에 배달 30건이 1위입니다. 이 시장이 얼마나 작은지 감이 오나요?

여기는 시장이 없다는 말입니다. 이런 데 들어오면 큰일 납니다. 여러분이 아무리 맛있는 메뉴를 해봤자, 전국에 다 있는 유명 콩나물국밥 프랜차이즈를 해봤자, 시장이 형성되어 있지 않은데 아무 소용이 없습니다. 여러분이 맛집 랭킹에 굳이 연연할 필요가 없다는 게 이런 데이터를 보면 알 수 있어요. 어떤 집이 잘되는지, 어떤 아이템이 인기가 있는지 잘 보고 업종을 선택해야 합니다. 하지만 이렇게 사람이 없는 곳에서는 절대 아닙니다.

메뉴 변경을 두려워할
필요가 없다

내가 선택한 메뉴가 이 지역에서 먹히지 않는다면, 메뉴를 변경하는 것도 하나의 방법입니다. 메뉴 변경을 두려워하지 마세요. 무엇이든 시도해보고 그중 하나만 성공하면 됩니다. 여러분이 뼈다귀해장국집을 운영하는데, 순댓국도 하고 싶어요. 크게 어려운 일도 아니지만 식당의 색깔이 조금 달라지는 느낌이죠. '이 집이 장사가 안 돼서 순댓국을 추가했구나' 이런 느낌이 들 수 있어요. 저라면 매출이 잘 나오지 않는 뼈다귀해장국을 과감히 접고 순댓국집으로 바꿔 재오픈하는 방법도 생각해보겠습니다. 인테리어는 달라질 게 거의 없고 간판만 바꾸는 거죠.

그런데 뼈다귀해장국을 도저히 포기할 수 없다면요? 해장국은 해장국대로, 순댓국은 순댓국대로 해보고 싶어요. 그럼 답은 숍인숍입니다. 기존의 해장국집은 그대로 유지하되, 순댓국은 배달 전문으로 함께 운영하는 겁니다. 이게 더 매력적인 답일 수도 있어요. 그런데 이때도 한 가지 생각해야 할 게 있어요. 그나마 뼈다귀해장국과 순댓국은 같은 육수를 베이스로 할 수도 있고, 요리하는 과정도 비슷합니다. 한마디로 손이 덜 갑니다.

그런데 뼈다귀해장국집에서 아예 생뚱맞은 초밥이나 떡볶이 같은 걸 숍인숍으로 내는 건 어떨까요? 사람들은 전문점이라는 단어에 호감을 가지고 있기 때문에 우리는 그 이미지를 잘 이용해야 하는데, 메뉴가 서로 너무 다르면 뭔가 이상해집니다. 게다가 요리의 과정이 너무 달라 손도 많이 갑니다. 그러므로 이렇게 생뚱맞은 메뉴로 숍인숍을 내는 건 추천하지 않습니다. 결국 숍인숍도 자리는 좋은데 내가 선택한 아이템이 잘 맞지 않는다는 가정하에 해보는 겁니다. 자리 자체가 좋지 않은데, 아이템이 아무리 좋은들 무슨 소용이 있겠습니까. 그럴 때는 이사를 가는 게 답이죠.

1인 가구를 사로잡으면
무조건 성공이다

세상이 완전히 변했습니다. 한동안 코로나19 때문에 장사가 잘 안 되니까 울며 겨자 먹기로 배달업계에 뛰어들었던 분들도 많아요. 배달은 생각하지도 않았던 식당들도 이제는 거의 배달을 합니다. 저는 새로 창업하는 분이나 배달을 생각하지 않았던 분들도 홀과 배달을 50대50으로 생각하고 배달을 시작해야 한다고 말씀드리고 싶어요. 처음 가게를 창업하는 분들은 당연히 주방 동선과 일할 수 있는 공간도 홀과 배달의 몫을 반으로 나눠 설계하라고 계속 강조했습니다.

일반적인 사례를 하나 말씀드릴게요. 배달 장사를 하고는 싶은데, 메뉴를 고민하면서 떡볶이, 순대 같은 건 무시하는 거예요. 이런 분들은 '떡볶이 1인분에 기껏해야 4,000원인데, 아무리 세트를 만들어 단가를 올려도 9,000원, 1만 원 받으면서 떡볶이를 포장해, 어묵을 포장해, 순대를 포장해, 튀김 포장하는 걸 언제 하고, 1만 원짜리를 팔아서 언제 돈 벌어?'라고 생각합니다. 그런데 떡볶이 가게 중 괜찮게 파는 곳은 하루 매출 200만 원을 올립니다. 술도 한잔 안 파는데도요. 절대 무시할 수 있는 매출이 아니에요. 보통 이런 분들은 '보쌈, 족발 팔면 아무리 싸게 팔아도 3만5,000원 이상 받잖아. 이런 걸로 왕창 남기는 게 낫지'라고 생각하죠.

저는 그런 분들한테는 할 말이 없어요. 저는 기존의 보쌈, 족발도 1인분을 만들어야 한다고 생각하는 사람인데, 1인 가구를 무시하고 덩어리가 큰 것만 하려고 한다면 배달 시장을 잘못 이해하는 겁니다. 요즘은 1인 가구를 무시하면 절대 성공할 수 없어요. 혼자 사는 사람, 둘이 사는 사람을 타깃으로 해야 배달 시장의 답이 보여요. 요즘은 아파트에도 사람이 그렇게 많이 살지 않아요. 애들 대학 가고 그 집에 사는 사람이 두세 명이 다입니다. 족발 대자도 잘 안 시켜요. 따라서 1인 가구, 2인 가구를 주 타깃으로 삼아 메뉴 구성과 마진율을 맞춰야 됩니다.

아파트에도 부부끼리 사는 사람들이 많아요. 아이를 안 낳은 부부도 많고, 아이를 낳아도 주말 부부도 많아요. 이제는 아파트에도 사람들이 없어요. 아파트가 가득 들어차 있어도 인구수 자체는 얼마 안 돼요. 요새 애를 둘, 셋, 넷 낳는 사람들이 없잖아요. 설사 그런 사람들도 주문을 할 때는 여기서 1, 2인분짜리 하나, 저기서 1, 2인분짜리 하나 나눠서 주문합니다. 다 먹지도 못할 족발 대자를 시키는 시대가 아닙니다. 그럼 1, 2인분 팔아서 이게 돈이 되느냐 안 되느냐에 대해서 설명하겠습니다. 저는 돈이 된다고 생각해요.

　요즘 사람들은 1인분에 1만 5,000원이라도 충분히 소비합니다. 아구찜 식당을 하는 분들은 아귀와 콩나물 원가가 얼마 하지도 않고, 사실 만드는 것도 어렵지 않잖아요. 그런데 주변을 보면 아구찜 1인분을 파는 가게가 잘 없어요. 전 이해를 못하겠지만요. 1만 5,000원에 아구찜 1인분을 만들어 팔면 주문이 폭주할 겁니다. 심지어 맛만 좋다면 홀에도 손님이 이어질 거예요. 혼자서 소주 한잔하러 오는 거죠. 1만 5,000원에 아구찜 1인분이 가능하냐고요? 아귀 원가가 생각보다 상당히 저렴합니다. 오히려 콩나물값이 그나마 조금 더 비쌀 수도 있어요. 조금만 머리를 쓰면 다 할 수 있어요.

　아구찜이라는 메뉴를 두고 1인분에 1만 5,000원이라고 하면, 사람들은 하나도 비싸다고 생각하지 않고, '우와! 여기는 1인분 아구찜도 있네? 1만 5,000원이면 가격도 괜찮은데, 한번 시켜봐야겠다!'라고 생각할 겁니다. 요즘은 자기 자신을 가장 중요하게 생각하고 사랑하기 때문에 먹는 거에는 돈을 아끼지 않아요. 내가 정말 먹고 싶은데 1만 5,000원 정도는 부담이 없어요. 내가 좋아하는 아귀찜을 혼자 먹을 수 있게 해주는 식당에 오히려 고마워해요. 입맛에 잘 맞으면 재주문율도 높을 거예요. 족발도 마찬가지입니다. 특히나 족발은 1인분짜리가 잘 없어요. 뼈 없는 순살 족발이라면 충분히 가능한데, 왜 아무도 도전하지 않는지 잘 모르겠습니다.

실제로 윤달식당에서도 깍두기짜글이를 1인분에 1만2,000원에 팔았는데 1인 가구에서 배달 주문이 굉장히 많이 들어왔습니다. 요즘은 떡볶이처럼 많은 양도 아니고 적은 양의 1만2,000원짜리 음식도 많아요. 배달비까지 합치면 1만5,000원인데도 엄청나게 팔려요. 여기에 오징어튀김이라도 하나 세트로 시키면 2만 원 넘어요. 그래도 주문율은 굉장합니다. 배달 시장에서 1인 가구가 정말 중요한 또 다른 이유를 말씀드릴게요. 1인 가구는 내가 시킨 음식이 만족스러울 때 리뷰도 가장 잘 올립니다. 식당에 가서도 밥 먹고 나서 리뷰도 쓰고 인스타에도 올리는, 그런 소비층이에요. 오늘 시켜본 음식이 너무 맛있으면, 아예 기분 좋게 별 다섯 개를 찍고 리뷰부터 쓰고 먹기 시작하는 사람들이 1인 가구입니다. 사람이 2명 이상 모이면 리뷰를 쓰니 안 쓰니 그런 생각조차 잘 하지 않아요. 1인 가구의 신뢰가 쌓이면 쌓일수록 여러분의 가게가 더 잘될 거라 생각합니다.

손 놓고 임대 기간이 끝나기만 기다리는 사장은 되지 말자

만약 여러분이 첫 단추를 잘못 끼워서 이미 1년, 2년, 3년 최선을 다해 장사를 했는데도 항상 제자리걸음인 느낌이에요. 손님이 늘어나지도 않고, 줄어들지도 않아요. 이건 여러분의 잘못이 아닙니다. 차라리 여러분의 아이템을 가지고 다른 곳으로 가는 게 현명한 판단일 수도 있어요. 처음 시작한 곳에서 밥은 먹고살 수 있을 정도로 벌었으니 1년, 2년, 3년을 했겠지만, 재미는 없을 겁니다. 그런데도 여러분은 어느 정도의 단골을 만들었어요. 그런 분들이라면 다른 데 가서 훨씬 더 잘될 수 있도 있다고 생각합니다.

그러기 전에 새로운 브랜드도 만들어보고 매장도 바꿔보는 겁니다. 물론 임대 기간이 얼마나 남았느냐에 따라 상황은 달라지겠지만요. 계약 기간이 1년 이상 남았다면 매장을 아예 바꿔버리든지 아니면 그대로 간판만 바꿔 업종을 바꿔버리든지, 배달로만 돌린다든지 결단을 내리는 것도 나쁘지 않아요. 그냥 손 놓고 늘 하던 식으로 계약 기간이 끝날 때만 기다리면서 시한부 인생처럼 지낼 이유가 없어요. 뭐든 해보는 거예요. 망할 때 망하더라도 경험을 얻어가는 거죠.

될 때까지 할 거란 생각이 있으면 할 수 있는 일을 다 해보세요. 물론 비용은 어쩔 수 없이 발생하겠지만, 잘못된 걸 계속 맞추려고 해봤자 아무 소용이 없어요. 어차피 세상에 100% 확률의 성공은 잘 없습니다. 하지만 될 때까지 할 수는 있어요. 이런저런 시도를 끊임없이 해봐야죠.

식자재 선택
노하우 배우기

수익과 직결되는 식자재, 이렇게 구입하자

식자재 선택은 여러분의 수익과 직결됩니다. 그렇다면 식자재는 어떻게 구입해야 할까요? 새벽부터 가락시장에 가서 좋은 물건을 직접 보고 저렴하게 구입해야 하지 않냐고요? 글쎄요. 여러분이 그렇게까지 에너지를 쏟을 일은 아니라고 생각합니다. 왜냐하면 요즘은 유통이 너무 발전해서 가락시장의 물건이 결국 여러분 가게 근처에 있는 식자재 마트까지 오니까요.

식자재 마트에 직접 가서 좋은 물건을 선택할 수도 있겠지만 식자재 마트 시스템을 알고 보면 특별히 할인하는 게 아닌 이상 물건의 품질이 거의 비슷비슷합니다. 품질이 좋지 않으면 사는 사람이 없으니까요. 그러니 괜히 발품 팔 필요 없이 주변 식자재 마트의 배달 시스템을 이용하는 게 가장 편리하고 좋다고 생각합니다.

백화점 vs 대형 마트 vs 식자재 마트

식자재를 어떻게 선택하느냐에 따라 마진율(수익율)이 바뀌는 건 당연합니다. 우리는 음식 장사를 하는 사람들이니까 솔직히 말씀드리는 건데, 당연히 백화점에서 구입한 식자재의 품질이 가장 좋은 건 맞아요. 왜냐하면 백화점은 가장 좋은 것만 선별해서 판매하니까요. 그러니까 값도 당연히 비쌉니다. 하지만 파인다이닝도 아닌 평범한 식당을 운영하는 우리가 그런 제품을 구입할 필요가 있을까요? 그럴 필요도 없고 그럴 수도 없습니다.

대형 마트는 어떤가요? 대형 마트 물건도 식자재 마트에 비해서는 비싸죠. 대형 마트의 가격에는 '우리 제품이 신선하지 않다면, 바로 교환해주겠다'는 비용까지 녹아 있기 때문입니다. 야채나 과일을 기준으로 말씀드리면 이마트나 홈플러스 같은 대형 마트에서 가장 좋은 상품을 가져갑니다. 대형 마트가 농부들의 고혈을 쥐어짜는 거 아니냐고요? 아닙니다. 저희 큰아버지의 복숭아 과수원에서 보고 겪은 바를 말씀드리면, 오히려 대형 마트가 생산자들에게 가장 좋은 값을 쳐줍니다. 그래서 당연히 가장 좋은 상품은 대형 마트로 먼저 갑니다.

과일만 해도 대형 마트에서는 처음부터 당도 기준을 정해두고 일정 당도 이하는 받지 않겠다고 말합니다. 그러니 당도가 좋은 제품은 가격을 잘 쳐주는 대형 마트로 가고, 나머지는 식자재 마트로 가는 겁니다. 당연히 가격 차이가 날 수밖에 없어요. 결국 우리가 선택할 수 있는 건 식자재 마트뿐입니다. 그럼 식자재 마트 물건의 품질이 떨어질까요? 전혀 그렇지 않습니다. 대형 마트에 가면 과일이나 채소를 어떻게 파나요? 시금치를 예로 들어볼까요. 대형 마트에서는 시금치를 일일이 소분하고 선별해서 포장 봉투에 예쁘게 담아서 팔죠. 그렇게 소분을 해야 상품성도 있고, 좋은 것만 골라서 가격도 높게 받을 수 있기 때문입니다.

식자재 마트는 어떤가요? 시금치를 박스째 팝니다. 물론 소분해 놓은 것도 있지만, 대부분 박스째 팝니다. 박스로 구입했을 때 위쪽은 괜찮은데, 안에 있는 시금치는 다 물러터진 거 아니냐고요? 요즘은 그런 경우가 잘 없습니다. 왜냐하면 식자재 마트도 물건에 이상이 있으면 전액 환불을 해줘야 하기 때문입니다. 위에 깔린 것만 보고 샀는데, 안쪽에는 품질이나 크기가 조금 들쑥날쑥할 수는 있어요. 여러분이 원하는 정확한 크기대로 모두 구입할 수도 없어요. 하지만 파프리카 한 박스를 샀는데, 겉은 멀쩡하고 속은 다 물러터진 경우는 거의 없습니다. 혹시 그럴 때는 반품, 환불이 가능하니 너무 걱정하지 않아도 됩니다.

물론 내가 최고급 스시집을 하거나 파인다이닝을 한다면 백화점에서 식자재를 구입해도 괜찮습니다. 음식 대신 술에서 이윤을 남기겠다는 가정이 있으니까요. 오히려 손님들이 여긴 진짜 좋은 재료만 쓴다고 좋아할 수도 있어요. 음식이 너무 맛있어서 술을 한 병 마실걸 두 병 마실 수도 있겠죠. 하지만 일반 음식점을 한다면 이런 생각은 할 필요도 없습니다. 저희 가게 주변에 식자재 마트가 네 곳 정도 있어요. 천안 전체 지역으로 따지면 훨씬 많겠죠. 일단 내가 필요한 시간대에 정확히 배달이 가능한 곳을 찾아야 합니다. 배달이 정확해야 재료를 계획대로 손질할 수 있으니까요.

식자재 마트마다 가격이 조금씩 다르긴 하지만 거의 비슷하고 큰 차이는 없어요. 식자재 마트마다 주력으로 미는 상품이 있어요. 마트에서 주력으로 미는 것은 좀 더 저렴하게 판매하거나 행사를 진행해요. 10박스를 사면 3박스를 더 얹어주는 식으로요. 제가 식자재를 구입하는 팁 하나를 말씀드릴게요. 식자재 마트 중 일반 소비자들은 아예 상대하지 않고, 식당이나 업소만 상대하는 창고형 식자재 마트도 많습니다. 그런 곳 중 가장 마음에 드는 식자재 마트에 가서 "사장님, 저는 한식당을 하는데, 저희 식당에서는 배추와 무, 고춧가루를 가장 많이 씁니다. 제가 여기저기 가보니 최저가가 이 정도였습니다. 배추, 무, 고춧가루 세 가지만큼은 한 달에 사용하는 양이 꽤 많으니 제가 알아본 최저가로 맞춰주세요. 나머지 재료는 판매가대로 구입하겠습니다."라고 타진해보세요.

그러면 여러분을 잡기 위해 웬만한 조건은 맞춰줄 거예요. 가장 많이 구입하는 재료 몇 가지는 꼭 이렇게 구입해보면 좋겠습니다. 일반 식자재 마트에서는 이렇게 거래하지 못할 수도 있어요. 하지만 업소만 상대하는 곳이라면 가능할 겁니다. 일반 식자재 마트와 품질 면에서 다르지도 않아요. 오히려 식자재 마트에서는 매장도 운영해야 하기 때문에 더 비쌀 수도 있어요. 평소에는 창고형 마트를 이용하다 한 번씩 일반 식자재 마트 가격도 잘 살펴보세요. 이런 곳에서는 할인 행사를 정말 많이 하니까요.

육류는 어떤 기준으로
어디에서 구입해야 할까

육류에 대해 이야기해볼까요. 일단 닭고기는 무조건 지역의 닭고기 유통업체를 이용하세요. 예를 들어, 여러분이 네이버에서 '하림'을 검색하면 대리점이 여러 개 나옵니다. 이런 대리점에서 하림 제품만 판매하는 건 아니에요. 마니커, 올품, 동우 등 웬만한 브랜드가 다 있어요. 그중 동우 제품이 가장 저렴하고, 닭의 품질 차이는 거의 없다고 보면 됩니다. 염지닭이 생닭에 비해 300원 정도 더 비싸지만 닭값은 브랜드와 상관없이 거의 비슷할 거예요. 대리점주도 본사에서 물건을 받아오는 건데, 여기서 이윤을 얼마 남기지도 않아요. 대신 소비자의 요구에 맞게 닭을 절단하는 과정이나 배송비에서 이윤이 붙습니다.

제가 지역 대리점을 추천하는 이유는, 이곳에서는 그날그날 필요한 만큼만 주문을 해요. 그래서 닭이 정말 신선합니다. 게다가 가격도 인터넷보다 비싸지 않아요. 오히려 인터넷에서 주문하면 오늘 주문해도 내일 어떤 닭이 올지 모르잖아요. 그러므로 '닭고기는 꼭 지역 대리점을 이용하라!' 이것만 기억하면 좋을 것 같습니다. 그럼 돼지고기나 소고기는 어떨까요. 저는 개인적으로 미트박스라는 앱을 선호합니다. 아마 요식업계 사장님이라면 미트박스를 거의 다 알 거예요. 최근에는 미트박스 고기의 품질이 왔다 갔다 한다는 말도 있으니까 주의가 필요하긴 하지만, 일단 가격 기준을 미트박스에 두는 게 좋습니다.

삼겹살을 예로 들어도 칠레산, 스페인산, 캐나다산, 독일산, 냉장육, 냉동육 등 종류가 굉장히 다양하잖아요. 우리가 각각의 가격을 알 수 있을까요? 잘 모릅니다. 게다가 가격도 시시각각 변동이 있어요. 그렇다면 가격 검색의 기준을 어디에 두면 될까요? 바로 미트박스입니다. 돼지고기도 원산지와 등급에 따라 가격이 천차만별이에요. 이걸 모르고 정육점에 가면 호구가 될 수도 있어요. 예를 들어, 예전에는 독일산 돼지고기가 가장 저렴했습니다. 독일산 돼지고기의 특징이 살코기가 많고 비계가 없어요. 지방층이 약해서 선호도가 떨어지니 당연히 가격이 저렴합니다.

정육점에 가면 여러분한테 독일산 돼지고기를 팔 수도 있어요. 그러니 미리 공부를 해두는 게 좋겠죠. 수입산 삼겹살 1kg에 얼마인지 미트박스 기준으로 알고 있으면, 가격을 충분히 비교할 수 있습니다. 미트박스에서 고기를 구입할 때는 가공비를 따로 내야 합니다. 삼겹살을 일정한 두께로 얇게 밀어 달라고 주문하면 1kg에 대략

1,000원 정도 받아요. 1kg에 1,000원이니까 어떻게 보면 비쌀 수도 있어요. 하지만 여러분이 육절기를 사서 고기를 직접 자른다면 그 비용은 어떤가요. 저는 육절기를 450만 원에 구입했어요. 가공비로 450만 원어치를 뽑는 구간이 삼겹살 몇 톤이냐를 생각해보면 어느 쪽을 택할지 감이 올 겁니다.

이건 여러분의 가게에 맞춰서 하면 됩니다. 가게에서 고기를 엄청나게 많이 쓰면 육절기를 구입하는 게 이득이겠죠. 소고기도 마찬가지입니다. 동네 정육점에서 구입하더라도, 일단은 미트박스에서 가격 정보를 알고 가야 흥정도 제대로 할 수 있어요. 미트박스의 단점은 인터넷 판매이므로 반품 처리가 힘들어요. 동네 정육점은 고기가 좋지 않으면 바로 들고 가서 컴플레인을 할 수 있죠. 미트박스에서는 그럴 수 없어요. 오늘 당장 써야 하는 고기가 문제가 있다면 골치가 아프다는 단점이 있지만 대량 구입했을 때 미트박스가 동네 정육점보다 저렴할 수밖에 없어요.

물론 다 그런 건 아니지만 요즘은 정육점도 미트박스에서 고기를 구입해서 파는 곳이 정말 많습니다. 미트박스에서 사서 냉동고에 넣어놓고 가공해서 파는 거예요. 삼겹살용, 보쌈용, 불고기용 등으로 나눠 진열하고 판매합니다. 그러니 미트박스 고기의 질이 나쁘다고 생각할 필요가 없어요. 여러분이 미트박스를 굳이 이용하지 않더라도 가격 비교만큼은 꼭 해보세요.

공산품 구입은
온라인 최저가 검색이 필수

공산품을 구입할 때는 이것 하나만 기억하세요. 가격 비교에서 '네이버 최저가'를 절대 이길 수 없다는 겁니다. 식자재 마트에서 다시다 2kg짜리가 1만 원에 판매된다면, 온라인에서는 6,900원까지 가격이 떨어집니다. 배송비를 더해도 인터넷 최저가가 훨씬 더 저렴합니다. 상온 보관이 가능하고 유통기한이 긴 공산품은 무조건 온라인에서 박스 단위로 구입하세요. 한 박스에 2kg짜리 다시다가 6개 들어 있다면 총 12kg입니다. 배송비를 포함해도 이게 압도적으로 저렴하니 박스로 구입해서 창고에 보관하세요.

공산품을 식자재 마트에서 구입해야 할 때도 있긴 합니다. 다시다, 소금, 설탕 등 이것저것 살 게 많을 때는 각각 배송비가 붙기도 하니, 식자재 마트에서 한꺼번에 구입하는 게 낫겠죠. 그러면 어차피 여러 개를 사니까 한번에 배달을 받을 수 있고, 식자재 마트의 매출을 올려주면 우리가 누릴 수 있는 혜택도 많아질 겁니다. 이런 경우가 아니라면 대체로 온라인을 이용하는 게 가장 저렴합니다.

냉동식품은 가까운 식자재 마트에서 구입하는 게 좋아요. 온라인에서 구입하면 아무리 빨리 도착하고, 포장이 잘되어 있어도 조금 녹아 있습니다. 냉동실에 다시 넣으면 조금이라도 녹은 상태에서 다시 얼기 때문에 서로 들러붙어요. 이런 문제로 인해 냉동식품은 식자재 마트에서 구입하는 게 좋다고 생각합니다.

실속형 상품은 브랜드 상품과
어떻게 다를까

　　　　　　　　　　　공산품을 구입할 때 많은 분들이 궁금해하는 게 있어요. 이름만 들어도 아는 대형 식품회사에서 만든 다시다와 쇠고기 다시, 맛 다시, 실속 다시 등 '다시'라는 말이 붙은 실속형 상품은 어떻게 다를까요? 다시란 이름이 붙은 제품 A, B, C, D가 있다면 제품마다 맛이 조금 다르긴 합니다. 심지어 같은 회사에서 나오는 제품도 이름이 다르면 맛이 조금씩 달라요. 이건 음식을 만들 때 어떤 제품을 쓰느냐에 따라 맛이 달라진다는 걸 의미하겠죠.

　다시다뿐 아니라 미원도 마찬가지입니다. 여러 제품 중 핵산(핵산 자체는 맛을 내지 못하지만 다른 성분과 결합해서 더 좋은 맛을 내는 역할을 합니다)을 몇 퍼센트 혼합한 제품이냐에 따라 맛이 조금씩 달라집니다. 따라서 여러분이 직접 음식에 이것저것 넣어보고 가장 만족스러운 제품을 찾아야 합니다. 저는 이런 과정도 투자라고 생각합니다. 여러분이 돼지국밥을 판다면, 똑같은 돼지국밥 세 그릇을 끓여서 각각의 제품을 넣어보세요. 이 중 가장 맛이 좋은 것을 선택하면 됩니다. 결국 정답은 없어요. 입맛도, 여러분이 생각하는 이상적인 맛도 모두 다르기 때문에 '무조건 이걸 쓰세요' 하고 추천할 수 없습니다.

　마지막으로 하나만 더 말씀드리면 진한 양념이 들어가는 요리,

빨간 양념 요리. 매콤한 요리는 대부분 마늘 향도 강하고 양념 종류도 많으므로 다시다나 미원도 가장 저렴한 제품을 써도 괜찮습니다. 사실 음식을 만들고 나면 그 맛이 그 맛인 경우가 많아요. 아주 미세한 차이까지 느끼는 사람도 있겠지만 보통 손님들이 먹었을 때 '어? 이거 맛이 완전히 바뀌었네?' 하는 수준은 아니라서 가장 저렴한 걸 쓰셔도 괜찮습니다.

국내산 고기 vs 수입산 고기, 무조건 국내산이 좋을까

수입산 고기와 국산 고기는 품질 면에서 차이가 있을까요? 예를 들어, 돼지고기 삼겹살을 구입해야 하는데, 수입산은 나쁘고 국산은 좋은 걸까요? 저는 그렇지 않다고 생각합니다. 국내 돼지 농가에서 사육하는 돼지종이 요크셔종이라 알고 있는데, 사실 요크셔종은 썩 맛이 좋은 종은 아닙니다. 국산이니까 일단 신선하지 않냐고요? 도축업자가 돼지를 어떻게 잡아서 어떻게 유통했는지 100% 믿을 수 있나요? 여러분이 어떤 것을 보고 돼지를 잘 기르고 깨끗하게 도축했다고 생각하는지는 잘 모르겠지만, 국산은 맛있고 신선하고 수입산은 그렇지 않다는 생각은 편견일 수도 있어요.

이것도 일종의 마케팅이 아닌가 생각합니다. 한우, 한돈이라는 이름으로 마케팅을 너무 잘했어요. 국내산 돼지고기는 모두 반짝거리는 금장 한돈 마크를 붙여서 파는데, 이 마크에 사람들은 무한 신뢰를 보냅니다. 목우촌이나 하이포크 같은 브랜드를 홍보하는 건 이해합니다. 우리 제품이 다른 제품보다 좋다는 걸 홍보해야 기업이 성공하니까요. 하지만 국내산 돼지고기 자체를 홍보하는 건 이해가 잘 되지 않아요. 그래도 소비자들은 국내산을 최고로 칩니다. 그렇다면 이걸 어떻게 이용하면 될까요? 여러분이 국내산 돼지고기만 쓸 거라면 이걸 꼭 가게 홍보에 잘 이용하길 바랍니다.

하지만 여러분이 맛으로만 승부를 볼 거라면 굳이 국내산에 집착할 필요는 없어요. 똑같은 삼겹살이라도 반값인 수입산을 사서 기가 막히게 만들면 되니까요. 윤달식당의 메인 메뉴인 깍두기짜글이에는 제주산 돼지고기 앞다리(앞다리는 뒷다리(후지)에 비해 가격 차이가 3배 정도 나는 비싼 부위입니다)만 사용합니다. 제주산 돼지고기일 뿐 흑돼지는 아니에요. 하지만 이걸 스토리텔링화해서 메뉴판에 넣고 어필할 수 있습니다. 사실 제주산이 아니고 내륙산이라도 앞다리는 원래 맛있는 부위입니다. 제주산과 다른 지역의 돼지고기 앞다리로 같은 음식을 만들어 블라인드 테스트를 했을 때 차이를 구별할 수 있는 사람은 아무도 없어요.

그런데 왜 굳이 제주산 고기를 쓰냐고요? 스토리텔링이 가능하고 이를 내세울 수 있기 때문입니다. '윤달식당은 제주산 돼지고기를 씁니다!'란 스토리텔링이요. 그런데 너무 신기한 게 이렇게만 홍보해도 사람들은 대부분 흑돼지를 연상합니다. '제주산 돼지고기=

흙돼지'라는 공식이 자연스럽게 입력되어 있기 때문입니다. 대형 마트에서 양념육을 살 때 한번 보세요. '국내산 돼지고기'라고 쓰여 있지 절대로 '국내산 돼지고기 뒷다리살'이라고 적혀 있지 않아요.

하지만 100%의 확률로 국내산 돼지고기 불고기라면 제일 가격이 저렴한 뒷다리살(후지)일 겁니다. 만약 비싼 앞다리를 썼다면 국내산 앞다리 돼지고기라고 대문짝만하게 썼을 거예요. 그런데도 왜 사람들은 이 불고기를 많이 사먹을까요? 그 이유는 국내산 돼지고기라는 문구 때문입니다. 뒷다리를 넣는 순간 스토리텔링이 무너지니까 국내산 돼지고기, 한돈이라는 긍정적인 이미지만 내세웁니다. 여러분은 기업의 이런 마케팅 노하우를 배워야 합니다.

저렴한 재료로
가치 있는 음식을 만들어라

　　　　　　　　　마지막으로 저는 이렇게 생각합니다. 저렴한 재료도 값어치 높은 음식으로 만들어서 파는 것이 여러분이 풀어야 할 숙제입니다. 또한 우리 가게만의 스토리텔링을 만들어나가는 것을 끊임없이 고민해야 합니다. 지금은 '우삼겹'이라는 말이 너무나 익숙하죠. 심지어 떡볶이에까지 우삼겹이 들어가잖아요. 사실 비계 많고 품질이 떨어지는 부위를 우삼겹이라는 예쁜 이름으로 포장해서 팔기 시작한 사람은 정말 엄청난 스토리텔링을 만들어낸 겁니다. 원가로 따지면 몇 푼 되지 않는 부위, 당시에는 수요도 전혀 없던 부위를 한국인들이 비싸게 생각하는 '소고기'라는 단어와 연결했어요.

소고기는 비싸다, 한국인은 삼겹살을 좋아한다 이 두 가지를 합쳐서 소고기인데 삼겹살이라는 컨셉트, 우삼겹이라는 타이틀을 가지고 소비자에게 다가갔습니다. 우리에게도 그런 스토리텔링이 필요합니다. 이런 기발한 아이디어와 좋은 자리라는 조건이 합쳐지면 분명 굉장한 걸 만들어낼 수 있을 겁니다. 식자재 구입에 대한 이야기가 결국 아이디어로 이어졌습니다. 지금부터 여러분이 생각한 업종과 메뉴에 어떤 스토리텔링을 입힐 것인지 생각해보세요. 생각나는 게 있으면 모두 적어서 나중에 비교해보고 적용해보세요.

아무리 좋은 아이디어도 머릿속에만 있으면 다 잊혀집니다. 꼭 메모해두고 구체화해서 실행해야 합니다. 여러분만의 아름다운 스토리텔링이 날개를 달고 아주아주 높이 날아갈 수 있기를 바랍니다.

'윤달식당' 운영을 통해 얻은
교훈과 결론

'준비 편'과 '실전 편'을 통해 처음에 이야기했던 식당 운영 시스템에 관한 실험조건 10가지, 메뉴에 대한 실험조건 10가지, 총 20가지의 조건을 짚어보았습니다. 제가 중요하다고 생각했던 실험조건은 어떤 결과를 냈을까요? 어떤 조건은 잘못됐고, 어떤 조건은 꼭 했어야 하는 걸까요?

시스템에 관한 실험조건 10가지와 결론

1. 식당을 홍보하지 않는다

결론 저는 식당을 홍보하지 않았지만, 결과를 놓고 보면 그렇게 큰 문제가 있는 건 아니었습니다. 솔직히 말씀드리면 프랜차이즈가 아닌 개인 식당의 경우, 홍보를 하지 않으면 자리 잡기까지 시간이 좀 더 걸리는 게 사실입니다. 여러분이 가게 블로그나 인스타그램을 만들어 직접 하루에 게시물을 한두 개 정도 올리는 것은 좋다고 생각해요. 그건 당연히 해야 하는 거죠. 하지만 돈을 들여서 하는 홍보 (마케팅 업체를 통한 홍보, 인스타그램 맛집 소개 채널을 통한 홍보) 등은 한번쯤 경험할 수는 있지만 추천하지 않아요.

단시간에 효과는 조금 있을 수 있습니다. 하지만 게시물이 꾸준히 쌓이지 않는 이상 큰 효과를 기대할 수는 없어요. 딱 일회성일 뿐이에요. 오히려 그 돈을 내 가게를 찾아주는 손님들을 위해 사용할 수 있다면 그게 더 의미 있다고 생각합니다. 홍보용 현수막을 다는 것도 거의 대부분 불법이고, 합법적으로 현수막을 달 수 있는 곳에서는 별다른 홍보 효과가 없으니 실질적으로 홍보를 할 수 있는 방법은 거의 없다고 보면 됩니다.

맘카페에 홍보를 하는 건 굉장히 위험합니다. 맘카페 이용자들은 여러분이 잘하면 언제든지 여러분의 편이 되어주겠지만 마음에 안 드는 사람이 한 명이라도 나온다면 순식간에 소문이 퍼져 엄청난 피해를 입을 가능성이 큽니다. 그러므로 섣불리 하지 않는 것이 좋습니다. 지역 내 홍보를 위해 전단지를 제작해서 대행업체에 맡기는 방법도 있어요. 그런데 전단지도 위험한 게 아파트나 원룸 쪽에 붙이면 귀신같이 구청, 시청에서 전화가 오고 사람들은 쳐다도 안 봅니다. 경우에 따라서는 벌금까지도 물 수 있습니다.

여러분이 가게 운영에 최선을 다한다면 손님들의 입을 통해 저절로 홍보가 됩니다. 가게에 독특한 인테리어 스폿이나 포토존이 있거나, 음식이 나오는 구성과 시스템, 그릇이 독특하다는 등의 특색이 있으면 손님들이 알아서 사진을 찍어 올립니다. 실제로 윤달식당은 홍보하지 않았어도 "인터넷 보고 왔어요." 하는 사람들이 많았어요. 아하부장이 운영하는 식당이란 게 알려지지 않았을 때의 상황입니다. 홍보는 이제 더이상 여러분이 직접 하는 게 아닙니다. 여러분은 손님들이 우리 식당을 홍보할 수 있게끔 세팅을 하는 겁니다. 이제는 우리가 직접 할 수 있는 홍보 수단이 거의 없다는 것을 알고, 손님들이 홍보해줄 수 있는 환경을 만든다고 생각하세요.

2. 유동인구가 거의 없는 곳에서 오픈한다

결론 이건 절대로 하면 안 됩니다. 유동인구가 없는 곳에서 오픈할 바에는 차라리 장사를 시작하지 않는 게 나을 정도입니다. 이런 장소에 들어갈 정도의 자금밖에 없다면, 아직 준비가 덜 된 상태이니 조금 더 돈을 모으는 것이 좋아요. 윤달식당처럼 하루에 지나다니는 사람을 손으로 셀 수 있는 장소, 이런 곳에서는 절대 오픈하면 안 됩니다. 길게 말할 것도 없습니다. 윤달식당도 결국 홀 장사는 접고 배달만 유지하기도 했습니다. 하지만 배달 장사 역시 주변에 배달을 이용할 만한 타깃층이 풍부해야 합니다.

사람이 없는 곳에서는 홀이든 배달이든 뾰족한 수가 없습니다. 유동인구가 없는 곳에서 가게를 오픈하는 건 절대 안 된다는 것만 기억하세요. 이건 아무리 강조해도 지나치지 않습니다.

3. 오래 비워둔 망한 자리에 들어간다

결론 지금까지 책을 읽은 분들이라면 이것 역시 절대 하면 안 된다는 걸 알고 있을 거예요. 원래 식당을 하던 자리고, 인테리어도 내가 원하던 스타일에 굉장히 깔끔하고 주방 시설도 다 되어 있다면 욕심이 날 수도 있습니다. 심지어 권리금도 없고, 시설 권리금도 안 받는다고 하면 솔깃할 거예요. 하지만 전 주인은 철거 비용조차 없어서 그냥 두고 나간 거예요. 이런 자리에 들어가면 큰일 납니다.

4. 총인구가 1만 명이 넘지 않는 곳을 선택한다

결론 완전 중심지는 아니더라도 외곽으로 조금 벗어날지언정 그래도 주변 인구가 최소 4만 명은 사는 곳으로 가야 합니다. 중심지가 가장 비싸다면 그 테두리 안의 어딘가에는 꼭 들어가야 해요. 중심지를 벗어나서 딴 데서 생뚱맞게 시작하면 안 됩니다. 손님이 오지도 않을뿐더러 이쪽 시장의 배달을 노려도 기본요금이 비싸서 배달비에 치입니다. 아무리 양보해도 주변 유동인구가 최소 2만 5,000명 정도는 돼야 승부를 볼 수 있습니다.

5. 인테리어는 셀프로 한다

결론 이것 역시 절대 하면 안 됩니다. 장사 시작도 전에 몸이 망가지고 돈은 돈대로 들어갑니다. 차라리 이 열정으로 열심히 발품을 팔아 평당 비용이 가장 합리적인 인테리어 업체를 찾으세요.

6. 인테리어 느낌과 이질적인 메뉴를 짠다

결론 나쁘지는 않습니다. 사람들이 한식을 먹을 때 투박한 곳만 찾지는 않잖아요. 깨끗하고 예쁜 장소에서 김치찌개를 먹든 된장찌개를 먹든 싫어할 사람은 없습니다. 그런데 문제는 한식을 좋아하는 사람들은 애초에 식당 인테리어 같은 건 신경 쓰지 않는 경우가 많아요. 예쁜 인테리어, 사진 찍기 좋은 인테리어를 선호하는 분들은 깍두기짜글이를 먹으러 오지 않습니다. 오히려 동네분들이나 인테리어 같은 건 신경도 쓰지 않는 아저씨 손님들이 저희 가게에 더 많이 오더라고요.

반면, 우연히 들렀다가 가게가 예쁘니 사진을 찍어 인스타그램이나 블로그에 올리는 손님도 많았습니다. 인테리어 덕에 홍보 효과를 톡톡히 누릴 수 있었죠. 결국 장단점이 있습니다. 가장 중요한 건 우리 식당의 주요 타깃층을 잘 파악하고 그들이 편하게 밥을 먹고 술 한잔 마실 수 있는 분위기를 만드는 거라 생각합니다.

7. 메뉴를 매우 다양하게 구성한다

결론 우리나라에서는 '전문점' 이미지를 잘 살려야 좀 더 수월하게 장사를 할 수 있습니다. 윤달식당에서도 처음에는 50가지가 넘는 메뉴를 선보였지만, 나중에는 인기가 많은 몇 가지 메뉴로 추려졌습니다. 윤달식당의 대표 메뉴라면 '깍두기짜글이'와 '훈연철판보쌈'을 꼽을 수 있어요. 저는 보쌈과 김치찌개라는 뻔한 메뉴를 저만의 방식으로 변형하고, 스토리텔링을 만들었는데 결과가 좋았습니다. 여러분도 전문점의 이미지를 잘 활용하면서 여러분만의 특색 있는 메뉴, 즉 스토리텔링을 만들어나가야 합니다. 이건 누누이 강조해도 전혀 모자람이 없습니다.

8. 직원들에게 최대한의 권한을 준다

결론 내 가족 같은 직원은 절대 없습니다. 직원들에게 모든 걸 맡기고 최대한의 권한을 준다는 건 가게를 빨리 망하게 하는 지름길입니다. 목에 칼이 들어와도 이렇게 하면 안 됩니다. 아르바이트든 정직원이든 6개월 정도 지나면 누가 나와 앞으로 같이 갈 사람인지 보입니다. 어디까지나 사장과 직원이란 관계 안에서 선을 지키세요. 형, 동생 같은 관계라서 믿고 맡길 수 있다는 생각은 처음부터 버리세요. 직원 관리에 관해서는 '실전 편'에서 자세히 알려드렸으니 꼭 명심하길 바랍니다.

9. 손님 관리를 직접 하지 않는다

결론 결론부터 말씀드리면 이렇게 하면 절대 안 됩니다. 이건 제가 정말 잘못한 일입니다. 윤달식당 오픈 초반에는 아내가 두 달 정도 손님 응대를 맡았어요. 아내가 늘 생글생글 웃으며 친절하게 메뉴에 대한 설명도 하고, 센스 있게 반찬도 더 가져다드렸어요. 결과는 놀라웠습니다. 윤달식당은 유동인구가 아예 없는 곳에 있고, 가게 주변 소수의 사람만 우리 가게가 오픈했다는 걸 알았어요. 그런데 주변분들이 한 번씩 방문할 때마다 아내가 친절하게 응대하니, 이들이 한 명씩 한 명씩 사람을 데리고 오고, '윤달식당 음식이 맛있다'고 저절로 홍보가 되었습니다.

심지어 윤달식당은 초반에는 배달도 하지 않았어요. 그런데도 배달을 적극적으로 했을 때보다 매출도 더 잘 나오고 손님들이 자리를 가득 채웠습니다. 유튜브에 집중하고부터는 제가 가게에 신경을 잘 쓰지 못했고, 직원들한테 권한을 주고 맡겨뒀습니다. 결과는 완전히 달라졌어요. 직원들의 친절함에는 한계가 있습니다. 결국 주인인 여러분이 손님들에게 최대한의 친절과 서비스를 제공하고 부담스럽지 않을 정도의 유대관계도 유지해야 합니다. "어서 오세요!" 한마디를 하더라도 눈빛으로 '다시 와줘서 감사합니다'라는 표현만 하면 됩니다.

특별한 대화가 없어도 식당 주인이 날 알고 있고 상냥하게 반기는 인상을 준다는 자체만으로도 손님들은 우리 식당에 큰 가산점을 주고, 주변에 홍보도 알아서 잘해줍니다.

10. 수익은 모두 재투자한다

결론 저는 윤달식당을 운영하면서 얻은 수익을 모두 식당에 재투자했습니다. 예를 들어, 식당을 재정비하거나 직원들의 보너스로 지급했어요. 하지만 이 또한 바보 같은 일입니다. 돈이 남아돌아도 이렇게 하면 안 됩니다. 남는 수익은 잘 모아서 더 좋은 자리로 가기 위한 권리금을 만들거나, 혹시 모를 변수에 대비할 수 있는 여유 자금으로 마련해둬야 합니다. 절대 매출이 좀 올라온다고 직원들한테 수시로 보너스를 지급하는 등의 행동은 하지 마세요.

메뉴에 관한 실험조건 10가지와 결론

1. 모든 요리와 반찬을 직접 만든다

결론 모든 반찬은 직접 만들었습니다. 저는 다시 식당을 하더라도 이렇게 할 거예요. 밖에서 사온 반찬은 어쩔 수 없이 티가 납니다. 반찬은 직접 만드는 게 가장 좋아요. 하지만 절대 무리해서 만들지는 않을 겁니다. 메인 반찬 두 가지와 특별찬 하나 정도가 좋다고 생각합니다. 반찬의 가짓수는 많지 않아도 됩니다. 세 가지 반찬을 내더라도 사람들이 정말 맛있게 먹을 수 있도록 만드는 게 더 중요합니다. 김치와 어묵볶음을 기본찬으로 하고 잡채나 상큼한 샐러드 같은 걸 특별찬으로 바꿔가며 낼 거예요. 김치는 매일 무치거나, 익은 김치로 할 거면 적당히 익힌 걸 쓸 겁니다. 물론 남의 집 김치는 손도 대지 않는 손님들도 많습니다.

하지만 김치를 먹지 않는 손님들도 '이 집은 중국산 김치는 안 쓰는구나. 주인이 직접 만드나 봐'라고 생각합니다. 그러면 좋은 이미지를 줄 수 있겠죠. 어묵볶음도 미리 만들어두고 차갑게 내지는 않을 겁니다. 어묵볶음은 사람들이 무난하게 좋아하는 반찬입니다. 이걸 조그만 프라이팬에다 그때그때 조금씩만 볶는 거예요. 양념만 미리 만들어둔 다음 달달 볶는 거죠. 어묵은 익혀서 나온 식자재이므로 그냥 데워준다는 느낌으로 사람들에게 따끈한 상태로 주면 이게 너무 맛있어요. 이것저것 필요 없이 반찬은 이렇게 두 가지만 기본으로 하면 됩니다. 여기에 여유가 된다면 특별찬 한 가지를 더하면 금상첨화입니다.

2. 매달 특선 메뉴를 낸다

결론 별로 의미 없는 일입니다. 여러분 가게에 오는 손님들은 고정 메뉴를 먹으러 오는 거지 특선 메뉴를 기대하고 오는 사람은 많지 않아요. 특선 메뉴 하나 준비하느라 괜히 몸만 축납니다. 아무 효과가 없으니 하지 마세요.

3. 반찬을 계속 바꾼다

결론 이것도 의미 없습니다. 손님들이 여러분 가게에 반찬을 먹으러 가는 건 아닙니다. 기본 반찬 몇 가지에 한 가지 정도 특색 있는 특별찬을 준비하는 정도는 괜찮지만, 반찬 전체를 리뉴얼할 필요는 전혀 없어요. 이것 역시 몸만 축나는 일입니다. 요리 솜씨를 자랑하고 싶다면 특별찬 하나 정도만 일정 기간을 두고 바꿔보세요. 이 정도가 딱 적당합니다.

4. 무조건 양을 많이 준다

결론 저는 윤달식당을 운영하면서 다른 식당보다 정량을 50% 정도 더 냈습니다. 우리 집에서 밥을 먹으면 배가 찢어지게 부를 수는 있어도 배고파서 나가는 사람은 한 명도 없게 하겠다는 생각 때문이었어요. 원래 음식을 좀 넉넉하게 하는 편이기도 하고요. 근데 이게 좋은 일일까요? 손님들 입장에서는 잘 먹었다는 만족감은 있는데, 음식이 너무 많다는 생각이 든다고 합니다. 양이 많아서 좋긴 하지만 남기고 가는 겁니다. 식자재의 낭비도 문제지만 다음에 손님이 다시 오고 싶어도 이 집은 양이 너무 많아서 좀 부담스럽다고 생각하거나, 3명이 와서 음식을 2인분만 시키는 일이 꼭 발생합니다. 제가 다 경험했어요.

만약 여러분이 가게를 낸 곳이 건설 현장 근처라던가 특수한 경우면 음식량을 넉넉히 하는 게 좋겠죠. 하지만 일반적인 경우라면 그렇게 하지 않는 게 맞습니다.

5. 메뉴는 반전 구성을 한다

결론 메인 메뉴는 한식이지만 반찬은 양식이나 일식 같은 느낌으로 구성해봤어요. 일정 기간 특별 반찬으로 반전 메뉴를 하나씩 냈는데, 손님들의 반응이 정말 좋았습니다. 손님들이 메인 메뉴를 기다리면서 반찬을 먼저 맛보니 지루함도 덜 수 있고, 늘 방문하는 단골손님들은 오늘은 어떤 반찬이 나올까 기대하기도 했습니다. 한식집인데, 반찬으로는 새우 파스타나 일본식 타다키가 나오니 신선하다고 느꼈던 것 같습니다. 하지만 이것 역시 비용(원가) 혹은 준비 면에서 부담이 되지 않는 선을 지켜야 합니다.

6. 음식 맛은 절대 바꾸지 않는다

결론 전 이게 맞다고 생각합니다. 여러분이 장사를 시작하기 전 정말 꼼꼼하게 준비하고 맛에 대한 검증을 마쳤다면, 손님들의 '맵다, 싱겁다, 짜다, 달다'라는 말에 휘둘리면 안 됩니다. 사람 입맛은 모두 다릅니다. 모든 사람의 입맛을 다 맞출 수는 없어요. 우리 가게에 오는 손님들은 내가 만든 음식이 맛있어 오는 겁니다. 처음 방문한 손님이 "여기는 음식이 왜 이리 달아? 설탕이야?"라고 하면 하루 종일 신경이 쓰이겠죠.

그러면 여러분은 그날 컨디션을 망쳐버립니다. 단맛을 좀 뺄까 하는 고민을 하게 돼요. 쓸데없이 걱정하거나 고민하지 말고 여러분 가게를 방문하는 단골손님들을 생각해보세요. 그분들은 딱 그 정도가 좋은 거예요. 굳이 맛을 바꾸고 싶다면 신메뉴를 추가하는 등의 방법을 추천합니다.

7. 배달 음식은 가격을 내리고 양을 늘린다

결론 배달 손님을 잡기 위해 가격은 내리고 양은 늘린다고요? 아무 의미 없습니다. 그냥 홀에서 나가는 것과 똑같이 정량으로 만들면 됩니다. 배달 음식의 양을 늘리면 포만감도 느낄 수 있고, 남은 음식은 냉장고에 넣어뒀다가 그다음 날 또 먹을 수 있으니 좋을 거라 생각했습니다. 하지만 양이 많다고 재주문하는 것도 아니더라고요. 큰 의미가 없어요. 그리고 음식물 쓰레기가 발생하고 재료도 낭비되잖아요. 좋은 선택이 아닙니다. 정량을 정해뒀으면 통일하세요. 가격도 마찬가지입니다. 오히려 배달에 드는 고정비용이 훨씬 큽니다. 원가와 고정비용을 잘 따져보면 배달 가격에 매장 가격을 맞추는 게 맞을 수도 있어요.

8. 웰컴 디시를 제공한다

결론 저는 다시 식당을 운영하더라도 이건 무조건 할 거예요. 여러분도 우리 가게만의 임팩트 있는 스토리텔링, 시그니처를 만들고 싶다면 이 방법을 활용해보세요. '우리 가게에 정말 잘 왔어요. 너무 감사합니다!'라는 느낌으로 조금씩 맛볼 수 있는 시그니처 디시를 하나씩 내는 겁니다. 따뜻한 죽이나 계란찜처럼 개인적으로 하나씩 맛볼 수 있는 메뉴가 있어요. 요즘 칼국숫집에 가면 약속이라도 한 듯이 보리밥과 고추, 열무김치가 조금씩 나오잖아요. 이걸 먹으면서 칼국수를 기다립니다.

보리밥을 좋아하지 않는 사람들도 있지만 선호하지 않더라도 양이 조금이니까 그냥 먹게 돼요. 그리고 심지어 맛있어요. '이 식당에서는 이런 것도 주네. 이거 정말 괜찮은데'라며 사진도 찍고 인스타그램에도 올립니다. 홍보 효과를 생각해도 정말 좋은 방법입니다. 우리 가게에 방문한 걸 환영하는 의미의 웰컴 디시는 여러분이 할 수만 있다면 꼭 하세요. 다른 가게보다 열 배는 빨리 단골을 잡고 입소문을 내는 확실한 방법입니다.

9. 인기 없는 메뉴는 버린다

결론 손님 20명 중에 달랑 한 명이 시키는 메뉴는 버려도 됩니다. 운영에 큰 지장이 없어요. 그리고 메인 메뉴에 집중하세요. 고작 한 명을 위해 그걸 못 버리고 가져갈 필요는 없습니다. 손님들한테 인기 없는 메뉴를 띄우려면 너무 시간이 오래 걸리는데, 굳이 이것 때문에 준비해야 할 게 많다면 할 이유가 없어요. 저라면 얼른 빼고 메인 메뉴에 집중하겠습니다.

10. 메뉴의 통일성보다 다양성을 강조한다

결론 여러분이 술집을 운영한다면 메뉴의 다양성을 강조하는 것도 좋습니다. 하지만 일반 식당에서는, 특히 우리나라처럼 전문점이 인기가 많은 곳에서는 무조건 전문점의 이미지를 노려야 합니다. 뼈다귀해장국집에서 갑자기 순댓국밥이 나오면 이상해요. 하지만 뼈다귀해장국집에서 매운 해장국과 하얀(순한) 해장국, 뼈찜 같은 메뉴를 구성하면 뼈를 이용했다는 공통점에서 훨씬 전문점 같잖아요. 순댓국밥을 절대 포기할 수 없다면 배달 전문 브랜드를 하나 더 만들어서 여러분 스스로 숍인숍을 추가하세요.

순댓국밥 전문점이지만 배달을 전문으로 하는 식당으로 이미지를 굳히면 됩니다. 우리나라에서는 절대 통일성 없는 여러 가지 음식을 한꺼번에 하면 안 됩니다. 메뉴의 통일성이 있어야 하고, 전문점 느낌이 나야 합니다.

제가 내린 결론이 100% 정답이 될 수 없겠지만, 감히 99%는 맞아떨어질 거라 생각합니다. 실험용 가게 윤달식당을 통해 '이건 해야겠구나' 혹은 '이건 절대 하면 안 되겠구나' 하는 판단이 섰다면, 저는 그것만으로도 큰 보람을 느낄 수 있어요. 지금까지 알려드린 20가지의 실험조건과 결론만 명심해도 여러분이 식당을 차려 망할 일은 없을 거라고 생각합니다.

　저 아하부장, 윤달식당에 정말 많은 시간과 돈을 투자했습니다. 유튜브 수익을 모두 투자했고, 식당을 운영하는 동안 가족들은 신경도 못 썼어요. 몸도 마음도 지쳤지만, 돈을 번 것도 없이 그냥 1억 원 정도를 날렸습니다. 이건 최소한 제가 투자한 돈만큼의 가치가 있는 책이라 생각합니다. 여러분을 대신해서 하면 안 되는 것들, 해야만 하는 것들을 미리 보여드렸으니까요. 저와 똑같이는 아니더라도, 여러분의 가게에 적용할 수 있는 부분을 적극 활용한다면 큰 도움이 되지 않을까 싶습니다.

　'윤달식당 프로젝트'는 제가 유튜브 아하부장으로 많은 구독자분들한테 사랑받기 시작하면서 꼭 해드리고 싶었던 일입니다. 그래서 이제 마음이 좀 편안하고 훌훌 털어버릴 수 있어 후회도 없습니다. 식당을 오픈하려는 분들에게 현실적인 도움이 됐다면 그보다 기쁜 일은 없을 것 같습니다.

　살짝 힘 빠지는 이야기도 하나 하겠습니다. 장사의 반은 '좋은 자리'라고 이 책을 통해 누누이 강조했습니다. 그럼 나머지는 실력일까요? 음식이 맛있고 서비스가 좋은 게 전부일까요? 그게 과연 여러분의 승부를 완벽하게 가를까요? 전혀 그렇지 않습니다. 어쩌면 우리에게 가장 중요한 건 '좋은 운'입니다. 여기까지 읽은 분들께 너무 죄송하지만 운이 나쁘면 아무리 좋은 자리에 들어가도, 아무리 실력이 좋고 아이템이 좋아도 성공할 수 없습니다.

운이 좋으면 달랑 1,000만 원 가지고 시작한 작은 식당을 전국으로 확장하기도 합니다. 운은 누구에게나 공평하게 찾아오는 게 아닙니다. 노력과 실력만으로 만들 수 있는 것도 아닙니다. 하지만 우리는 마지막으로 한 번만 더 긍정적으로 생각해봅시다. 저는 유튜브를 통해 수많은 구독자를 만나고 이 책의 독자분들을 만난 게 제 인생에서 가장 큰 행운이라 생각해요. 반대로 여러분도 저를 만난 게 행운이라고 생각했으면 좋겠습니다. 제가 여러분을 만난 게 운이다, 여러분도 저를 만난 게 운이다! 그럼 우리는 최소한 운이 없거나 나쁜 사람들이 아니잖아요. 우린 운이 있는 사람들이니까 모두 성공할 수 있습니다. 그렇게 믿고 시작했으면 좋겠습니다. 이 책을 읽는 모든 분들이 성공할 수 있는 운을 갖춘 분들이라고 확신합니다. 결국 여러분이 가는 길이 정답입니다. 옆 사람이 어떤 길을 가든 지금 여러분이 가는 길이 맞습니다. 때론 옆 사람이 조금 더 빨리 갈 수는 있겠지만, 여러분의 길이 틀린 것은 아닙니다.

아직 여러분에게는 식당을 열지 않을 기회도 있습니다. 이 책을 모두 읽고 나서, 장사가 나와는 맞지 않다는 생각이 들거나, 이것보다 더 잘할 수 있는 일이 있다고 생각한다면 꼭 제자리로 돌아가세요. 그 이유는 이제까지 계속 말씀드렸지만 식당은 '전생의 업을 갚는 일'입니다. 너무너무 힘든 일이에요. 식당을 하다 보면 어이없는 일, 부조리하게 느껴지는 일을 정말 많이 겪을 겁니다. 회사의 구성원으로 일하는 것과는 차원이 달라요. 왜냐하면 모든 책임 또한 내가 져야 하기 때문입니다. 장사가 잘돼도 내 책임이고, 장사가 안 돼도 내 책임입니다.

코로나19로 경기가 너무 안 좋아서? 자리가 안 좋아서? 모두 핑계일 뿐입니다. 코로나19가 한창일 때도 주변을 보세요. 장사가 잘돼서 줄을 서서 먹는 집은 늘 그렇게 손님들로 북적입니다. 배달도 잘되는 집은 주문이 끝도 없습니다. 자리를 잘못 봤다면 그것도 여러분의 책임입니다. 다시 한번 말씀드립니다. 돌아갈 수 있는 곳이 있다면 돌아가세요. 하지만 '난 이거 아니면 안 돼!' '난 이걸 꼭 해야 해!' '난 이걸로 먹고살 거야!' '난 여기다 목숨 걸고 승부를 볼 거야!' 한다면 머릿속에 꼭 한 가지는 새기고 가야 합니다.

어떤 일이 일어나도 모두 내 탓이라고 인정할 수 있는 자세, 성공에 한 발자국 다가가면 자만하지 않고 '나 정말 그동안 잘하고 노력해왔구나!' 스스로를 칭찬할 수 있는 자세입니다. 어떤 일이 일어나도 누군가를 탓하지 않을 수 있는 사람이 된다면 여러분은 100% 성공할 겁니다. 두려워하지 말고 힘내세요! 아하부장도 함께 응원하겠습니다.

부록 1

아하부장이 만난 '동네 식당의 바이블'

이선생 도시어장

충남 천안시 동남구 통정9로 50

'이선생 도시어장'은 합리적인 가격으로 회 한 접시 맛있게 먹을 수 있는 횟집입니다. 윤달식당에서 멀지 않은 곳에 있습니다. 윤달식당과 마찬가지로 주변 상권은 거의 아무것도 없어요. 앞쪽에 아파트 단지 하나, 그 외엔 별다른 게 없는 작은 동네입니다. 좋은 자리인지 나쁜 자리인지 A, B, C로 등급을 나눈다면, 사실 B~C 정도 자리밖에 되지 않는 곳입니다. 가게 안에 들어가 보면 평수는 스무 평 남짓, 4인용 테이블 6개가 전부입니다. 홀은 전체적으로 깔끔하지만 인테리어 역시 다른 가게와 비교할 때 특별한 건 없습니다. 테이블 세팅도 깔끔하지만 이것 역시 여느 횟집과 다를 건 없고 벽에는 현수막 메뉴판과 안내문을 걸어뒀습니다. 메뉴판을 보면 광어회 한 접시가 4만 원, 도미회 한 접시가 5만 원 정도입니다. 곁들이 음식으로는 따뜻한 콘치즈와 튀김, 바지락탕 등

이 나오는데 손님들에게 인기가 많습니다.

주방은 오픈형이라 회를 뜨는 모습을 볼 수 있습니다. 방금 오픈한 식당이라고 해도 믿을 수 있을 만큼 주방이 깨끗하고 전체적으로 동선도 매우 좋습니다. 3~4평 정도밖에 되지 않는 작은 주방이지만 사장님 혼자 모든 걸 할 수 있도록 중앙은 비우고 가장자리에 냉장고, 식기세척기, 간택기 등 집기를 빙 둘러 세팅했습니다.

사장님과의 솔직한 인터뷰

※코로나19 거리두기 해제가 있기 전에 진행한 인터뷰입니다.

Q. 사장님의 요식업 경력은 몇 년입니까?

A. 저는 현재 20년 차 요리사입니다.

Q. 독자들이 가장 궁금한 건 이겁니다. 한 달에 얼마나 버세요?

A. 포스기로 매출 확인을 해볼까요? 이번 달(2022년 3월 기준)에는 현재까지 4일을 쉰 상황에서 3,100만 원, 영업일 수가 적은 지난 달(2월)에는 2,800만 원 정도 됩니다. 그 전 달(1월)에는 3,300만 원이었습니다.

Q. 그럼 여름 매출은 어땠나요? 횟집은 여름이 비수기인데요.

A. 포스기를 확인해 보면, 작년 8월에는 3,100만 원, 7월에는 3,000만 원 정도네요.

Q. 비수기라 해서 별 차이가 없네요. 솔직히 이 정도 규모의 가게에서 놀라운 스코어입니다. 하루 평균 얼마를 버는 거죠?

A. 하루 평균 130만 원은 번다고 봐야겠네요.

Q. 한 달에 네 번 쉬고, 오후 5시에 오픈해서 밤 10시에 문을 닫잖아요. 워라밸을 지키면서도 이런 매출을 올릴 수 있다는 게 정말 놀랍습니다. 그렇다면 초기 투자금은 얼마가 들었나요?

A. 보증금 빼고 인테리어와 집기까지 모두 해서 3,000만 원 들었습니다.

Q. 권리금이 없는 보증금 2,000만 원의 21평 가게입니다. 솔직히 좋은 자리는 아니죠. 그런데도 도시어장이 처음부터 잘된 이유가 뭘까요?

A. 저도 처음엔 걱정을 많이 했어요. 큰 욕심 부리지 않고 꾸준히 할 생각으로 들어온 곳인데, 아무래도 아이템 선정을 잘한 것 같습니다. 사실 이렇게 작은 가게에서 한식이나 분식을 팔았다면 매출은 빤히 눈에 보이거든요.

Q. 횟집은 밥집이라기보다는 술집의 느낌이 강하잖아요. 술집은 영업시간이 짧아도 고수익을 올릴 수 있다는 걸 다시 한번 확인할 수 있습니다. 직원은 몇 명 쓰시죠?

A. 직원은 없고, 아르바이트만 2명을 씁니다.

Q. 직원 없이 아르바이트만 두면 인건비도 아낄 수 있겠어요.

A. 식당 운영에서 정말 중요한 게 바로 인건비입니다. 직원을 뽑지 않는 대신, 제가 직원 한 명 몫을 하겠다는 생각으로 일합니다.

Q. 창업을 꿈꾸는 사람 모두 빵빵한 권리금을 내고 중심가로 들어갈 수 있는 건 아니잖아요. 동네 장사로 롱런을 꿈꾸는 분들에게 한마디 해주세요.

A. 이곳이 중심가였다면 달랐겠지만, 동네 장사는 손님들을 어떻게 대하느냐에 따라 승패가 갈린다고 생각합니다. 저는 두 번 이상 우리 가게를 방문하는 손님은 꼭 기억하려고 노력합니다. 그리고 세 번 이상 방문하는 손님에겐 제가 먼저 다가가서 인사합니다. 다만, 손님들이 부담스럽지 않도록 치고 빠지고를 잘해야 합니다. (웃음)

Q. 전체 매출에서 순수익은 어느 정도 되나요?

A. 한 달에 3,000만 원을 팔았을 때 마진은 1,200만~1,300만 원 정도 된다고 보면 됩니다. 총 매출의 36~7%가 순수익이고, 나머지는 고정비용과 식자재 비용입니다.

Q. 한 달에 1,000만 원 이상은 무조건 내 주머니에 들어온다는 거네요. 배달도 하나요?

A. 홀 손님, 포장 손님만 받고 배달은 하지 않습니다.

Q. 홀과 포장의 비율은 어떻게 되나요?

A. 포장이 65%, 홀이 35% 정도입니다. 사실 코로나19 전에는 홀과 포장의 비율이 반대였는데, 지금은 포장이 더 잘됩니다.

Q. 광어 한 접시를 4만 원이라는 합리적인 금액에 판다는 건 가격경 쟁력도 확보한 거죠. 회 한 접시당 마진율은 어느 정도 되나요?

A. 생선 원가는 16,000원 정도입니다. 원가율을 따지자면 곁 들이 음식에 들어가는 재료비까지 합쳐 식자재 비용만 50%가 넘는 겁니다. 음식 하나에 재료비만 50% 이상이 라는 건 일반 식당에서는 말도 안 되는 이야기죠. 하지만 회 한 접시만 팔아도 2만 원이라는 수익이 떨어지고, 이 건 밥집에서는 김치찌개 다섯 그릇 정도는 팔아야 낼 수 있는 수익입니다. 또한, 횟집에서는 소주나 맥주 같은 주 류 매출이 많이 일어납니다.

Q. 배달을 하지 않는 이유가 있나요?

A. 제 원칙은 '손님들 식탁에 낸 음식에 대한 클레임은 절대 돌아오지 않도록 하겠다'입니다. 배달은 너무 신경 쓸 게 많은 일이라, 일단 시작하면 스트레스를 많이 받을 것 같 아서 아예 시도하지 않으려 합니다.

Q. 사실 홀과 포장만으로 충분한 매출을 올린다면 굳이 인력을 더 충원해가며 배달을 할 필요는 없는 거죠. 현명한 판단이라고 생 각합니다.

A. 배달이 요즘 대세라고는 하지만, 남들이 한다고 해서 무

조건 따라가면 안 됩니다. 가게의 규모도 생각해야 하고, 주방에서 감당할 수 있는 능력이 되는지, 인력을 더 충원해야 하는지, 배달하면서 겪을 문제에 대한 충분한 각오가 되어 있는지를 잘 고려해서 선택하면 좋겠습니다.

Q. 마지막으로 이 책의 독자분들에게 한마디 해주세요.

A. 동네 장사는 '사람을 보는' 장사입니다. '우리 가게를 처음 방문하는 손님이 다음에도 꼭 방문하게 만들겠다'는 마음으로 일한다면 분명 좋은 결과가 있을 겁니다. 저는 제가 할 수 있는 선에서는 손님들이 요구하는 것을 거의 들어주려고 합니다. 무리가 되지 않는다면 메뉴에 없는 것도 만들어드리곤 합니다. 이게 장사하는 정이라고 생각하거든요. 그럼 손님들도 다 알아줍니다. 창업을 꿈꾸는 분들 모두 성공하길 바랍니다.

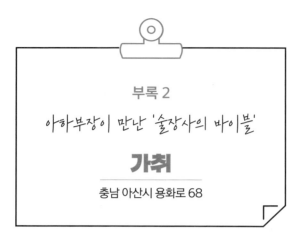

부록 2
아하부장이 만난 '술장사의 바이블'
가취
충남 아산시 용화로 68

'가취'는 아하부장이 오픈을 돕고 메뉴 컨설팅까지 한 감성 주점으로, 아산시 용화동의 번화가에 위치합니다. 주변을 둘러보면 한 번쯤 이름을 들어봤을 법한 유명한 프랜차이즈 가게들이 이어지고 유동인구도 꽤 많은 편입니다. 권리금이 평당 200만 원 이상인 센터 상권입니다.

가취 내부는 총 30평 정도 되고, 인테리어는 '감성 주점'이라는 컨셉트답게 깔끔하고 멋스럽습니다. 주방 평수는 4~5평 정도 되는데, 술집은 주방이 클 필요가 없으므로 딱 적당합니다. 앞서 소개한 도시어장처럼 사장님 혼자서 움직일 수 있도록 중앙은 비우고 가장자리에 집기를 둔 깔끔한 동선으로 구성했습니다.

사장님과의 솔직한 인터뷰

※ 코로나19 거리두기 해제가 있기 전에 진행한 인터뷰입니다.

Q. '가취'는 코로나가 시작되던 시기와 비슷한 때에 오픈했습니다. 권리금이 있는 위치인데, 평수와 권리금은 어느 정도 되나요?

A. 29평에 권리금은 6,000만 원입니다. 평당 200만 원 정도네요.

Q. 권리금 6,000만 원의 효과가 있었다고 생각하나요?

A. 권리금은 없어지는 돈이 아니라 보증금과 비슷한 개념이라고 생각했습니다. 지금까지는 권리금을 낸 것에 후회는 없습니다. 나쁜 자리에서 시작했다면 이 정도까지 장사가

됐을까 생각하기 때문입니다.

Q. 총 투자비용은 얼마인가요?
A. 권리금까지 포함해서 약 1억 6,000만 원 들었습니다.

Q. 인테리어 비용은 얼마나 들었나요?
A. 29평 인테리어에 든 총비용이 5,000만 원이니까 평당 150 만 원이 넘네요.

Q. 인테리어가 예쁘긴 한데, 조금 비싼 느낌인데요? 인테리어 전문 업체에 맡겼나요? 아니면 목수에게 맡겼나요?
A. 개인으로 일하는 목수와 협의를 해서 컨셉트와 동선을 짰 습니다. 금액 면에서 저렴하진 않았습니다.

Q. 인테리어에서 아쉬운 부분은 없나요?
A. 전체적인 완성도 면에서는 만족하는데, 결론적으로 비용 을 많이 쓴 편이라 그 점이 아쉽습니다. 창업을 준비하는 다른 분들은 꼭 견적을 여러 군데 넣어보고 비용을 아끼 길 바랍니다.

Q. 사장님의 경력이 궁금합니다.

A. 피자헛에서 아르바이트부터 시작해서 매니저를 거쳐 사
   장까지 7년간 일했습니다.

Q. 프랜차이즈 브랜드의 점주가 되어보니 어땠나요?
A. 매출에 비해서 제 주머니에 가져가는 건 많지 않았습니
   다. (웃음)

Q. 프랜차이즈 브랜드와 지금의 가게를 비교하면 어느 쪽이 나은가요?
A. 지금 제 가게가 수익 면에서 훨씬 좋습니다.

Q. 메뉴판을 보면 아보카도 육회, 생연어 사시미 등 프랜차이즈에선
   잘 볼 수 없는 메뉴가 대부분인데, 종류가 많지는 않아요. 프랜차
   이즈 주점과 비교했을 때 손님들 반응은 어떤가요?
A. 요리하는 데 시간은 좀 걸리지만 손님들의 만족도는 매우
   높은 편입니다.

Q. 코로나19로 인해 타격이 있었을 것 같아요. 오후 9시라는 영업
   시간 제한 조건에서 어떻게 버텼나요?
A. 술집을 운영하는 입장에서는 너무 힘들었습니다. 몇 달을
   고민하다 배달을 시작했어요. 배달이 쉽지는 않았지만 매
   출은 예상보다 잘 나오고 있어요.

Q. 배달의민족을 이용하죠? 깃발은 몇 개 꽂았나요?

A. 울트라콜은 1개만 찍고 있습니다. 주문 건수는 하루에 10건, 평균 주문단가는 3만 원 정도입니다.

Q. 30만 원의 배달 매출을 울트라콜 하나로 올리는 거네요. 그럼 총 매출은 얼마나 되나요?

A. 배달을 제외한 홀 매출만 볼까요? 평일 기준으로 39만 원, 41만 원, 46만 원 정도이며 주말 기준 토, 일요일 각 69만 원 정도의 매출입니다.

Q. 영업시간 제한이란 조건에서 홀 매출만 이 정도면 아주 선방하고 있는 겁니다. 월 매출은 어느 정도 나오나요?

A. 실제 영업시간은 3시간밖에 안 되니까 이 정도면 잘하고 있다고 생각합니다. 12월 매출은 2,030만 원인데, 이때 배달 매출이 500만 원 정도였으니 총 매출은 2,500만 원 정도네요. 12월 중 절반 이상이 9시 영업시간 제한에 걸렸는데도 이 정도 매출을 올렸다는 건 자리 덕이 크다고 생각합니다. 그나마 번화가니까 버틸 수 있었던 것 같아요.

Q. 가장 매출이 좋았던 날에는 얼마를 벌었나요?

A. 제일 많이 번 날은 하루 매출이 168만 원 정도 나왔습니

다. 배달을 제외한 홀에서만요.

Q. 직원은 몇 명을 쓰나요?

A. 아르바이트 2명만 쓰고 있습니다. 직원은 없습니다.

Q. 순수익은 얼마인가요?

A. 약 700만 원 정도입니다. 전체 매출의 25% 정도가 순수익입니다. 영업 제한이 없을 때는 월 1,000만 원 이상 가져갔습니다.

Q. 1년 동안 장사하면서 주변 가게의 변화는 없었나요?

A. 저희 가게 앞집만 두 번 바뀌었고, 주변의 가게 중 대여섯 곳 정도 바뀌었습니다. 1년에 두세 번 바뀐 가게도 있습니다. 가게가 바뀌긴 해도 자리가 빈 적은 없었습니다.

Q. 권리금이 있고, 자리가 좋다는 곳에서 권리금을 잃어버릴 일은 없다고 생각하세요?

A. 네. 저도 그 생각으로 거금을 투자했습니다. 동네 전체가 망하지 않는 이상 바닥 권리금이 사라지진 않는다고 봅니다.

Q. 그러면 이렇게 권리금이 있는 번화가에 들어갈 때는 어떤 점에

주의해야 할까요?

A. 아무래도 이런 센터 지역은 유행에 굉장히 민감합니다. 어떤 가게를 할지 아이템을 정말 잘 찾아야 한다고 생각합니다. 소비자의 마음을 못 읽는다면 그만큼 실패 확률도 높아지는 거예요.

Q. 프랜차이즈로 29평 가게를 하면 과연 월 1,000만 원씩 벌 수 있었을까요?

A. 저는 아니라고 생각합니다. 프랜차이즈는 마진율이 너무 박해요. '가취'는 개인 가게라 마진율이 이만큼 좋은 겁니다.

Q. 권리금과 투자금은 어느 정도 회수했나요?

A. 코로나19로 인한 영업 제한 때문에 힘들긴 했지만, 오픈 1년 만에 투자금의 80% 정도는 회수했습니다.

Q. 1년 만에 그 정도를 회수했다니 대단합니다. 마지막으로 독자들에게 한마디 해주세요.

A. 창업을 준비하는 과정에서 궁금한 점이 있다면 언제든지 편하게 질문해주세요. 지금까지 과정 중에 알게 된 노하우며 매출이며 다 솔직하게 알려드릴 수 있습니다. 궁금한 게 있으면 가게로 방문해주세요. (웃음)

아하부장의
창업 클라쓰

초판 1쇄 발행 2022년 9월 9일
초판 2쇄 발행 2022년 9월 23일

지은이	아하부장(김광용)
펴낸이	정상희
편 집	한지윤
디자인	*Desig* 신정난
마케팅	임정진, 김다영

펴낸곳	프롬비
등 록	제 406-2019-000050호
주 소	10881 경기도 파주시 문발로 140, 502호
전 화	(031) 944-2075
팩 스	(050) 7088-1075
전자우편	jsh314@our-desig.com
포스트	http://naver.me/F3exA7Z0

ISBN   979-11-88801-20-6 (03320)